成都师范学院学术专著出版基金资助

中国扫盲教育的转型研究

—— 从工具性扫盲教育到发展性扫盲教育

叶 剑 ◎ 著

西南交通大学出版社
·成 都·

图书在版编目（CIP）数据

中国扫盲教育的转型研究：从工具性扫盲教育到发展性扫盲教育 / 叶剑著. —成都：西南交通大学出版社，2017.12

ISBN 978-7-5643-5978-2

Ⅰ. ①中… Ⅱ. ①叶… Ⅲ. ①扫盲－教育研究－中国 Ⅳ. ①G722

中国版本图书馆 CIP 数据核字（2017）第 317638 号

中国扫盲教育的转型研究
——从工具性扫盲教育到发展性扫盲教育

叶　剑　著

责 任 编 辑	左凌涛
特 邀 编 辑	程晓娟
封 面 设 计	严春艳
出 版 发 行	西南交通大学出版社 （四川省成都市二环路北一段 111 号 西南交通大学创新大厦 21 楼）
发行部电话	028-87600564　028-87600533
邮 政 编 码	610031
网　　　址	http://www.xnjdcbs.com
印　　　刷	四川煤田地质制图印刷厂
成 品 尺 寸	170 mm×230 mm
印　　　张	15.25
字　　　数	233 千
版　　　次	2017 年 12 月第 1 版
印　　　次	2017 年 12 月第 1 次
书　　　号	ISBN 978-7-5643-5978-2
定　　　价	68.00 元

图书如有印装质量问题　本社负责退换
版权所有　盗版必究　举报电话：028-87600562

前　言

扫盲教育在中国经历了一百年的发展后，走到今天却发现面临着两难的选择：继续以现有的方式开展扫盲教育，势必会遭遇文盲人口分布愈加分散、扫盲成本越来越高等现实问题的挑战，但是又不能因为当前文盲占总人口比例5%以下而完全停止这项工作，因为，在庞大的人口基数上，我国文盲人口依然超过五千万，在世界上排名第二。一个国家拥有如此多的文盲，存在着巨大的教育需求，就不可能对扫盲教育漠然置之。从20世纪90年代开始，我国提出了"基本普及九年义务教育；基本扫除青壮年文盲"的目标，这个目标目前已基本实现。"两基"结束之后的扫盲教育急需要寻找到一条出路。

然而，受相对陈旧的扫盲教育观念影响，人们对于扫盲教育的发展表现得十分消极。这些陈旧的观念体现为：将扫盲教育仅仅看作是识字教育，或者是读写算的教育，没有看到扫盲教育本质丰富的内涵；将扫盲教育看成是一项政府工作，政府号召开展的时候就轰轰烈烈地上，而政府没有要求时就悄无声息地下；将扫盲教育看作是一成不变的工作，几十年不用革新和发展。抱着这样的观念，扫盲教育久之就会消失于历史的洪流之中。事实上，全世界各国越来越重视对成人文盲的基础性教育，各种宣言和公约都显示了扫盲教育无论在发达国家还是在发展中国家都具有重要的意义，这种意义远远超越一定数量文字的习得。特别是通过比较研究发现，英美等发达国家在扫盲教育上还在不断地投入和革新，着力维护低文化群体的受教育权，作为社会主义的中国就更不应该懈怠，去实现更大程度上的受教育权的平等。

扫盲教育需要转型不是一种偶然，教育的发展背靠着中国传统社会向现代社会迈进的大背景。在中国转型变革的关键时期，社会整体进步与影响扫盲教育的各种社会元素同时存在。中国当代的社会转型要求经济转型工业化、结构转型城市化、政治转型民主法制化、文化转型世俗化、组织转型科层化和观念转型理性化等等方面都对扫盲教育持续革新提出了要求。特别是我国大量的扫盲教育对象还处在农村和边远地区，扫盲教育的转型在面向工业化和信息化时，还要面向农业、农民和农村，更好地服务"三农"。所以，在此阶段，社会、教育和个人处于辩证统一的关系之中，而教育转型的目标在于人的转型，而若干人的转型才能构成真正的社会转型。

扫盲教育转型，起点在于社会对扫盲教育观念的改变。文盲概念的内涵是不断变化发展的，不能僵化和孤立地认识文盲；文盲的产生有现实的基础；文盲存在着国际共识与地区差异；文盲状态具有可变性。文盲群体的智力、心理和情感是完全成熟的，是现实的生产力，只不过具有强烈的学习需求与欲望并形成了独特的生活方式和思维方式；同时，他们在文字符号的理解上处于劣势、学习被动、其利益诉求难以表达并且主体意识被湮没，但他们依然是我们的同胞，是人民群众，是社会物质财富和精神财富的创造者。他们在特定历史条件下没有赶上基础教育这班车，社会却不能因此藐视他们、漠视他们。

让文盲群体通过受教育也能跟上时代的步伐，扫盲教育就必须转变工具性目标，从根本上面向人的发展。通过研究发现，以发展性扫盲教育为名可以很好地概括扫盲教育未来发展的样态：它是成人教育中具有基础性地位的教育；它是面向大众具有启蒙意义的教育；它是关注成人受教育权维护社会公正的教育；它是从多层面始终突出发展主旨的教育。

回首中西方社会发展历程，我们也很容易寻找到促进扫盲教育的不断革新和转型的理论支撑。如：终身教育理论中凸显了扫盲教育在整个教育体系中的地位，显示了扫盲教育对促进人发展的开放性，为扫盲教育转型成为成人基础教育提供了组织依托。批判教育理论中的辩证启蒙观，为扫盲教育的转型提供了精神上的指引。解放教育则鼓励扫盲教育转型要行动起来，不能等待。成人学习理论则用科学研究来证明了文盲群体具备学习能力，他们可以通过建设有利的学习情境，激发内在的动机，并以自我导向作为主要方法来推进学习进程，实现"改变"的目标……

受到前人理论建构的鼓舞，对于发展性扫盲教育，笔者主张在价值追求上要推动社会和个人的发展。在知识目标上，不仅要识字和应用，还要获取批判性知识；在理论基础上，由马克思主义中国化的新成果以及其他社会和人的发展理论做支撑；在制度内容上，将扫盲教育作为成人基础教育纳入学制、提升扫盲标准并提供法律保障；在制度运行上，政府主导、民间参与，强调教育的实效性；在学校方面，要在纳入学制的基础上进行整合，并且打通扫盲教育与成人教育和职业教育之间的阻隔；在师资方面，专职与兼职教师都要储备，并且还要有专业的研究者和培训者；在教材开发上，可以在教学大纲的指导下，整合多种资源、采取多种形式进行开发；在观念更新上，从重视知识转向重视人，从重视教师到重视学生，从重视学会到重视会学；在制度创新上，可以实行学力认证制度，并将认证与其他学习和就业通道衔接起来；从管理视角看扫盲教育结构优化问题，应该实现办学主体多元化和加强扫盲教育的常态化、项目化管理；从质量提高的角度，应该建立合理的质量标准并完善质量保障体系；在探寻实现扫盲教育转型的实现条件上，可以通过制定扫盲教育规划来引领转型，完善成人教育体系来确立扫盲教育的地位，建设扫盲师资队伍来促进转型，鼓励民间组织参与来加大扫盲教育转型的推力。

　　扫盲教育研究所涉及的内部和外部关系非常复杂，需要人们从整体上、全面地、深刻地加以研究，学界尚未对它的转型和发展达成一种权威的共识，所以笔者研究也只是在做一种尝试和探索。作为一种对未来扫盲教育的构想，各种条件的实现还有待于在实践中去验证，通过实践与反思的不断交替，才能真正为扫盲教育的转型寻到切实可行之路。从这个角度讲，笔者关于扫盲教育的转型研究绝不是彻底地解决了扫盲教育发展问题，可能仅仅是发现和提出这个问题。有关中国扫盲教育的转型问题，需要在后续的研究中不断完善，同时也期待更多的人关注中国的扫盲教育，推动其与时俱进、开拓创新，为社会和低文化群体的发展持续地提供精神动力和智力支持。

叶　剑

目 录

第一章 导 论 ………………………………………………………… 1
　　第一节 问题提出 ………………………………………………… 1
　　第二节 概念界定 ………………………………………………… 9
　　第三节 对扫盲教育有关文献的综述 ………………………… 14
　　第四节 研究意义、重点、思路与方法 ……………………… 33

第二章 扫盲教育的现状与转型的时代要求 ……………………… 38
　　第一节 扫盲教育的现状分析 ………………………………… 38
　　第二节 扫盲教育转型是时代的要求 ………………………… 46

第三章 发展性扫盲教育的本质 …………………………………… 49
　　第一节 文盲概念的认识 ……………………………………… 49
　　第二节 文盲个体特征的认识 ………………………………… 58
　　第三节 教育本质研究的观点与立场 ………………………… 65
　　第四节 发展性扫盲教育的本质 ……………………………… 73

第四章 扫盲教育转型的理论基础与塑型探索 …………………… 83
　　第一节 理论基础 ……………………………………………… 84
　　第二节 扫盲教育的塑型探索 ………………………………… 121

第五章 发展性扫盲教育的转型分析 ……………………………… 146
　　第一节 发展性扫盲教育的内涵与特征 ……………………… 146

第二节　发展性扫盲教育的转型范畴……………………… 151

　　第三节　发展性扫盲教育转型的动力场分析……………… 168

第六章　发展性扫盲教育转型的实现条件…………………… 174

　　第一节　制定扫盲教育规划来引领转型…………………… 174

　　第二节　完善成人教育体系来确立扫盲教育的地位……… 184

　　第三节　建设扫盲师资队伍来促进扫盲教育的转型……… 192

　　第四节　鼓励民间组织参与来加大扫盲教育转型推力…… 204

参考文献……………………………………………………………… 215

附　　录……………………………………………………………… 232

　　附录1　扫盲教育管理人员及教育者访谈提纲…………… 232

　　附录2　文盲学员访谈提纲………………………………… 233

后　　记……………………………………………………………… 234

第一章 导 论

第一节 问题提出

　　1908年清政府提出《简易识字学塾计划》，①扫盲教育实践在清王朝覆灭的前夜终于被提上了官方的日程，愚民的教育政策在维新与启蒙思想的催化下瓦解，人们开始认识到教育，包括对大量成年人的识字教育在国家和民族独立过程中的重要性。在"五四运动"之后，晏阳初、陶行知等一些接受过西方教育思想熏陶的民间知识分子，开始在中国积极开展扫盲教育，掀起了"除文盲，做新民"的"平民教育"②运动高潮，受此影响，国民政府也逐渐重视"社会教育"③。而在中国共产党领导下的根据地和解放区，为了团结群众，向群众宣传革命思想，扫盲教育也以多种形式得以实现。新中国成立后，中国脱离了半殖民地半封建社会的泥沼，全国人民斗志昂扬地要建设一个社会主义国家，扫盲教育也成了自上而下、强力推动的教育运动，通过解放初期十几年的努力，中国的文盲人口迅速下降，比例从"80%以上下降到43%左右"④。后来，扫盲教育在"文化大革命"中遭到了挫折，但是改革开放后，国家又迅速地将扫盲教育置于全面文化素质提高的重要战略地位，从1982年、1990年和2000年分别进行的全国第三、第四、第五次人口普查中可以看到，

---

① 董明传，毕诚，张世平.成人教育史[M].海口：海南出版社，2002：10.
② 同上，16.晏阳初等人以湖南"全省平民教育促进会"发起平民教育运动，后在北京成立中华平民教育促进会总会，进行"文字、生计、卫生、公民"四大方面的教育，以扫除"愚、贫、弱、私"四大社会弊病。
③ 同上，17.国民政府的社会教育也称民众教育，是对学校教育和家庭教育之外的，对社会全体成员的教育，成人教育与扫盲教育都包含在其中。
④ 同上，80.

文盲和半文盲人口分别从 2.3 亿下降到 1.8 亿,再到 8500 万。所以,在"2001年 1 月 1 日,中华人民共和国向全世界庄严宣布:中国基本实现了普及九年义务教育和基本扫除青壮年文盲的战略目标;在人类社会迈进 21 世纪第二个 10 年的历史时刻,公元 2011 年 11 月,中华人民共和国用事实向世界宣告:中国全面完成普及九年义务教育和扫除青壮年文盲的战略任务"。①从 2000 年以来,我国的文盲人口又下降了 3000 万,降至 5465 万,仅占人口比例的 4.08%,②这是在中国共产党领导下,通过全国人民共同努力取得的前所未有的伟大成就,值得人们赞美和歌颂。

对待成就,既要热情赞颂,也要冷静思考,因为就在取得巨大成就的同时,扫盲教育在理论上和实践中都还面临着挑战。

一、传统的扫盲教育开展方式难以继续

在 2004 年《中国全民教育发展报告》中提到,要"全面实现'普九',扫除剩余文盲和巩固提高的任务十分繁重","剩余文盲绝对数大,中国仍是世界文盲人口较多的国家之一。剩余文盲主要分布在老少边穷地区,居住分散,组织学习困难,扫盲难度日益增大。已通过'两基'验收地区,仅达到了中国现阶段'普九'和扫盲的基本要求,还不可避免地存在着标准低、基础薄弱、指标波动等问题,地区之间发展不平衡,巩固'两基'成果,提高'两基'整体水平和质量仍是一项长期而艰巨的任务"。③

高学贵也指出中国扫盲教育在新时期面临着五大方面的挑战:④一是文盲人口参加扫盲学习的兴趣和热情逐渐淡化,扫盲教育的组织和管理工作困难

---

① 中华人民共和国教育部. 人类教育史上的奇迹——来自中国普及九年义务教育和扫除青壮年文盲的报告[EB/OL].中华人民共和国教育部网站,http://www.moe.gov.cn/publicfiles/business/htmlfiles/moe/s6832/201209/ 142013.html.2012-12-01.
② 中华人民共和国国家统计局. 2010 年第六次全国人口普查主要数据公报[EB/OL].中国新闻网,http://www.chinanews.com/gn/2011/04-28/3004638.shtml.2012-01-05.
③ 中国联合国教科文组织全国委员会.中国全面教育发展报告[EB/OL].中国联合国教科文组织网站,http://www.unesco.org.cn/ViewInfoText.jsp?INFO_ID=103&COLUMN_ID=06.2013-01-02.
④ 高学贵. 我国农民教育政策发展研究[D]. 重庆:西南大学,2011:102.

不断加大;二是扫盲教育的成本日益增高,实现扫盲教育目标的资金压力不断增大;三是文盲人口覆盖面广,扫盲教育成为全国性行为;四是新时期文盲人口对扫盲教育的适切性和多样性的需求不断提高;五是扫盲教育事业面临人员短缺、队伍不整的现实困难。这些问题需要化解,就要得到国家和社会各种力量的支持,而其中扫盲教育研究能够为国家从顶层设计角度来思考扫盲教育提供智力支持。

2011年6月笔者亲自前往福建宁德地区进行调研①,也发现该地区的扫盲教育中存在几个突出的问题:

1. 经费投入的不平衡性明显

经费投入应与人口素质变动情况相适应,FD市2008年、2009、2010年脱盲人数分别为14 384人、7241人、2361人,而落实的年度经费分别是2008年5万、2009年10万、2010年13万元。也就是投入最多的年份,反而扫盲人数最少的,从人均脱盲经费来看,从2008年的3.5元/人,剧增到2010年的55.1元/人,追加了51.6元/人。同样的情况在XP县也有反映,XP县2010年投入15万元进行扫盲,较前一年2.6万元增加11.4万元,而脱盲人数却从3871人下降到3317人,少了554人,由此人均扫盲经费追加38.5元。2009年至2010年FD和XP两地人均扫盲经费的增幅分别是400%和675%。造成这种不平衡的根本原因在于,为了迎合"六普"中的人口素质的调查工作,各地区补偿性地追加扫盲教育投入,以求短期内迅速降低人口中的文盲率。这种运动式地扫盲一方面能够有短期效果,文盲率在很大程度上降低了,但如果之后对扫盲后巩固和继续教育的关注程度也迅速降低的话,对扫盲教育事业的持续发展则是不利的。

2. 师资建设停滞

2011年之前包括宁德地区在内的福建全省扫盲任务较重,福建提出依托当地的学校"日校办夜校,一师兼两教"的办法。扫盲师资主要就是基础教育教师,即在职的小学语文教师,另外在地方教育部门系统内还有少数的扫

---

① 此处隐去具体城市、区县和乡镇名称,以字母替代。

盲专干，进行扫盲教学和管理工作。课题组仅在 SS 镇文化技术学校发现专职的扫盲教师两名，由原来镇小学抽调过来，现在专职扫盲，周一到周四晚上 7 点到 9 点上课。专职教师反映的主要困难是职称评定上存在困难，评小学高级教师时无法与其他小学教师竞争。从该地区来看，还没有师资建设的规划和解决办法。教师薪酬上，QY 镇给予扫盲教师 1000 元每月的补贴，其他地区未能收集到数据。扫盲专干由于地方上扫盲任务不再如之前紧张，也主要从事其他教育相关工作。

3. 教材规范，但内容单一

扫盲教育由于按照识字数量来设定脱盲标准，因此教材内容上主要以识字为主。调查中宁德地区所有公办和民间的扫盲机构都在使用 2008 年由谢从荣主编、福建教育出版社出版的《福建省扫盲课本》，现在使用的是 2011 年第三版。该教材分为应用识字、说事写话、应用文、阅读认知四个单位，75 课，生字近 1500 个，要求认、写、用约 930 个字，认、读约 570 个字。调查中教师反映的问题是教材与学员生活距离很远，以后的修订应该注意与生活的结合；学员反映的是学完这本书后怎么办？怎么提高？是否直接拿小学高年级课本来读等问题。总的来说需要教材的不断创新来满足学员的教育需求。仅有个别地方依托技术教育与村级特色文化教育如国学教育加强扫盲后继续教育，但是这样的教育需要完善脱盲的教学内容和考核标准。

以上情况说明，传统的扫盲教育在组织管理、资金投入、社会动员、教学内容和方法等一系列问题上面临着的困境，大规模、运动式扫盲教育的方式已难以继续。

二、扫盲教育的发展在理论研究上不足

缺乏理论支撑是扫盲教育发展中的一大缺陷，这是由于长期只关注怎么做，不思考为什么做的思维方式决定的，在多年提高国民文化素质的进程中，人们把开展扫盲教育看成是不证自明的选择，对其背后的理论支撑少有考虑。根据 CNKI 的搜索统计，可以一定程度反映出这种缺失的现状，截至 2013 年 9 月，以"扫盲教育"为篇名的文献查询结果为 175 篇，以"扫盲教育发展"

为篇名的文章查询结果仅为4篇，组合查询"教育发展"与"扫盲"的文章6篇，而组合查询"转型"与"扫盲"的文章为0篇。可以看出，当整体教育水平提高到一定阶段后，要回答扫盲教育是否需要发展或者转型时，缺少有力的理据，也难以找到明确的方向。有学者从陶行知倡导平民教育和乡村教育出发找到杜威的进步主义思想作为渊源，也有学者从保罗·弗莱雷（Paulo Freire）的解放教育理论中汲取养分，相比较而言本土的理论比较少。

事实上，邓小平对教育的发展提出过教育要"面向现代化、面向世界、面向未来"[①]的主张，笔者认为这"三个面向"提供了扫盲教育发展的重要参照。教育"面向现代化"，就意味着从传统的农业社会向工业化乃至后工业化社会迈进，教育要随之而改变，需要从现代化理论中去寻找扫盲教育发展的支撑点，而通过文献研究来看，扫盲教育鲜有结合"现代化理论"[②]的研究成果，于是社会往前进，而关于扫盲教育的理论建构乃至实践方式并未有太大的变化，与时俱进得很不够。在"面向世界"方面，国际上有关功能性扫盲的概念演进、有关终身教育和全民教育的理论，也并未真正转化为我国扫盲教育的指导理论，介绍性的研究占据主导，而理论吸收并加以组合创新上做得也不足，没有理论的整理与储备，于是在面向世界，赶超世界甚至引领世界上也就力不从心。在一个无法不面向世界的时代里，面对英美等发达国家继续在开展扫盲教育的实践和理论研究时，中国不可能自诩比它们的教育水平更高，只能不断借鉴别人的理论成果，而将自己的理论成果推向世界，为别人所接受和利用则还有较长的路程。最后，"面向未来"其实就是指包括扫盲教育在内的所有教育都要发展，要为未来的社会和人们的教育需求做准备。

---

① "三个面向"是邓小平1983年国庆节为北京市景山学校题词的内容，后于1985年5月写入《中共中央关于教育体制改革的决定》中，成为中国此后教育战略的发展方向。

② 现代化理论是针对社会变迁的而提出的理论，根据不同的研究视角可分为结构功能主义学派、过程学派、行为学派、实证学派、综合学派和未来学派几大类型。国内从20世纪80年代开始重视此理论，如丁学良.现代化理论的渊源和概念架构[J]. 中国社会科学，1988（1）：65-78.而在教育研究领域，如王海澜.现代化理论在比较教育中的运用[J]. 比较教育研究，1997（4）：11-15. 同时也有学者直接对教育现代化开展研究，如冯增俊.论教育现代化的基本概念[J]. 教育研究，1999，（3）：12-19.

扫盲教育未来路在何方，如何设计未来的扫盲教育，在现有的理论研究中均少有涉及，研究成果或许不能直接改变多少现状，但是却可以为未来的决策者们提供思路，也可以供全社会批判和讨论，从而引起对扫盲教育的关注。

这样看来，在这"三个面向"上，中国的扫盲教育都还有所欠缺。有人也对扫盲教育的科研提出了责难，《我国扫盲教育科研的发展趋势》一文中就指出："由于扫盲教育科研不足，对扫盲教育自身的规律和外在的条件认识不够，致使我国多次提出的扫盲目标都未能如期实现，由于扫盲教育科研不足，一些重大的扫盲工作方针、政策或出台迟缓或科学依据不足，而未能发挥应有的作用。"文中还提到，"扫盲工作主要依靠行政手段，惯用运动式扫盲"，"靠行政干预强制扫盲，也压抑了扫盲工作对扫盲科研的迫切要求，助长了扫盲无学问的社会偏见"。其实，哲学、教育学、经济学、心理学、社会学等等都可以作为扫盲教育在理论建构上的支点。指导理论的缺失和政府主导下的运动式、突击式扫盲成为取得扫盲巨大成就背面的两道硬伤。从理论研究到科学实践的一整套扫盲教育规范化体系的建立，从时间上还将不断往后推移，这样的耽误对于整个国家、民族和社会个体来说，都是莫大的损失和悲哀。

三、扫盲教育的发展方向在政策层面不明确

从1998年国家成人教育管理机构的撤并开始，从组织上看，扫盲教育失去了依托；而从近年来有关教育战略规划的文件中也发现，扫盲教育乃至包含扫盲教育的成人教育的发展上都面临着巨大的危机。扫盲教育并未在《国家中长期教育改革和发展规划纲要》①中得到应有的重视，成人教育领域内，国家今后重点发展的是成人职业教育与成人继续教育。如果一定要说扫盲教育在纲要中有所体现的话，有这几段表述可以去思考和推断：

第十六条"加快面向农村的职业教育"中提到"加强基础教育、职业教育和成人教育统筹，促进农科教结合"。于是容易让人理解为，扫盲教育的对象是成人，内容上主要来自基础教育，在一定的统筹方式下，扫盲教育在三

---

① 国家中长期教育改革和发展规划纲要（2010—2020 年）[N]. 人民日报，2010-07-30，第 013 版.

种教育发展的过程中会顺利完成，因此不用再重复提出扫盲教育概念。

第二十三条"继续教育是面向学校教育之后所有社会成员的教育活动，特别是成人教育活动，是终身学习体系的重要组成部分"①，"重视老年教育。倡导全民阅读。广泛开展城乡社区教育，加快各类学习型组织建设，基本形成全民学习、终身学习的学习型社会"。②其中面向所有社会成员，包括了对所谓"文盲"群体或者低文化群体的扫盲教育；从现实上看，我国老年人口的文化水平较低，老年教育可以包含一定的扫盲教育的内容；另外，开展全民阅读和全民学习都需要以扫盲教育的充分而成功的开展为前提。由此推断，扫盲教育具有存在的意义，不过是散见于各种具体的教育活动中。

在规划纲要中没有明确提出扫盲教育的发展问题，扫盲教育就被很多人理解为仅仅是一种通过行政分配下来的工作，而不能被理解为一项可持续发展的事业。从某种角度来说符合马克思主义历史范畴的观点，有开始就有结束，有生长就有灭亡。但是中国社会的发展和扫盲教育自身的规律都决定了扫盲教育在中国还远未到退出历史舞台的时候，在成绩面前全社会都应清醒认识到，现阶段文盲人口还有约 5465 万，绝对数量很大，中国彻底扫除文盲的道路还比较长远，国家层面应该有所规划。

悲观的情绪在学术界蔓延，国内成人教育领域的重要学者吴遵民甚至提出讨论成人教育是否应该在历史中终结③，这个问题需要每个成人教育研究者去回应，是消极还是积极？是沉默还是抗争？是固守还是求变？中国的成人教育具有长期历史传统，然而在全面提高国民文化素质和全面建设小康社会的过程中面临着前被抛弃的危险。他当然不认为成人教育会终结，而是在做一种无奈的申辩，笔者认为扫盲教育或者成人教育都不应该终结，只要存在着教育对象和教育需求，这种教育就不会轻易消失，这是从教育的本质上讲的，而不是简单地从形式上认为扫盲教育就是识字教育，只要识字教育结束，

---

① 国家中长期教育改革和发展规划纲要（2010—2020 年）[N]. 人民日报，2010-07-30，第 013 版.
② 同上.
③ 吴遵民. 中国成人教育会终结吗？——新时期我国成人教育面临的重大危机与挑战[J]. 开放教育研究，2013（4）：20-25.

扫盲教育也随之而完结。受教育水平本身就是一种相对的状态，当人们已经认识到教育是需要发展的，人也要追求全面发展，有人却试图狭隘地否定扫盲教育和成人教育，认识逻辑上的矛盾显而易见。而之所以会有这种逻辑又是受"行政逻辑"和"学术逻辑"①冲突导致的。如果从行政逻辑来看，扫盲教育是一项政府推动的工作，越重视扫盲教育也就越能将文盲人口降低，而文盲人口越少，后续的扫盲教育就越不应该继续开展，因为它包含着对前面已有政绩的否定；而学术的逻辑是重视扫盲教育的研究能够降低文盲人口，而文盲人口越少，就越需要继续研究扫盲教育的发展，关注提高标准、重视教育质量等问题，于是国民文化素质就会越来越高。所以，不同的逻辑中，扫盲教育就面临着不同的前途，当然在一个社会中，这两种逻辑又不是完全对立的，需要去寻找到一种结合点，在扫盲数量成就和扫盲质量成就上都实现提升。笔者认为，如果说真的要终结，那也应该是终结过去的扫盲教育，终结的是一种过时的外在形式，而不是内在的本质，于是这种终结也就应该包含扫盲教育革新和转型的含义。

上述三方面引发笔者思考：民众对扫盲教育和扫盲后继续教育强大的需求是什么？现有的模式能够满足他们的需求吗？没有科学规划的高投入真的会让扫盲教育持续发展吗，还是相反呢？师资队伍建设和教材革新怎么样才能与时俱进？政府部门、社会民间组织如何在扫盲中定位并发挥作用等一系列问题。从基层收集回来的资料摆满了案头，一线扫盲专干恳请呼吁扫盲教育发展的话语萦绕在耳边，扫盲学员那种渴望求知的眼神更让笔者久久无法释怀。于是，那种要在成人教育中构建宏大理论的研究目标也转向为扫盲教育的转型问题，即讨论扫盲教育应如何抓住社会转型带来的机遇，探索出一条新的发展道路，并以此彰显中国扫盲教育的时代价值。

---

① 陈霜叶. 中国大学的学术逻辑与行政逻辑的互动类型[J]. 高校教育管理，2013（2）：20-32. 高等教育中的这个冲突源自伯顿·克拉克对大学组织活动和学术活动的区别，此处加以注释是说明并非借用高等教育研究的话语，笔者在该文刊发前在扫盲教育中也认识到了这种逻辑冲突，而且它对扫盲教育有着重大影响。

第二节 概念界定

扫盲教育不同于正规的基础教育如小学教育、中学教育，它是成人教育的重要组成部分，在全民教育观念不断推进的今天，扫盲教育是社会进步、经济发展的重要条件，越来越为世界各国所重视。对扫盲教育的理论研究程度又决定了在实践中开展扫盲教育的水平和效果。扫盲教育研究可以依托很多背景去开展，根据在 CNKI 的搜索，现仅有一篇扫盲教育专题研究的博士论文，主要从教育史的角度研究新中国成立后 50 年中国扫盲教育的变迁，而在新的历史时期，面向扫盲教育未来发展的研究还没有人涉足，由此，本研究依托社会转型期的历史背景，研究扫盲教育的转型问题。

一、扫盲教育

1985 年由托斯坦·胡森主编的《国际教育百科全书》(the international encyclopedia of education) 中对 adult literacy education 的定义做了如下描述，现在广为接受的扫盲教育概念都是基于1962年联合国教科文组织对扫盲教育的陈述："A person is literate when he has acquired the essential knowledge and skills which enable him to engage in all those activities in which literacy is required for effective functioning in his group and community and whose attainment in reading, writing, and arithmetic make it possible for him to continue to use those skills toward his own and the community's development."直译过来即"个人脱盲意味着他获得了基础的知识和技能，这种基础知识能够使他进行，在族群和社会中各种需要有效发挥知识和技能作用的活动，同时他在阅读、写作、算术上取得的成绩使他在继续运用这些技能获得他个人和社会的发展成为可能"。从 20 世纪 60 年代以来，功能性扫盲的概念开始在全世界得到传播，它强调扫盲教育不仅同基本的一般知识有关，而且应该同职业训练、提高生产力、更积极地参与公民生活、更好地理解周围世界联系起来，从识字教育向职业能力的改善的教育内容拓展。

国际社会对扫盲概念的理解影响着中国。根据1997年上海教育出版社的《教育大辞典》中的定义：扫盲是使不识字或者识字少的人获得阅读、写字和计算能力而进行的教学活动，属于国民基础教育的范畴，从狭义上理解的扫盲就是一种教学活动过程。而从广义上理解，扫盲教育不仅仅是让文盲人群获得一定的语言和文字能力，其真正的目的是提高处境不利人群的综合素质，使他们获得不断自我发展和提高他们的自助能力。

有学者提出"当代扫盲教育的实质主要体现在以下几个方面：扫盲教育的过程是促进国家稳定和民主政治进步的过程；扫盲教育的过程是促进经济发展的过程；扫盲教育的过程是文化习得的过程；扫盲教育的过程是个体增强自助能力的过程。"[①]这种理解也迎合了国际全民教育的思潮，在1990年的《世界全民教育宣言：满足基本学习需要》中已经提出"扩大的基础教育"[②]概念，扫盲教育的工具性特征要转化为以人为本的特征。所以，"学习需要主要包括基本的学习手段（如读写、口头表达、演算和问题解决）和基本的学习内容（如知识、技能、价值观念和态度），这些内容和手段是人们为能生存下去，充分发展自己的能力，有尊严地生活和工作，改善自己的生活质量，做出决策等所需要的"。[③]"满足基本学习需要可以使任何社会中的任何个人有能力并有责任去尊重和依赖他们共同的文化的、语言的和精神的遗产，促进他人的教育，推动社会正义事业，保护环境，宽容与自己不同的社会、政治和宗教制度，从而确保坚持为人们所普遍接受的人道主义价值观念和人权，并为这个互相依存的世界建立国际和平与团结而努力"。[④]

2000年4月世界教育论坛在塞内加尔的达喀尔召开，会后通过了164个国家共同提出的《达喀尔行动纲领》，提出全民教育除了满足所有人的基本学习需求外，还要求学员掌握21世纪国际教育委员会提出的教育的四大支柱：

---

① 刘义兵. 新时期扫盲教育观的转变及其实现策略[J]. 中国成人教育，2007（3）：190-192.
② 刘英捷. 世界全民教育中的成人扫盲教育[J]. 成人教育，1999（10）：27-28.
③ 赵中建. 全民教育：一个全球性的课题[J]. 比较教育研究，1997（2）：47-50.
④ 福建省全民终身教育促进会.世界全民教育宣言（1990）（World Declaration on Education For All）[EB/OL].中国终身教育网，http://www.lifelongedu.com.cn/html/xsqy/zsjyzz/2008n1q/514.html，2012-02-10.

学会认知、学会做事、学会共处、学会生存,并且明确提出了关注成人扫盲教育的目标——"到 2015 年,成人尤其是妇女的识字率能提高 50%,所有成人能接受基础教育与继续教育。"①扫盲教育不局限于识字教育,是成人应接受而未接受的基础教育,这一点随着中国扫盲教育行政管理机构并入基础教育机构有了实践中的印证。2005 年 11 月,中华人民共和国国家总理温家宝出席第五届世界全民教育高层会议时也表达了对于全民教育的认同,并讲话指出,"联合国教科文组织将全民教育计划作为重中之重的优先项目,完全符合世界各国和国际社会的愿望",中国"把扫除文盲作为反贫困的重要措施"②。

由此,本书中所指的扫盲教育,既不是单纯的识字教育,也不是特指功能性扫盲教育,而是对各种类型扫盲教育的一种统称,是一个开放的概念,在这个概念之下的发展性扫盲教育,笔者认为是中国今后扫盲教育转型的方向。

二、发展性扫盲教育

发展性扫盲教育是作者提出的一个核心概念,提出这一概念综合了以下几方面的考虑:

首先,在大教育领域观照这个概念。20 世纪末和 21 世纪初,众多学者讨论了与发展相关的两个教育概念,发展教育学(development education)和发展性教育(developmental education),这两个概念都由"发展"和"教育"两个名词组成,但是在内涵上却大为不同,发展教育学主要是从经济学中增长与发展的讨论出发,③讨论经济社会发展过程中对教育带来的各种影响,继而寻找在这种外部环境发展变化中教育的应对,国内研究成果中,如王振权的《发展教育学》和檀传宝的《发展教育学研究》都遵循这样的研究思路;另一个是发展性教育,这是与学习理论和发展心理学相关的,主要是从建构主义

---

① 王强. 从宗滴恩到达喀尔:世界全民教育的目标、问题与走向[J]. 全球教育展望,2005,34(11):8-10.
② 温家宝. 在联合国教科文组织第五届全民教育高层会议上的致词[N]. 人民日报,2005-11-29,第 004 版.
③ 邢永富. 关于发展教育学的理论思考[J]. 教育研究,2005(4):3-7.

的角度出发探讨教育中的生成性问题。国内研究发展性教学评价①的成果较多，另外也重视学生在发展上的"全面性"②、"过程性、差异性、多样性"③等性状问题。综合对上述两个概念的相关观点可以看到，"发展性+某一类型的教育"的概念是可以适用的，只是在发展性上存在着不同的研究取向，所以如果提出发展性扫盲教育概念的话，还需要进一步对发展性进一步界定。

其次，在哲学上去思考发展性问题。发展性包含着内外两方面的意义，一是内在发展的客观性，二是外在发展的可能性。事物具有发展性，说明它本身是存在发展变化的属性，而且这种属性是客观的，不以人的意志为转移的。这点在扫盲教育上可以得到印证，文盲概念是变化发展的，以文盲作为教育对象的这种教育形态也随之变动，这个规律是客观的；另外，低文化水平作为相对的状态始终会客观存在于人群当中，也就是说只要有人在自身发展和社会发展过程中存在着矛盾性，就需要一定程度的补偿教育，这种补偿可以看作是扫盲教育的一种功能，而这种矛盾性在人类社会中客观存在，所以扫盲教育从内在发展上具有客观性。外在发展的可能性是说扫盲教育存在着继续发展完善的空间。教育不是万能的，不是所有接受过道德教育的人就全都行善，只是存在着教育使人向善的可能，并且即使一种教育引导着人们向善也不表示它没有进步的空间。扫盲教育是为低文化人群提供的教育，在教育过程中始终要面对解决返盲率高或者学习效率低等调整，需要得到持续的发展。于是，用发展性扫盲教育来定义一种既存在内在发展的客观性，又能凸显促进外在发展可能性的教育形态是合理的。

再次，发展性扫盲教育的概念能够区别于工具性的扫盲教育。工具性扫盲教育将扫盲教育看作是一种工具，仅仅看到其工具价值，认为扫盲教育是能够带来其他利益的工具。显然，工具性扫盲教育仅仅关注扫盲教育的外在价值，忽略内在价值，当扫盲教育无法作为工具即一种中介实现某种目的时，其内在价值也就丧失了。当然工具性扫盲教育还可以走得更为极端，那就是

---

① 此类成果可参见：李君丽.发展性教学评价技术研究[D].上海：华东师范大学，2006. 以及，王升.论发展性教学主体参与的机制[J].教育研究，2002（11）：65-69.
② 巩汝训，门学泳.论发展性教育[J].山东师范大学学报，2004（2）：131-133.
③ 林藩.试析发展性教育实现的意义[J].福建教育学院学报，2003（10）：6-8.

在扫盲教育中把人本身当作是工具。这样的扫盲教育不仅仅知识和技术只具有工具意义，连人也只具有工具价值。发展性扫盲教育就是要努力实现人发展，摆脱"驯化"，让教育对象成为独立自主、自立自强的社会公民，教育对象本身就是教育的"目的"。

因此，发展性扫盲教育对上述两种工具性扫盲教育都要加以反对，鉴于在阶级社会中，将人作为"手段"的扫盲教育是维护统治的工具，而在社会主义条件下，人与人之间没有阶级对立的差别，所以，本书反对那种忽视内在价值、忽视人发展的工具性扫盲教育。发展性扫盲教育所体现出的思想也与中国共产党所倡导的主流思想相切合。扫盲教育坚持发展的观点，不断实现自我更新和发展，同时也竭力促进人的发展，所以它也是"以人为本"的教育。综合以上因素的考虑，笔者提出发展性扫盲教育的概念，并用于指导扫盲教育转型的方向。

三、转型

转型，源自英文 Transformation，原本具有生物学上的"变形"等意义，后被引入社会学领域，使得社会转型理论逐渐成为社会学研究中的重要问题。教育转型的讨论也是在社会转型这个基础上出现的。社会转型要求教育转型，而教育转型要实现人的转型，所以社会、教育和人之间在转型的过程中处于一种互动的过程，这种互动的过程也推动着社会、教育和人的不断进步。

随着改革开放的推进，中国社会经历着一次深刻的社会变革——社会转型。所谓"社会转型"（social transformation），是一个有特定含义的社会学术语，意指社会从传统型向现代型的转变，或者说由传统型社会向现代型社会转型的过程，就是从农业的、乡村的、封闭的、半封闭的传统型社会，向工业的、城镇的、开放的现代型社会的转型。也就是说，"社会转型"强调的是社会结构的转型，包含了社会进步的积极意义。

社会转型是一种特定的社会发展过程，是社会从一种类型向另一种类型的过渡过程。这种过渡不是一种自然的社会变迁，而是社会发展。它特指从传统型社会向现代型社会的过渡过程，包含从农业社会向工业社会的转变，从自给半自给的产品经济向市场经济的转变，从封闭社会向开放社会的转变，从同质单一性社会向多样性社会的转变，从伦理社会向法理社会的转变等。从传统型向现代型转变的过程中，比较明显的变化就是市场经济的兴起以及民主政治的发展，以及由此而引发的一系列社会生活方式的深刻变化。鲁洁认为，在这一深刻变化中，孕育了新的人与人的关系，为现代独立人格的发展开拓了新的空间，在这样的空间中，教育要努力培养出新一代具有独立人格、具有自由、民主、平等精神的公民，生成一种新的文化精神和文化模式，以支撑新社会机制的运行。市场经济越发达，它所要求的自由活动空间也就越大，在一定条件下必然超越单纯经济领域的政治、文化等其他领域。市场经济最大限度地开启了人们的欲望和需求，调动了人们追求物质利益的积极性和创造性。在意识形态领域他们必然高扬与市场经济相适应的自由、民主、平等的思想旗帜，在政治和其他社会领域必然积极推进民主化的进程，以提升和确定他们在社会决策中的地位，在政治和社会管理上必然提出更高的要求和呼吁获得更大的权利，产生出对民主社会和政治的强烈要求和愿望。

这些变化对扫盲教育提出了新的要求，工业化要求脱盲劳动者不仅会认字还得掌握工业技术，从事生产和服务；信息化过程中信息作为个体生存和发展的重要资源，它要求社会个体能够快速收集和处理信息，不仅限于具体的书写、阅读和计算等目标；城镇化要求个体适应新的城镇化生活方式，这种生活方式的现代化程度和知识密集程度更高；市场化中竞争激烈，需要极大地调动个体的积极性与创造性，在个体能力上要更加突出；国际化要求社会个体成为开放的个体，学会利用国内国外的各方资源，在世界范围内展开竞争并获得发展。

由此，扫盲教育的转型就是指在应对社会变化与人的发展需要时，扫盲教育在价值、范畴、地位和方法等方面实现全面的革新。

第三节　对扫盲教育有关文献的综述

本书关于文献部分的研究分为两个层次展开：一是对已有扫盲教育研究中的主要几种取向的分析；二是与转型紧密相关的扫盲教育发展方面的研究

分析，之所以讨论发展，是因为通过现有文献收集笔者尚未发现直接讨论扫盲教育转型的学术作品，而学术界对一般意义上的教育转型问题又有很充分的讨论，在此，关于教育转型的问题放在正文中去讨论，而在文献研究部分对紧密结合主题的扫盲教育发展问题进行分析。

一、几种已有国内主要取向的扫盲教育研究

1. 历史总结取向的研究

从20世纪末以来，由于扫盲教育取得了巨大的成就，成人教育研究领域内掀起了对扫盲教育进行历史回顾和经验总结的高潮，涌现出众多的学术成果。从全国性的扫盲教育研究来看，余博、谢国东的《中国扫盲教育》、廖其发主编的《当代中国扫盲和农村成人教育的回眸与前瞻》、刘立德、谢春风的《新中国扫盲教育史纲》、日本学者浅井加叶子的《当代中国扫盲考察》等是其中的重要代表。这些著作反映了世纪之交学者们放眼世界的同时，也开始深刻反思和总结中国扫盲教育开展的历史，并对未来扫盲教育事业进行理论上的展望。如《当代中国扫盲考察》一书基于当代中国工农扫盲教育历史回顾，从扫盲教育政策、扫盲行政工作（行政机构、行政制度）、扫盲教材内容、教授形式、文盲现状（分布、形成过程）、扫盲工作的成果及课题出发，解读了我国工农扫盲教育的发展历程、政策特点、行政制度、学习内容、教授形式、文盲形成的原因及分布的地域、年龄段、不同行业之间的差异，总结了扫盲教育的成果和今后所应关注的扫盲课题。《当代中国扫盲和农村成人教育的回眸与前瞻》对新中国成立后农村扫盲及成人教育作了史实回顾，并对21世纪农村成人教育的基本思路（发展方向、目标和理论依据）、教育内容（确定依据、主要内容、教材安排）、教育途径（学校系统、家庭系统、社会系统）、教育保障体系（成教方向、管理机构、经费政策、督导方式、成人教育研究）做了展望性的研究。《新中国扫盲教育史纲》则认真梳理了新中国扫盲教育的历史传统与基础、介绍了新中国成立初期的扫盲教育、开始全面建设社会主义时期的扫盲教育、扫盲教育的停滞、恢复和发展及20世纪90年代扫盲教育的开展情况，最后总结了新中国扫盲教育的成就，并对未来进行了展望。

上述学术著作对扫盲教育采取了一种整体研究的方法，试图从扫盲教育所涉及问题的全面性上，概括地将扫盲教育进行介绍和叙述，因此，他们的整体性的特征比较突出。同时，他们也采取了分阶段的办法，就历史上各个时期的扫盲教育进行了特征上的总结。

在对全国范围的扫盲教育历史进行整理的同时，对地方开展的扫盲教育历史的整理工作也在跟进，如《山东的扫盲运动》和《贵州扫盲教育》这些研究成果纷纷出版，在历史问题的分析中引入了地方化、特色化的研究视角。以贵州省为例，1937年贵州省教育厅曾明确提出其"中心工作的目标是扫除全省文盲、实施抗战教育"，"扫除文盲工作，在儿童方面，表现为普及义务教育，在成人方面为推进社会教育。社会教育，就是成人应受的识字教育、补习教育及一切增加知识道德的教育"。[①]在贵州扫盲教育中记录了为了培养民族意识，激发抗战情绪，时任贵州省主席吴鼎昌亲自编撰了《贵州省民众学校课本》，该教材结合实际，言简意赅。"重在意义，识字次之"。[②]全书共40课，教材附有当时的国歌和《打倒日本》《义勇军进行曲》等歌曲。教材第一课为"中国人"，第二课为"国旗"，第三课为"孙中山"，教材介绍了国家、民族、文明等大中华的内容，也介绍贵州本地地理、物产和人民美德，并告诫贵州人要戒烟等内容，特别重要的是教材用了三课专门揭露日本的侵略阴谋和日本军队对中国人民惨无人道的罪行，读完全部教材可识字500多个。对这些史料的整理具有较高的历史价值。

有关扫盲教育的历史研究占据了数量上的绝对优势，这说明了历史分析的方法在扫盲教育中受到了大部分学者的重视，但是这种情况也表明了扫盲教育研究上的危机：一是历史研究应该是一种方法，而不仅是追求史料的再现，从当前有关扫盲教育的历史研究来看，研究的思路是摆出史料、对照政策、评价效果。从本质上说这个历史的研究很大程度上就变成政策效果的研究，这些历史研究中很少看到"学习者"的存在，少有教育学、哲学和社会学等对扫盲教育的理论支撑，事实上，就在新中国成立后大力开展扫盲教育之际，国际上也掀起了对成人学习和对功能性扫盲研究的热潮。这样看来，

---

① 陈璨，包中. 贵州扫盲教育[M]. 贵阳：贵州教育出版社，2007：3.
② 同上.

绝大多数有关扫盲教育历史的研究视野就被局限于一种政策史的研究中,这样导致的后果是,一方面扫盲教育越来越缺乏教育学的色彩,另一方面扫盲教育研究变成为对政策成就的研究,历史上取得成就的研究。

2. 教育内容取向的研究

扫盲教育要教什么、取得何种目标,并不主要从学者们的著作研究中得出来,而更要考察有关扫盲教育的政策沿革中对内容和目标的设定。

清末简易识学学塾的章程中要求由京师起逐渐推行,并责令各省按年确查识字者人数。识字学塾招收年长失学和贫家子弟无力就学者,后专招年长失学者。学习年限初为三年以下、一年以上,后改为一到两年,每日授课2~3小时。课程有国文、国民道德、算术、习字、体操五门,主要教材是简易识字课本。教师主要由小学堂教员兼任,经费包括官费和富绅捐助,免收学费,书籍用具由学校提供。清末的扫盲教育一方面是由于统治者看到了坚船利炮背后国富兵强与教育普及的关系,另一方面也是鉴于国内革命浪潮风起云涌,借教人民识字明理,传达统治者的意志,以笼络人心,防止革命。值得注意的是,清朝统治被推翻后,中华民国的很多扫盲举措皆以此为蓝本,这项章程也算是发挥了它未曾预料的作用。

1929年,国民政府颁布法令《民众学校办法大纲》。其科目是识字、三民主义、常识、珠算或笔算、乐歌。1932年曾一度修正,但对于课程方面无大变更,1934年6月又改名为《民众学校规程》,对各科课程标准有了详细的规定,如国语科之目标为:能由注音符号读出汉字;学习浅近的语体文,以培养阅读普通书报及文字的能力和兴趣;运用日常应用的语体文,将以发表自己的意见,并使人理解;练习书写以达到正确清楚的程度。国语一向被看作民众学校的主要科目,以这一门主要科目的标准为例,可以看出扫盲教育的主要要求为识字。抗战期间,国民政府颁布了新县制,紧跟着为配合新县制而制订了《国民教育实施纲领》。其中提出应以一切事物现象为教材,注重训练国民如何做人、如何办事,并且把中山先生所昭示的革命建国之要义以及地方自治、粮食土地管理等事务,与中央所颁布之七项运动办法,都包括在教育范围之内。还认为,学校之目的于读书识字之外,当注意双手万能,力求实用。这样扫盲教育从原来的民众学校交给了国民学校,尽管之后又出台了《国民学校和中心学校办理社会教育要点》等政策,但是国民政府统治时期官方扫盲教育由于主要延续清末以来的课程,并未取得多大的成就。倒是民间的扫盲教育按照客观环境创生出来,造成了很大的影响,如定县的平民教育、无锡的民众教育、广西的国民基础教育、邹平的乡村建设和陶行知的乡村工学团等。

中国共产党领导下的革命根据地都在偏远山区,文盲率更是高达 90%以上,所以中央苏区和抗日根据地都把群众教育的重点放在扫盲上,大力开展识字运动。1929 年《中国共产党红军第四军第九次代表大会决议案》中就提出,将"识字运动"作为士兵训练的一项内容。[①] 1933 年 10 月,苏区文化教育建设大会作出"消灭文盲"的决议,建立了乡、村两级"消灭文盲协会",其任务是"猛烈地开展消灭文盲的运动"。1939 年 3 月陕甘宁边区政府教育厅发出《关于消灭文盲及实行办法》,4 月 19 日,毛泽东在《论联合政府》中提出:从百分之八十的人口中扫除文盲是建设新中国的一项重要工作。同年 8 月也颁布了《陕甘宁边区各县社会教育组织暂行条例》,组织形式包括识字组、识字班、夜校、半日校、冬学和民众教育馆 6 种。在抗日战争和解放战争的过程中,中国共产党领导下的扫盲教育与政权改造、土地改革、发展生产、提高觉悟等工作紧密结合,组织了各种宣传队,用板报、标语、漫画、广播、演出、宣讲等多种形式,控诉国民党反动派,宣传了自己的政策和主张,在部队里也开展相应的教育活动,提高了军民的文化素质和政治觉悟,鼓舞了军民斗志,是中国共产党取得民主革命伟大胜利的重要条件。

中华人民共和国成立后,扫盲列为成人教育的首位,教育内容中也有了具体的标准化表达。1950 年 9 月第一次全国工农教育会议提出:"开展识字教育、逐步减少文盲。"1952 年 11 月成立中央扫除文盲工作委员会,推行速成识字法,形成中华人民共和国成立后的第一个扫盲运动。1953 年 11 月中央扫除文盲工作委员会颁发《关于扫盲标准、扫盲毕业考试等暂行办法的通知》,规定扫除文盲的标准为:干部、工人一般能认识 2000 个常用字,大体能阅读最通俗的书报,能写农村中常用的便条、收据等。1956 年中共中央、国务院

---

① 顾明远. 教育大词典[Z]. 上海:上海教育出版社,1998:1317.

发布《关于扫除文盲的决定》，指出扫除文盲是中国文化上的一个革命，也是社会主义建设中的一项极为重大的政治任务。同年成立全国扫盲协会，选举陈毅为会长，吴玉章、林枫、张溪若、胡耀邦、董纯才为副会长，扫盲工作由此进入第二个高潮。新中国成立初期的扫盲政策为我国大规模扫除文盲，提高国民素质起到了积极的作用，但同时也反映出了对扫盲教育过分求快的思想，如在1956年《关于扫除文盲的决定》中提道"配合社会主义工业化和农业合作化的发展，大张旗鼓地开展扫除文盲运动，以求在五年或者七年内基本扫除全国文盲，这是非常必要的，也是可能实现的。"这种提法事实证明并不科学。"文化大革命"期间，扫盲工作基本停顿，政策上的支持也被迫中断。1978年11月，国务院发出《关于扫除文盲的指示》，要求继续扫除工人、农民中的文盲，努力做到"一堵、二扫、三提高"。1988年2月，国务院颁发《关于扫除文盲工作条例》使扫盲工作进一步经常化、制度化。政策不断更新的过程中，扫盲标准也在不断发生变化，其演变的过程归纳如下：

表1.1 新中国成立扫盲教育标准的演变

时间	标准内容
1953年	干部和工人应认识（会认、会读、会写、会用）2000个常用汉字，能阅读通俗书报，能写200~300字的应用文；农民应认识1000个常用汉字，能阅读最通俗的书报，能写农村常用的便条、收据等；城市劳动人民应认识1500个汉字，阅读写作参照工人和农民的标准
1956年	在重申1953的标准上，将农民的识字量由1000字提高到1500字，增加应学会运用珠算进行简单的计算
1958年	工矿企业14岁到40岁中，非文盲率达到总人口的85%；农村、城市街道和手工业合作社14岁到40岁中，非文盲率达到总人口的80%
1960年	农村、城市街道和手工业合作社14岁到40岁中，非文盲率达到总人口的85%
1978年	农村扫盲对象改为12岁到45岁，删去会珠算进行简单计算的要求
1988年	扫盲对象为15岁到40岁，脱盲标准不变（用民族语言文字扫盲的地方，脱盲标准由地方规定）；规定非文盲人数在农村达到85%以上，企事业单位和城镇90%以上；扫除文盲单位非文盲人数95%以上。
1993年	1949年10月1日以后出生年满15周岁的人口中的非文盲人口数，除丧失学习能力的以外，在农村达到95%以上，在城镇达到98%以上，复盲率低于5%。

（资料来源：董明传，毕诚，张世平.成人教育史[M].海口：海南出版社，2002.）

扫盲标准的变化，一方面反映新中国成立以来扫盲教育取得了巨大成就。政府重视，投入财力和人力较多，同时参与教学的人数也较多。另一方面，标准的确定，对我国扫盲教育质量控制和价值导向都产生了重大的影响。从五十年代确定标准开始，扫盲教育就几乎被等同于识字教育，这使得中国的扫盲教育的成就主要变成了识字的成就，而衡量的办法就是数量上的脱盲人口，没有从真正去关注人们在生产和生活中的改变以及人们是否应该在扫盲教育过程中形成理性的批判的精神，所以扫盲教育中难免就会出现形式主义，而这点在"大跃进"过程中也有所体现。

上述内容，是从政策文献中梳理出的结论，也可以看成是一种政策研究的成果，那么从学术研究来看，大部分研究者都认为扫盲教育在标准上应该变化，因为现在的标准"并没有反映出时代发展及知识、技能变化等对国民基本文化素质层次提高的基本要求"[①]。有学者建议"降低对识字量的要求，增加家庭生活知识与技能、公民生活知识与技能、创收知识与技能等方面的内容"，并且把脱盲的识字量降到1000字以下，因为过去识1500个字的要求，学员普遍反映过高、过难，现在一个识500左右常用字的小学二年级学生也能看懂一般的报刊文章[②]。也有学者认为，应该"根据汉字的覆盖率，针对不同的扫盲对象，制定扫盲识字达标的层次"，并且应该建立"识字达标""数学达标""生活与生产常识"的指标框架。[③]但是，众多学者对教育内容和目标上关注的是以识字为主要内容的知识目标，忽视了知识教育存在着识记、理解和运用的不同层次标准，以及扫盲教育还存在有育人上知、情、意的全面性。同时，笔者也认为，通过减少识字量然后在知识面上横向扩展并不是真正化解扫盲教育标准问题矛盾的方法，扫盲教育标准的问题要通过知识上与成人基础教育结合起来才能解决，不能将成人扫盲教育限定为知识目标，更不能再将知识目标弱化为识字数量目标。

---

① 刘义兵. 新时期扫盲教育观的转变及其实现策略[J]. 中国成人教育，2007（2）：190-192.
② 欧本谷. 中国扫盲教育的改革与发展[J]. 成人教育，2008（8）：11-12.
③ 夏海鹰. 我国脱盲标准的演变与反思[J]. 成人教育，2008（8）：5-6.

3. 扫盲学习资源的研究

这类文献的研究主要是笔者通过对扫盲教育文本展开的，这类材料又可以分为好几大类：

一是学员学习教材，如《农村扫盲学员政治读本》（通俗读物出版社，1958年）、《市民扫盲巩固课本》（辽宁人民出版社，1958年）、《扫盲三字经》（江苏人民出版社，1958年）、《凉山彝族汉语文扫盲课本》（四川民族出版社，1959年）、《农村扫盲集中识字课本》（华东师范大学教育科学学院教学法研究所，1988年）、吴惠青等编著的《成人快速扫盲教程》（广西师范大学出版社，1990年）、《实用扫盲课本》（关学丰、陈清州，1991年）、《速成扫盲课本》（王云珩，1993年）、《成人初级文化技术课本》（安徽省教育委员会编，1997年）、《农村妇女扫盲教育读本》（云南大学出版社，2003年）、《藏文扫盲课本》（华青多杰，2003年）、《福建省扫盲课本》（谢从荣，2008年）、《云南扫盲基础教材》（云南大学出版社，2010年）。从教材的出版上看，随着扫盲教育的深入，教材编写越来越具有针对性，地方化、小众化的特征。

二是学员课外材料。这类材料主要是在1958年左右大量出版，如1958年文字改革出版社出版的《拼音扫盲补充读物》以学习各省民歌为载体进行识字扫盲的课外补充，出版了陕西民歌选《唱歌要唱跃进歌选》、云南和贵州民歌选《大水奔流上山来》、江西民歌选《心心为了一千斤》、山东民歌选《英雄年代英雄多》、山西民歌选《人民离不开共产党》、湖北民歌选《要把黄土变个样》、青海及甘肃民歌选《多快好省四大宝》，此外还有内蒙古、湖南、江苏、河北等地的民歌选作为拼音扫盲的补充读物。另外1958年左右出版的扫盲业余文化读物包括《怎样防治病虫害》《做有文化的手工业者》《黑妮种棉》《我要读书》《模范饲养员》《在毛主席家里做客》《毛主席到了徐水》《愚公移山》《农村劳动卫生五字经》《罗盛教》等，都是拼音加注的扫盲读物。另外学员可自己使用的词典和手册有《农村劳动卫生五字经》（丁恬著，1959年）、《农村常用词语》（江苏分明出版社，1978年）、《农村常用难字》（北京出版社、1984年）、《农用杂字》（山西人民出版社，1985年）等，这类读物主要集中在20世纪70年代到80年代，说明当时的扫盲开始步入成人基本识字的扫盲教育向功能性扫盲教育的升级过程，学员学习的自主性更高了。

三是扫盲教师的学习和参考资料。这类书籍包括《热心扫盲的民校教师》（中国青年出版社，1955年）、《扫除文盲的教学工作》（新知识出版社、1956年）、《用多种多样的方法扫除文盲》（中国公路运输工会全国委员会，1956年）、《农村小学教师怎样参加扫除文盲工作》（林夫，1957年）、《怎样做扫盲教师》（王钟友，1957年）、《扫盲教学讲话》（林汉达，1957年）、《几种快速扫盲的教材和教法》（子东，1958年）、《扫盲教具》（戴春柏，1959年）、《职工扫盲教学经验》（广州市教育局，1960年）、《扫盲后教材编写制作指南》（人民教育出版社，1990年）、《扫盲教学论》（李春祥、侯占新，1995年）。从扫盲教师参考书籍的层次来看，20世纪五六十年代主要是扫盲的基本教法，到了20世纪90年代扫盲教师已经开始思考扫盲后教材的编写和从教学论上思考扫盲教育，理论思考的水平上更进了一步。

对扫盲教育学习资源归类说明：一方面，在扫盲教育上国家投入了巨大的人、财、物的资源，为文盲学员和扫盲教师提供了众多参考文本，也为取得扫盲教育的巨大成就起到巨大的支撑作用；另一方面，这些文本也存在一些问题，首先是多数的文本与文盲学员的生活有效地发生联系这一点未被强调，而是围绕识字和脱盲标准来建构整个知识系统，这就会导致学习效率的降低。其次是文本展示出来的是"重教"而不是"重学"，对教材和教辅的重视，其实反映出的是以教师为中心的教学模式，学员除了教材以外，还需要更多理解识字和生活中各种规则的文本材料，而这类材料是比较缺乏的。再次是从文本所承载的价值导向上看，在解放初期是政治导向性明显，改革开放后是技术和功能性导向明显，但是对人本身科学、理性等精神的培养，在所有文本中非常罕见，这很显然不利于文盲学员实现主体意识的觉醒，激发出巨大的学习的内在动力。

4. 国际比较取向的研究

这里的研究主要分三类进行介绍：一是引入国外辞典中对扫盲教育的解释。这类研究主要是对扫盲教育的相关概念进行中文释义，如《教育大百科全书》成人教育卷中译本里，扫盲教育乃至第三世界扫盲教育开展的情况进行了介绍，对扫盲教育目标进行了三种分类：社会政治目标、经济目标和总体社会经济发展目标。同时，也区别了扫盲教育中的正规方法和功能方法，并对这两种方法进行了评议，特别提到，功能性扫盲是很有必要，但是如果将它作为一种标准的教育方法时，就会发现过于狭隘。①

二是联合国教科文组织国际教育大会的各种建议、宣言和公告的国内翻译。如《全球教育发展的历史轨迹——联合国教科文组织国际教育大会建议书专集》②收集了1934年到1996年国际教育大会的各种建议和宣言。如1965年第58号关于"扫盲和成人教育"的建议，该建议首先陈述了提供扫盲和成人教育的正当理由和时代背景，然后从"预防性和弥补性活动的基础""初步的研究计划""扫盲组织和财政""从事扫盲工作的人员""教育方面"共五个方面来推进成人扫盲教育行动，这五个方面也成为20世纪后半期扫盲教育重要指导；1990年出台第77号建议《扫盲：90年代的行动政策、战略与计划》③，该项建议对扫盲教育的原则、概念和目标进行了七点阐释；对国家一级的可行性措施和计划给出了33项建议，加上前面一共是四十条建议。包括有发展扫盲教育与基础教育的建议、学习内容和方法的建议、学习者成绩和具有更广泛社会影响的评价的建议、教师和其他人员的入门培训和继续培训的建议、功能性扫盲和继续教育的建议以及地区和国际合作的建议等内容，为全世界的扫盲教育迈入21世纪提供了更具有操作性的参考。

三是对国外扫盲教育开展经验与启示研究。如：任一明《国外扫盲政策研究》（比较教育研究，2000年）、单颖、霍玉文《国外扫盲教育之特征述略及其启悟》（继续教育研究、2005年）、邱艳萍《英国成人扫盲教育运动及其启示》（继续教育研究，2005年）、王愫《世界女性扫盲教育现状浅析》（现代企业教育，2006年）、姚远峰《国际扫盲教育的演讲与问题诉求》（成人教育、2007年）、关丽梅《印度扫盲教育经验及其启示》（继续教育研究，2008年）、谢晓宇的《在全民教育背景下看西欧北美国家的文化扫盲教育》（通化师范学院学报，2010年）等，主要的研究取向是国别或者地区的扫盲教育研究，而

---

① 这个评论应该是代表原版中该词条作者荷兰教育学家A.图季曼的观点，并不是中译者自己的判断。
② 赵中建，译.联合国教科文组织国际教育大会建议书集[C].北京：教育科学出版社，2005：262.
③ 同上，427.

对于扫盲教育的内容、扫盲标准、功能性扫盲和扫盲后继续教育等问题都鲜有人论及，特别是没有对扫盲教育未来的发展给出提示，所以，对国外的扫盲教育研究还有待继续深入。

二、已有国内对扫盲教育转型的相关研究

鉴于现阶段笔者还未发现讨论扫盲教育转型的学术作品，难以直接对扫盲教育转型问题进行述评，然而从本质上看，转型是发展的特殊表现形式，所以将扫盲教育发展问题作为转型的相关研究进行研究，可以间接地得出学者们对转型的一些看法，主要从以下几个方面来展开：

1. 提出扫盲教育发展的表述

在绝大部分有关扫盲教育的文献中，扫盲教育是与动词"开展"组合起来使用，不过，还是有部分学者明确表达了发展扫盲教育的观点。如马云认为，"在新的世纪里，终身教育理念的激发、学习化社会的倡导、人们生活水准的提高、生涯规划的提倡和成人休闲时间的增加，更为迫切地要求继续发展扫盲教育"；[①]而钟启泉通过开展对"新扫盲论"的研究，试图"为扫盲教育的发展提供基本的理论框架"；[②]张春晓与任一明则通过总结扫盲的成就和分析其中的不足，就"性别视角下改革开放后的扫盲教育发展"提出建议；[③]夏海鹰也认为，"扫盲教育是一个社会系统工程，需要全社会的关注与参与"来实现"推进中国扫盲教育尤其是妇女扫盲教育改革与发展的步伐"[④]。上述学者们的表达中均提及发展，为完整地提出有关扫盲教育的转型的命题起了指引作用。

[①] 马云. 共和国农村扫盲教育研究[D]. 上海：华东师范大学，2006.
[②] 钟启泉. 扫盲价值论与扫盲目的论——"新扫盲论"研究（之一）[J]. 外国教育资料，1999（1）：3-7.
[③] 张春晓，任一明. 性别视角下改革开放后的扫盲教育发展[J]. 成人教育，2008（12）：7-8.
[④] 夏海鹰. 执着探索扫盲路，提高文盲新能力[J]. 成人教育，2010（4）：15-18.

2. 强调文盲概念的发展性特征

有学者认为"文盲概念的变化发展是一个客观规律,充分认识和有计划、有准备地对待它的发展变化,将有助于更好地发挥扫盲继续教育的功能以及政策措施的制定"。[①]"时代的发展赋予'文盲'新的时代内涵,要求我们拓展传统的文盲概念",从"阅读普通文章的能力""查找信息的能力""计算的能力"等角度思考基础扫盲的内涵。[②]也有学者研究国际社会中文盲概念认识的演进过程来区别出三种不同的文盲,从不会识字到具备读写算的能力却不能适应生活,再到具备前两项能力但还要继续学习和探索来实现成长发展以及参加工作、文化活动和参与民主等机会,这样的人也是文盲[③]。文盲概念的发展也就意味着扫盲教育从对象的变化出发,会引起教育内容、目标和价值等一系列的变化和发展,而这种变化如果是整体上的系统变化就意味着转型。

3. 关注国际扫盲教育的进展

关注国际扫盲教育这里蕴藏的逻辑是,尽管我国扫盲成就巨大,但是还存在很大的文盲数量,而且整体国民受教育水平与国外发达国家还有差距,既然世界范围内,特别是一些发达国家都还在继续开展扫盲教育,作为整体教育水平相对落后的中国更应该有所发展。

对被誉为现代成人教育发源地英国的扫盲教育进行研究,有学者研究了其"中央政府建立机构、拨款""地方教育局开设基础教育课程、培训师资""民间教育组织大力宣传"等发展措施,通过对扫盲教育的多元主体的划分去探讨形成发展的合力;[④]也有学者分析了美国联邦政府在扫盲教育上的发展模式,即"颁布法规,加强管理""确定成人脱盲标准""实施成人扫盲计划""调动社会各界力量支持",[⑤]介绍了美国1962年的《经济权益法案》中"成人教育的主要目的是对成人文盲实施扫盲教育,以便使成人文盲达到初等教育水

---

① 任一明. 国外扫盲教育政策研究[J]. 比较教育研究, 2000 (2): 38-41.
② 刘义兵. 新时期扫盲教育观的转变及其实现策略[J]. 中国成人教育, 2007 (2): 190-192.
③ 郝振君. 试析国际社会对扫盲教育问题认识的研究过程[C]. 纪念《教育史研究》创刊二十周年论文集, 2009 (20): 1897-1901.
④ 邱艳萍. 英国成人扫盲教育运动及其启示[J]. 继续教育研究, 2005 (4): 79-80.
⑤ 黄日强. 美国成人扫盲教育[J]. 成人教育, 1996 (1): 59.

平",1964 年"经济机会法"中"增加对成人扫盲教育的经费投入,并将成人扫盲教育置于公共教育的范畴"等立法建设工作;①而对于日本这样文盲率极低的国家,已经较少出现扫盲教育的提法,研究者更关注其成人基础教育的实现和"构筑终身学习社会"的教育改革目标。②

国际社会中达成的有关扫盲教育发展的共识也受到重视。这里学者们不仅区别了国际通行的扫盲概念在变迁中的不同内涵,更重要的是将扫盲教育的基础性地位反复讨论。有学者发现在 1975—1985 年这 10 年间,功能性扫盲概念同基础教育(Basic Education)越来越统一起来了,而到了 1990 年第一次"世界全民教育大会"召开时,扫盲教育已经被纳入了基础教育计划中的一部分,而全民教育则是初等教育的完全普及与成人文盲扫除的统一,在其《世界全民教育宣言》中也提出,"儿童、青年和成人基本学习需求的多样性、复杂性以及变化性,要求扩大并不断重新确定基础教育的范围"。③2000年,联合国教科文组织、世界银行等五个机构联合对全民教育进行评估总结时,将扫盲教育作为基础教育的重要成就进行统计和分析,甚至联合国教科文组织提出的"学会学习、学会做、学会生存、学会共处"四个主要支柱也包纳到基础之中。④传统的扫盲教育过渡到基础教育,这种地位的提升是扫盲教育发展的重要表现,也体现了扫盲教育在国际上的转型变迁。

4. 对扫盲教育发展目标的研究

教育发展目标是教育欲达到某种状态或者结果,这需要教育的内部变化和发展,才能与预设的目标接近。扫盲教育不仅仅具有识字的知识目标,有学者通过对 21 世纪初联合国的扫盲十年计划进行研究,理清了三个层次的发展目标,首先是全民识字的目标,使每个人都有学习的机会,具有获得知识和进行社会沟通的能力;其次是全民学习的目标,将扫盲教育看作是一种普

---

① 单颖,霍玉文. 国外扫盲教育之特征述略及其启悟[J]. 继续教育研究,2005(4):59-62.
② 吴遵民. 现代国际终身教育论[M]. 北京:中国人民大学出版社,2007:198.
③ 钟启泉. 国际通行的扫盲概念与扫盲现代课题——"新扫盲论"研究(之三)[J]. 外国教育资料,1999(3):60-66.
④ 董建红. 2000 年世界全民教育评估综述[J]. 全球教育展望,2001(7):60-67.

及教育，是构建和强化终身学习社会的基础；再次是全民声音的目标，将使被边缘化的社会群体能在当今知识社会中明确地认识和表达自己的"社会身份"，参与社会辩论，成为社会民主的积极参与者，促进公民权利和责任的履行。①郝振君也提出类似三层扫盲教育目标的观点，认为扫盲的最低要求是文盲获得基本的读、写、算技能，并运用于自身的日常生活中；中级要求是文盲获得比较全面的知识，能够意识到国家所面临的困难，并主动参与解决；最高要求则希望通过扫盲，使文盲能够意识到自身存在的意义和价值，并为国家和社会的发展做出创造性贡献。②而弗莱雷的意识化（Conscientization）的扫盲，即从人的本质、意识的形成和争取自由这个角度出发研究扫盲教育也被国内很多学者所接受，③一些人也开始探讨从扫盲教育中反映出的教育的政治性、批判性、民主性和创造性，并讨论其对中国教育领域内的课程改革和教学改革的启示④。以上都反映出来，这些学者对扫盲教育发展目标的思考和认识，超越了纯粹的识字教育，因而对中国扫盲教育的转型抱有很大期待。

5. 对扫盲教育发展方式的研究

有人认为扫盲教育发展应该引入系统理论，强化统筹意识、强调进行系统的结构性研究，达到结果的最优化；⑤也有人提出应以弗莱雷的解放教育理论⑥和人类学理论为指导⑦。而在具体发展措施上，马云提出扫盲教育要通过加强领导来解决瓶颈问题、要建构地域特色的农村教育模式、架构序列发展

---

① 王强. 21世纪初期世界扫盲教育的走向——《联合国扫盲十年计划》述要[J]. 世界教育信息，2005（12）：5-7.
② 郝振君. 试析国际社会对扫盲教育问题认识的研究过程[C]. 载纪念《教育史研究》创刊二十周年论文集，2009（20）：1897-1901.
③ 钟启泉. 扫盲范畴论与扫盲程度论——"新扫盲论"研究（之二）[J]. 外国教育资料，1999（2）：59-78.
④ 黄志成. 试论弗莱雷解放教育理论的现实意义[J]. 外国教育研究，2003（7）：1-6.
⑤ 马胜涛. 系统论与扫盲教育[J]. 河北成人教育，1994（6）：35-36.
⑥ 郝振君. 弗莱雷农村成人扫盲理论述评[J]. 成人教育，2006（4）：92-94.
⑦ 常永才，哈经雄. 贫困乡村社区革新定位的扫盲教育：P.弗莱雷人类学模式[J]. 西南师范大学学报，2004（6）：22-26.

的农民教育体系①，以此探索中国农村发展扫盲教育的途径；有学者提出九条建议，包括提供法律和政策的保障、完善管理实施机构、提供经费保障、与义务教育之间相互促进和共同发展、少数民族地区开展双语扫盲教育、重视乡土教材和扫盲后教材的编写、加强扫盲师资队伍建设和培训、开展扫盲后继续教育②；还有学者通过分析国外的扫盲实践项目，提出应该"探讨、制定可持续的扫盲策略和计划"来发展扫盲教育③。从理论指导和实践操作两方面来看，很多学者都提出了自己独特的见解，这为扫盲教育转型的实现提供了方法论上的支持。

这里要做补充两点说明：一是关于发展与开展的区别。扫盲教育发展是讨论扫盲教育不断向前进步的过程，这与马克思主要哲学中所讲发展就是新事物战胜旧事物是一致的；而开展则是一个既定的项目、计划或者工作的实现过程。发展要求不断去探索多种可能，实现事物的更新，而开展则要求按照既定程序，完成确定的任务。所以，很多文献在论述扫盲教育时分析了开展的情况，提出开展扫盲教育应采用何种策略，这与讨论扫盲教育的发展并不相同。二是讨论扫盲教育发展问题是因为本书的论题是扫盲教育的转型，而从转型的概念界定中已经明确，转型包含了发展的积极意义，转型的意思即等于转型发展，这里讨论发展问题的目的就是要证明转型的必要性。

总之，关于扫盲教育发展的研究成果很丰富，为后续的研究提供了有力的支持，不过，由于扫盲教育领域内需要研究的问题和视角都较多，所以还是为研究留下了较大的空间。

首先，从发展的表达来看。很多学者表达了扫盲教育要发展，但往往是在行文中蜻蜓点水地掠过，明确提出研究其中的发展内涵和动力等方面的研究非常缺乏，而且还有学者在使用发展一词时，没有和开展区别开，两个动词被当作同一意思混用，这表明人们对发展扫盲教育还是存在疑问，究其原因，笔者认为，发展是需要方向的，当前中国扫盲教育缺少一种方向性的指

---

① 马云. 共和国农村扫盲教育研究[D]. 上海：华东师范大学，2006.
② 杨红. 我国少数民族扫盲教育现状与发展研究[J]. 成人教育，2007（1）：13-15.
③ 徐梦杰，董春林，应一也. 21世纪联合国非洲扫盲政策及实践述评[J]. 全球教育展望，2007（3）：89-92.

引,所以,讨论开展比起讨论发展来没有风险也更加稳妥与实用。然而,在扫盲教育领域内,不讲发展只讲开展的恶果已然显现,从理论支撑、制度建设到组织架构、实践模式等等不得不受到项目化、运动化扫盲教育开展特征的制约而难以发展,不断萎缩,所以,扫盲教育要求发展、求革新,也就要求转型。

其次,在关于扫盲教育发展的一些前提性研究中看。扫盲教育概念的纵向演进和横向的国际比较,为扫盲教育的发展设定了一个前提,从形式逻辑中的简单三段论①可知:

推论一:扫盲教育概念是发展的(大前提)+中国扫盲教育随概念同步变化(小前提)⟹中国扫盲教育是发展的(结论)

笔者通过文献研究梳理出上面公式中的大前提,但是小前提——中国扫盲教育会随概念同步变化,这个方面的研究不仅缺乏,而且也很难实现,这在前面讲行政逻辑与学术逻辑的冲突上,笔者也表明了这个观点。由此,从这个推论要得出发展扫盲教育合理性的结论,就需要对扫盲教育与概念变化之间的关系上去实现这种同步变化的链接,而这一点上,学者们鲜有涉及。

推论二:发达国家的扫盲教育在继续发展(大前提)+中国要赶上发达国家(小前提)⟹中国扫盲教育要发展(结论)

这里的大前提已经成立,那么中国要赶上发达国家这个小前提能否成立呢?这个小前提是成立的,而且为了达到"中等发达国家水平,基本实现现代化"②,需要持续地改革开放,社会转型③已经作为一个重要的历史背景,被决策者和研究者们所认同。而社会转型又催生教育转型④,这样就能证明论题的合理性——扫盲教育需要转型。然而,众多学者,并没有从这个逻辑出发提出本论题的合理性,也没有去探讨扫盲教育转型的内涵与策略等相关问题。

---

① 莫曾萌,黄孟洲. 形式逻辑[M]. 成都:电子科技大学出版社,2005:209.
② 邓小平. 一切从社会主义初级阶段的实际出发[C]//邓小平文选(第三卷). 北京:人民出版社,1993:51,252.
③ 李庆霞. 当代中国社会转型的特点[N]. 人民日报,2005-07-18,第9版.
④ 张学文. 教育综合改革应由"教育工具论"向"教育民生论"转型——"十八大"报告"努力办好人民满意的教育"之学理解读[J]. 清华大学教育研究,2013(1):17-21.

再次，从发展目标的设定上看。发展，意味着目标设定的变化，然而众多学者还是难以提出或宏观或微观上比较可行的目标，而论证目标变化的必要性和介绍国外相关经验比较多，如何通过多方考察，取长补短，整合地提出符合中国的扫盲教育目标，这个问题还没有解决。笔者认为，目标可以从很多角度去考虑，而且也可能分类的很细，所以这个问题比较复杂，但是研究者必须要有创新精神去思考构建，首先要突破单纯的识字这个知识性目标。而对与国外已有的分层目标是否直接引用，笔者认为还是要尊重国情，在此基础上逐步与国际潮流接轨，突破这个目标也是对扫盲教育转型的重要支撑。

最后，从实现发展的方式上看。众多的研究者从理论和实践上都去讨论发展的策略，体现了策略上的全面性。但是这种全面性的策略，显然在抓主要矛盾上会存在弱点，对于扫盲教育的发展当然应该研究法制问题、规划问题、师资问题等等，但是不能够只是点到为止，而且从对发展的推动上可能还存在着地位上的差别，所以，仅仅对实现方式宏观地描述，并不能有效地转化为实践策略。

三、国外对扫盲教育转型的相关研究

这里笔者作了几个层次的研究：一是通过直接翻阅外国词典，发现扫盲教育的内涵和外延非常的丰富。如《国际教育百科全书》中的成人扫盲教育条款（Adult Literacy）[①]，该条款紧随在成人教育条款之后，可分为扫盲教育的课程资源；扫盲教育在发达国家的开展情况（定义与统计、基础识字教育的问题、功能性扫盲的几个层次、谁是功能性文盲、扫盲教育计划、研究经验和需求）；扫盲教育的第二个阶段（第二个阶段的含义、动机分析、营造学习环境、扫盲后的目标、继续教育）；扫盲教育问题的幅度（数量问题、经济和社会因素、伦理视野：扫盲是个体的基本权利）这样几个方面。通过该条款可以了解到发达国家理解的扫盲教育的内涵和外延，而这些内容在引入国内的词典中不知何种原因被大量的删减。

[①] Torsten Husen. the International Encyclopedia of Education vol.1[C].New York：Pergamon Press，1985：197-207.

二是查阅相关学术期刊著作，寻找扫盲教育发展和扫盲教育转型相关的问题讨论。通过"Proquest Education Journals"查询"adult literacy transformation"作为关键词查询的结果为 69 747 个，其中学术期刊作品 7204 个。由于英文中成人质变学习（Transformational learning）的概念可能会干扰从汉语角度理解的整体意义上的转型，读者在文献研读时也注意了这个区别。

一部分扫盲教育研究者以"人的转型"为题进行研究。如卡茨莫克（Kazemek Francis E）在《重估我们的生活》中就提道："扫盲教育已经成为个人启蒙和转型以及实现社会正义的重要力量"。[1]同样，瑞蒙儿从人类学的角度分析扫盲教育，也强调其中的"人的转型"（personal transformation）。[2]

有学者从扫盲教育本身的转型进行研究，如2009年出版的《剑桥扫盲手册》（The Cambridge Handbook of Literacy）中提出"转型提供了一种看待扫盲与社会发展的相互作用的视角"，作者认为，"成人扫盲的学习过程就是一种转型，意味着交替、彻底转变或者转向，它发生在我们考察阅读、书写和语言过程中，在不同的文化和社会变化的背景下，涵盖了多种扫盲教育的功能性向度"[3]。并从"科学主题、语言、识字、社会和教育"五种不同的向度去认识扫盲教育。[4]

也有扫盲教师在《转型》（Transformation）杂志上撰文，就全球化背景下，以多伦多为例，研究在一个国际化的城市中如何开展对妇女的扫盲教育提出转型思路，把扫盲看作一个城市进行文化整合的重要手段，以消除各类移民群体间的地域、身份、历史等文化上的隔膜。[5]

---

[1] Kazemek, F. E. (2003). "Now is the time to evaluate our lives": The elderly as a touchstone for adult literacy education.Adult Basic Education, 2003, 13(2): 67-80.

[2] Riemer, F.J. Becoming literate, being human: Adult literacy and moral reconstruction in botswana. Anthropology and Education Quarterly, 2008, 39(4): 444-464.

[3] Janjic-Watrich, V. The cambridge handbook of literacy. Alberta Journal of Educational Research, 2009, 55(4): 559-563.

[4] 译自原文"In this handbook the editors and contributing authors refer to this change in their understanding of literacy studies as a transformation, meaning an alteration, a changeover, or a shift in how we think about and view the roles of reading, writing, and language including the many dimensions and functions of literacy evident across cultures and changing societies".

[5] Ruddy, K. TEACHING IN THE GLOBAL CITY: Feminist literacy education in transnational times.Transformations, 2008, 19(1): 14-39, 179.

还有学者就经济和社会转型为背景，研究采用叙事手法讲述扫盲教育的变化过程，如通过采访时代变迁前后同一部分低文化识字群体的感知和体会，发现扫盲教育转型的思路，这种研究视角也比较独特。①

三是就博士论文层面做扫盲教育研究的分析。通过 Proquest 的博士论文库收集到以扫盲教育为题的博士论文三篇，美国北加利笔者福利亚州立大学陈胜秋的 *New Immigrant Readers: The Role of Young Adult Literature in Literacy Development and Academic Confidence*，研究年轻移民阅读者在文化发展和学业自信中识字教育所扮演的角色。来自同一所学校的艾米·特拉维克写了自己的博士论文 *Sense of Selves: Adult Intermediate Reader's Identity, Agency, and Literacy Learning in an Adult Basic Education Setting*，他研究的是在成人基础知识的扫盲教育中，成年读者的认同、归属和学习。加州大学伯克莱分校格利高里·费尔南德斯·扎莫拉的 *Identity and Literacy Development: Life Histories of Marginal Adults in Mexico City*，研究墨西哥城边缘群体的生活历史中的身份认同和扫盲教育。这三篇论文研究的切入点从对象性上分别为移民、边缘群体、阅读者，都强调了成人扫盲教育过程中的身份认同问题，并借助了成人学习心理的有关理论来进行论述。另外通过 ERIC 网站和 Science Direct Online 收集了数十篇国外期刊关于扫盲教育的论文，也反映出国外的研究重视结合学习心理学、成人教育学、教育社会学等学科理论。无论从博士论文还是期刊作品层次来看，国内研究与之还有较大的差距，表现在研究方法上，缺少综合运用多学科的方法去研究特定扫盲教育问题，更重要的差距在视角上，国内的研究重在扫盲教育政策的实施与执行，缺乏对人自身发展上的关照，扫盲教育并不是设定一个模型去塑造出社会个体，他们在性别、族群、地位等等方面有很多独特的个性特征，要从人的发展角度去思考扫盲教育的方向。此外，国外对成人教育和扫盲教育在法制上给予保障，可以调动社会中的各种资源，形成比较完备的扫盲教育的理论和实践体系，这也是中国今后要追赶的目标。

放眼国际上扫盲教育转型的相关研究，可谓多姿多彩，但是中国扫盲教

---

① Rogers, R. Understanding literacy development "lifelong and life wide". Reading Research Quarterly, 2011, 46(1): 86-96.

育自身在转型上的突破还需要一步一步从基础工作做起。由此,根据已有研究的分析,笔者也试图进行一些理论研究上的突破。

四、研究的创新之处

结合已有的研究来看,笔者试图在以下几方面有所创新:

一是鲜明地提出了扫盲教育转型这一论题。尽管以往的很多研究成果中蕴藏着扫盲教育需要发展的含义,但是还没有就这一论题明确定位到转型上。以一种历史变迁的视野来看待扫盲教育,并为促进新型的扫盲教育的出现寻找对策,这可以看作是论题上的创新。

二是尝试着为扫盲教育转型构建一个综合的理论基础,其中引入批判教育的理论。国内研究扫盲教育的发展问题在与人的思想和文化结合上讨论不足,特别是对于成人所需的批判性知识很少涉及,在通过扫盲教育来促进人的发展过程中,笔者认为应该持有一种批判的视角,这可以认为是视角上的创新。

三是明确提出发展性扫盲教育这一概念,分析了发展性扫盲教育的本质、内涵和特征,也对工具性向发展性的转型过程进行了多个维度的解读,这是笔者在研究扫盲教育思路上的创新。

创新理论是非常丰富的,对于什么样的创新也可以有很多种分类,但最重要的新与旧的评判标准还在于从实践中检验,也就是说,真正的创新是能够为未来的扫盲教育发展提供指引,并能被证实的,所以本研究的创新其实也是笔者的一种期望。

第四节 研究意义、重点、思路与方法

一、理论意义:丰富扫盲教育理论与提供转型思路

研究中国扫盲教育转型的理论意义主要有三个方面:
一是中国的扫盲教育进行了 100 年,一百年所积累起来的资源需要不断

挖掘和梳理，本研究试着分析中国扫盲教育中思想、制度和实践等的变迁，结合扫盲教育可以凭借的理论基础，探寻中国扫盲教育在新的历史时期发展的规律性，并通过对转型的研究更加系统地展示出来。

二是本研究将结合教育哲学、教育社会学和教育心理学等多种理论，在较广的理论视野中分析它们对扫盲教育的支撑作用，为建构扫盲教育的理论基础提供了思路。

三是本研究紧扣将终身教育和终身学习的理论，将扫盲教育看成是低文化群体在个体发展过程中不断探寻新知的一种教育活动，也是社会前进过程中保持稳定协调的重要基础，所以研究扫盲教育的转型也是构建终身教育体现和学习社会的重要内容。

二、实践意义：促进扫盲教育在探索中发展

研究扫盲教育转型的实践意义有四个方面：

一是当前扫盲教育的内涵并没有得到科学的认识，扫盲教育的开展方式也未能摆脱运动式、突击式的"中国特色"，脱盲标准没能够在新的时代条件下，在社会转型的过程中与时俱进。从第六次人口普查工作中的数据来看，文盲人口在不断降低，并且可以预见的将来只会更低，今后扫盲教育事业还是否需要发展等现实问题需要回应。本研究试图为扫盲教育的可持续开展寻找依据，帮助人们树立扫盲教育可以发展并转型的观念，争取扫盲教育事业得到更多人的支持。

二是现实中随着国家行政机构的撤并，扫盲教育从上到下已经缺少了独立的行政机构。这导致以前和现在正在基层从事扫盲教育的教师和教学点的相关人员的发展成为难题。如果把扫盲教育简单等同于识字教学活动，扫盲教育的对象势必会越来越少。而通过对中国扫盲教育转型的研究，将扩展扫盲教育的视野，为实践中进行扫盲教育的改革和发展提供有益的帮助。

三是从当前社会不稳定因素来分析。一般而言，社会不稳定地区往往就是文盲人口所占比重较高的地区，也往往是贫困地区。只有持续并不断增强扫盲教育的力度，实现扫盲教育的转型，才能从整体上增强人民认识世界和

改造世界的能力，也才能从根本上根除贫困。同时，教育素质的提高也能够使各民族和群体之间打破封闭，更好地进行沟通和交流，促进全社会各个阶层的共同进步，构建和谐社会。

四是扫盲教育从根本上关乎人的基本权利，扫盲教育开展的程度是一个社会的发达程度和处于该社会中个体发展状态的重要指标。中国是发展中国家中的大国，但与发达国家相比，扫盲教育的标准比较低，国民教育文化素质的整体水平还不够高，只有在实践中探索扫盲教育的转型，才能在全民教育这个领域内提高教育水平的底线，实现全体国民素质的提升。

三、研究重点

研究重点是论证逻辑上的重要环节，根据论题可以看出，这里存在三个研究的重点：

首先要解决发展性扫盲教育是什么的问题，要揭示出扫盲教育的本质。

其次是要阐明发展性扫盲教育的内涵、特征，以及从工具性扫盲教育向发展性扫盲教育转型的范畴。

再次是要研究如何推动转型的实现，从条件保障上，需要哪些条件才能够让这种转型得以成功，这里很多都是预设性问题，但正因为尚待验证，就更需要重点研究。

四、研究思路

鉴于扫盲教育在发展问题上可能还存在争议，所以本研究在引论就从历史和现实方面对扫盲教育需要继续发展阐述其必要性，然后通过揭示出发展性扫盲教育的本质去说明扫盲教育是可以转型，之后以从四个理论出发为扫盲教育转型寻求理论上的支撑，在基本完成理论上转型的证明后，本研究又从扫盲教育转型的历史考察中去寻找转型的逻辑，区分出新中国成立两种类型的扫盲教育，提出了发展性是未来扫盲教育转型的方向，然后就发展性扫盲教育的转型进行了分析，最后落脚于研究发展性扫盲教育转型的实现条件。（见图1.1）

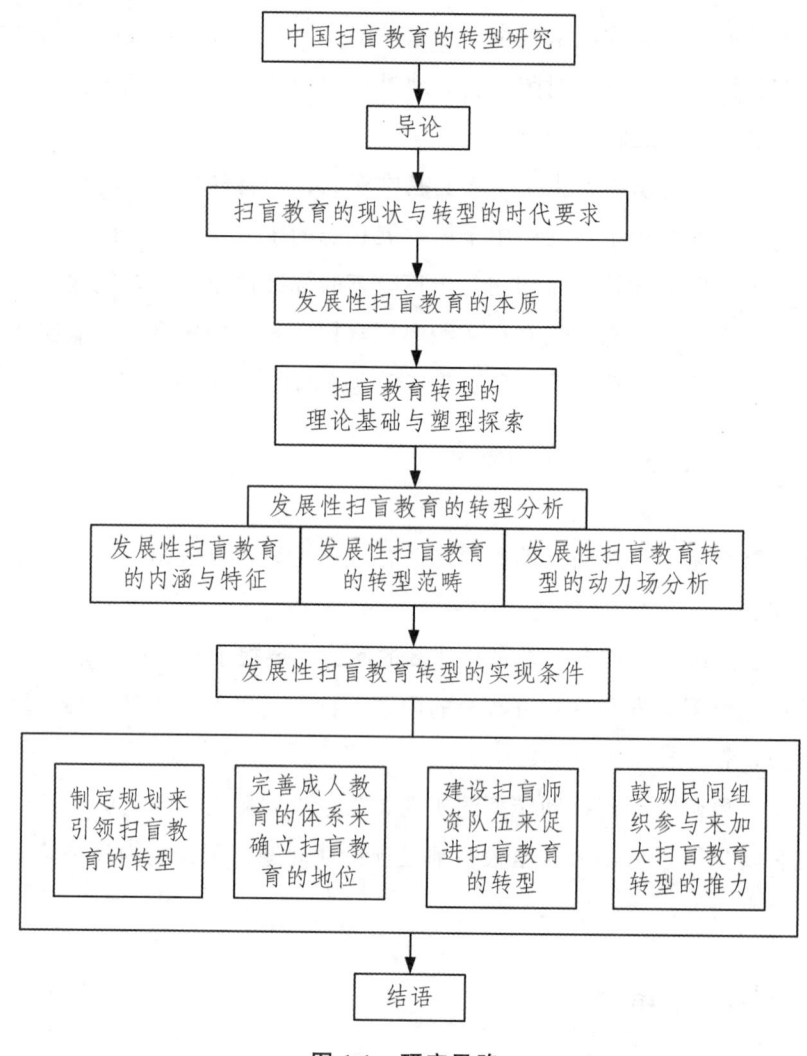

图 1.1 研究思路

五、研究方法

本研究主要采取了理论演绎、文献分析、历史研究、比较研究和调查研究等多种研究方法。各种方法服务于不同的目的，但从整体上又相辅相成。通过对已有相关学科较成熟的理论进行分析和推演，可以拓展本研究的学术视野；基于文献和统计资料的分析，可以为理论演绎提供有力的支撑；又由于转型涉及型态的变迁，所以运用历史和比较的研究可以把握研究对象的演进脉络和发展趋势；而田野调查可以对研究问题在现实中的状态进行最直接地观照，并引发思考。对于人文科学的研究来说，绝对的价值中立和纯粹地客观是难以实现的，从单一视角或者理论来剖析主题缺乏一定的说服力，所以，综合运用多种研究方法，才可能更接近事物的真实。

第二章 扫盲教育的现状与转型的时代要求

对扫盲教育的认识要从现象到本质地演进,通过现状研究和对其中反映出的问题进行分析,能够为本质的研究提供基础。本研究坚持用发展的眼光来看待扫盲教育,既要谈现状也谈时代赋予的要求。

第一节 扫盲教育的现状分析

一、教育统计视野下的扫盲教育现状

本书导论部分在论述我国扫盲教育取得的巨大成就中已经提到,"六普"统计中我国文盲人口为 4565 万人,占总人口比为 4.08%,这是一个宏观的概念,接下来笔者将就一些具体的扫盲教育项目做一些统计分析。根据我国每年颁布的《教育事业发展统计公报》可以看出,扫盲教育的主要数据是在初等教育中的成人小学的扫盲班(Eliminate Illiteracy)项目上进行统计的,如表 2.1:

表 2.1 教育统计中扫盲班的归类

初等教育	普通小学	
	成人小学	其他(职工小学、农民小学、小学班)
		扫盲班

(资料来源:中华人民共和国教育部发展规划司.2010 中国教育统计年鉴[Z].北京:人民教育出版社,2011(9):170.)

从中可以看出扫盲班是初等教育里面最低位的教育形式。扫盲教育的办学规模,笔者根据从 2003 年到 2012 年的中国教育年鉴上关于扫盲班的资料

汇总于表 2.2 中，分析其中的数据可以看出近十年中国扫盲教育的发展轨迹：

表 2.2　2003—2012 年扫盲班办学规模主要数据汇总表

	学校数（个）	教学点（个）	注册学生（人）	教职工（人）	专任教师（人）	校外教师（人）
2003 年	55 901	107 545	1 952 204	86 317	28 674	99 794
2004 年	47 239	102 122	2 425 446	108 407	28 941	76 164
2005 年	43 572	100 693	1 924 380	89 361	31 685	74 418
2006 年	40 397	84 549	1 674 559	82 379	28 920	65 363
2007 年	33 024	65 490	1 037 592	72 310	27 940	45 757
2008 年	34 213	64 670	1 249 637	86 159	37 006	37 972
2009 年	27 850	54 967	1 148 550	61 621	21 602	37 692
2010 年	22 227	45 765	1 080 807	50 355	19 474	33 131
2011 年	20 179	40 228	748 890	49 516	23 233	26 460
2012 年	18 092	32 527	689 067	38 265	17 801	18 923

（资料来源：根据中华人民共和国教育部发展规划司发布的 2003 至 2012 年的中国教育统计年鉴整理而成）

1. 教学点与注册学生趋势分析

根据教学点与注册学生的趋势如图 2.1 来看，扫盲教学点数量总体在逐年下降，2005 年至 2007 年间下降幅度最大，同一时期注册学生数量也降幅明显。但是在 2003 年至 2004 年，2007 年和 2008 年间有注册学生回升的迹象，而这一时间段，教学点数量变化趋于平稳。总体来看，学生注册的积极性越来越低，教学点数量也逐年减少，但是教学点数量如果维持平稳的话，有利于学生注册学习。

2. 教师变动趋势分析

教师变动趋势如图 2.2 所示，扫盲专任教师一直趋于平稳，但是校外教师近十年来的降幅惊人，这说明一是教师数量整体上在下降；二是以民间教师为扫盲主力的特征正在消退，专任教师与校外教师的数目正趋于持平。

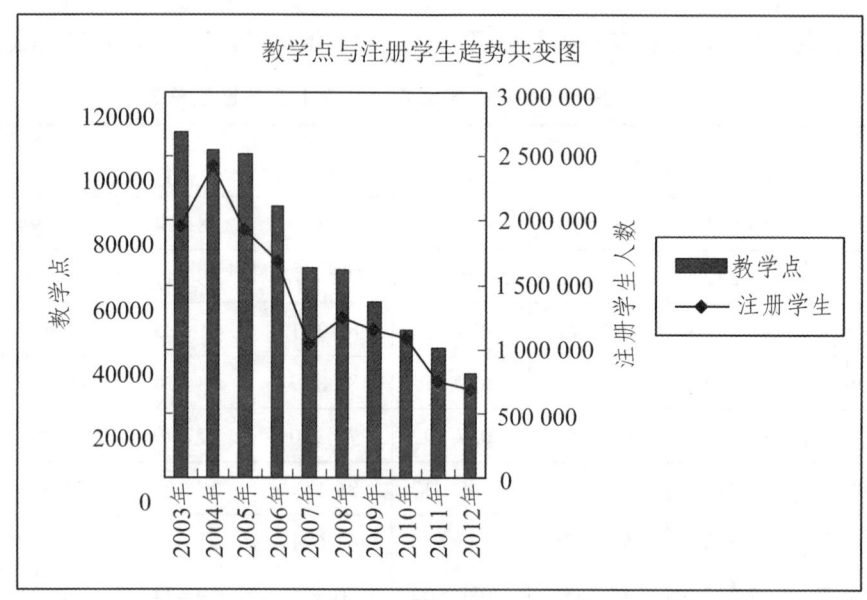

图 2.1　教学点与注册学生趋势共变图

（资料来源：根据表 2.2 汇总利用 EXCEL 处理得出）

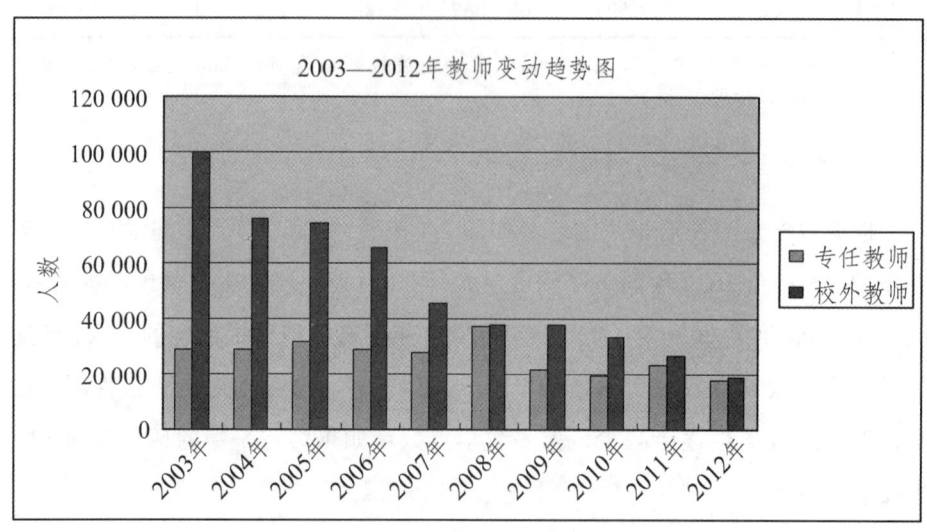

图 2.2　2003—2012 年教师变动趋势图

（资料来源：根据表 2.2 汇总利用 EXCEL 处理得出）

3. 注册学生与教师总数趋势比较分析

如图 2.3 所示，总体教师数量的变动情况比注册学生变动剧烈。其中 2003

年至 2004 年间注册学生数增加，总体教师数目却降幅最大，之后教师数量变动趋势与注册学生数趋于一致，但是在 2011—2012 年，学生数量减少量不大，而教师数量下降较大。总体来看，教师流出的速度快于学生减少的速度。

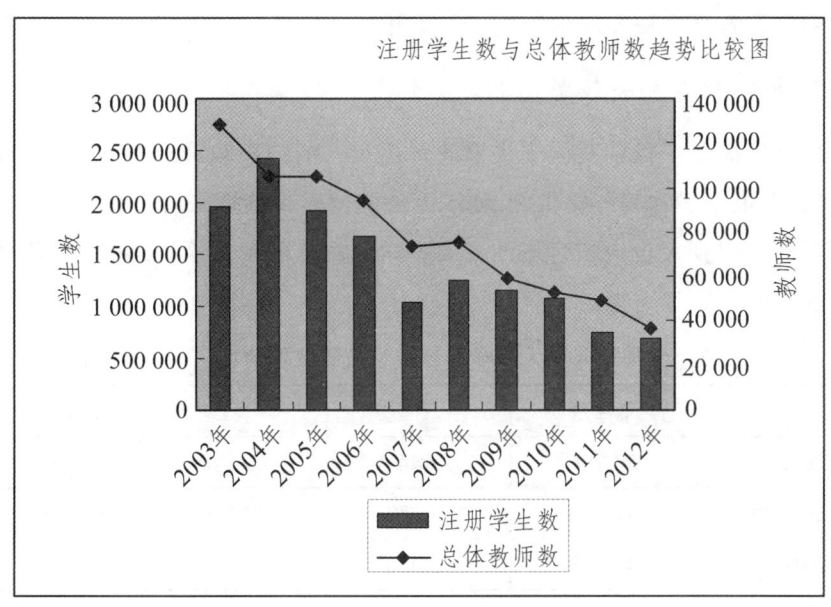

图 2.3　注册学生数与总体教师数趋势比较

（资料来源：根据表 2.2 汇总利用 EXCEL 处理得出）

4. 1999—2009 年各地区分性别对 15 岁及 15 岁以上文盲半文盲人口分析

根据相关数据可以发现，截至 2009 年年底，在所有省份和直辖市中，首都北京是全国文盲人口比例最少的，仅为 1.03%，天津、上海紧随其后，分别为 1.20% 和 1.36%，而文盲占人口比例最多的则是西藏、甘肃和青海三个省和自治州，分别为 39.60%、15.94% 和 14.73%，显然这里可以看出我国教育发展的不均衡情况十分严重。而 2009 年文盲占总人口比最多的这三个省在 1999 年时的比例数据分别为 66.18%、25.64%、30.52%，十年左右的时间里下降百分比为 26.58%、9.70%、15.79%，应该说已经取得了很大的进步。女性文盲比例总体高于男性，而且 2009 年上海的统计显示，男性文盲比例 1.36%，而女性文盲比例却高达 6.19%，高于新疆、湖南、辽宁等地的女性文盲比例，让人不得不关注城市中女性文盲受教育权保障的问题。而且少数民族自治州和包含多个少数民族的省,除了新疆以外,普遍文盲率偏高,以 2009 年的数据来看,云南、贵州、内蒙古的文盲占总人口比分别为 13.74%、13.21%、7.49%,这说明扫盲教育今后要对少数民族重点开展。

5. 扫盲教育相关经费情况

高学贵提到"目前我国中央财政每年投入的扫盲教育经费约为 5000 万元"[①],而根据"六普"提供的 5465 万的文盲人口数据来看,人均不足 1 元/年;再从全国投入包含扫盲班的成人小学的教育经费来看,2008 年到 2012 年近五年的数据分别为:

表 2.3 全国投入成人小学的经费及主要使用情况　　　　单位:千元

	事业性经费	个人部分	工资	助学金
2012 年	33 796	29 441	26 794	0
2011 年	40 519	33 732	29 299	0
2010 年	46 223	35 488	30701	0
2009 年	52 885	42 236	28 878	0
2008 年	42 364	34 093	30 424	44

(资料来源:根据 2008 年至 2012 年间教育部财务司与国家统计局社会和科技统计司编制的《中国教育经费统计年鉴》中有关教育经费支出情况的统计汇总而成,其中扫盲班没有单独列支项目统计,所以就总体的成人小学分析.)

表 2.3 中事业性经费包括了个人部分,而个人部分又包含了工资,前面主要针对教职工的投入,而助学金是对学员的投入。表中显示,中央财政对成人小学的投入中绝大部分都是教职工的工资,而学员的助学金,从 2008 年之后还没有中央投入。从变动趋势上,显然由于教师数量的减少,经费投入减少。根据表 2.2 教职工人数和表 2.3 中的教育经费的个人部分组合分析,可以得出图 2.4 成人小学经费投入扫盲教育中时教职工的年度经费投入趋势,结果显示,从 2008 年后,中央投入的经费相比教职工人数来说越来越少,而一年人均 1500 元左右投入,如果没有地方配套的话,教师流失是可以预见的。

---

① 高学贵. 我国农民教育政策研究[D]. 重庆:西南大学,2011:12.

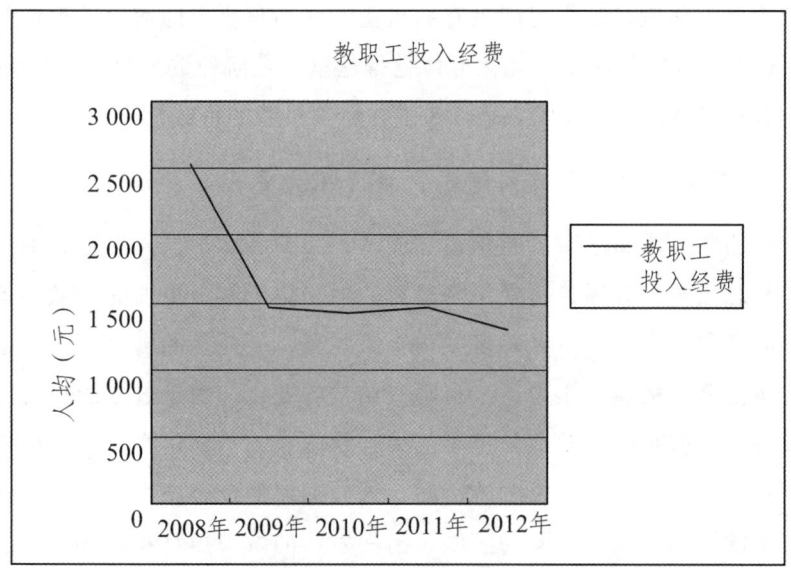

图 2.4　成人小学教职工的中央年度经费投入趋势变动图

（资料来源：表 2.2 和表 2.3 中数据处理可得）

二、扫盲教育现状问题的成因分析

笔者一方面从国家发布的各项数据中去发现扫盲教育总体的变动趋势，另一方面也通过实地调研与理论研究综合思考当前扫盲教育存在的问题，主要从以下几个方面来展开论述：

1. 学员学习的积极性减弱

进入 21 世纪后，社会主义市场经济体制不断完善，原有计划经济时代行政命令式的直接管理方式逐渐被间接地宏观调控所取代，从经济领域到社会领域，管理哲学都发生着深刻地改变，于是，定指标、下任务式的扫盲方式已经难以推进，扫盲教育越来越需要靠自身的"魅力"来吸引学员。又由于我国在经济发展上的不平衡性，东部和南方相对发达，造成了大规模的人口迁移，低文化群体也在进城、或南下的劳务大军中外出就业，当他们在城市生活中从事简单劳动都能够获得比纯粹务农更多的收入的时候，对参加扫盲教育的热情就大大降低了。在为什么要扫盲和学习的问题上，低文化群体看得比较简单，那就是，学习应该有利可图，在扫盲班中即使提供免费的教育和学习资源，也并不能让低文化群体觉得这里存在何种重大利益，没有兴趣，也就没有积极性。这也反映在表1-3中注册学员数的持续减少。

2. 扫盲教育的成本日益增高，资金压力更大

这里的成本增高应该主要指边际成本，因为随着学员人数和教师数量的减少，从总成本上看应该呈现下降趋势，但是由于学员更加的分散，单个文盲学员的经费更高了，所以每多脱一个人的盲，所耗费的资金更大，也就是边际成本提高。资金的压力还来自师资结构的变化，由于过去的扫盲师资中校外教师，也就是民间教师分担了很大一块国家的资金压力，当校外教师迅速缩减到几乎与专任教师人数持平时，这时国家的资金压力加大了。当然，扫盲资金的压力还来自不同的区域，沿海发达的城市扫盲和西部欠发达的农村扫盲所实现的资金效益上也有所不同，由于发达地区扫盲成本偏高，如果仅靠中央拨款来维持的话，扫盲教育必定会受影响。

3. 扫除文盲是全国性问题

文盲除了在最发达的局部地方占总人口比较小以外，文盲在全国范围内都广泛存在，这就为开展扫盲教育带来了问题，在扫盲资金分配和政策制定上，往往会更坚持统一性而忽视掉个别性，笔者通过调研了解到，在中央专项扫盲资金的使用上，发达地区觉得不够用，因为扫盲的成本较高，需要发达地区地方上给予更多的配套；而欠发达地区也不够用，因为文盲学员和相关的扫盲工作人员多。所以，在总量一定的情况下，资金安排上更需要统筹兼顾地考虑。除了上述管理上带来的问题以外，人口的流动性增强，也是文盲在全国各地都存在。根据国家人口计划生育委员会发布的《中国流动人口发展报告2012》[①]显示："2011年，我国流动人口总量已接近2.3亿，占全国总人口的17%，而农村人口约占流动人口总量的80%。"大量的低文化群体分布到了各个城市，所以，城市里的扫盲教育也应该受到重视。

---

① 吴少杰.国家人口计生委发布《中国流动人口发展报告2012》[N].中国人口报，2012-08-08，第001版.

4. 低文化群体对教育需求更加多样化

扫盲教育作为一种成人教育，受教育对象的需要和兴趣影响，沿海地区与内陆地区的文盲需求不同，男性与女性在内容上关注点可能也不同，面对各个少数民族可能还需要双语扫盲。如果从功能性扫盲的观念出发，可能还会涉及农业生产、工业生产乃至手工业生产等等方面的知识与技能的教育。由此，扫盲教育从需求上来看，无法整齐划一，所以，当以完全一样的教材和教法面对抱有各种各样需求的学员的时候，学员的学习积极性也会受到影响。

5. 扫盲教育面临着队伍不整的现实

队伍不整，既是指教师队伍，也是指日常工作和管理队伍的不整。由于在1998年的机构改革后，农村成人文化学校等被逐渐缩编，新中国成立以来长时间形成的扫盲教育工作的组织也逐渐瓦解，原有的扫盲专干纷纷转向其他岗位工作。而从扫盲教师来看，过去的扫盲以兼职教师为主力，所以专任的扫盲教师从统计上看，面对学员减少的趋势其变化还比较平缓，但是大量校外兼职教师的减少也是教师流失的表现。对于专任教师来说，他们还面临着从事扫盲教育难以评定职称等问题，所以教师发展不畅，教育的发展也就不畅，另外，从事扫盲教育的科研人员也非常少，难以就扫盲教育领域面临的诸多问题分析成因，并寻找解决策略。所以，从整体上讲的队伍不整，极大阻碍了扫盲教育的发展。

通过上述问题的揭示和成因的分析已经发现，扫盲教育现存的问题需要通过增加扫盲教育对文盲学员的吸引力，保障扫盲教育的经费投入、针对文盲的布局采取新的扫盲举措，满足文盲学员各种不同的教育需求，进行师资队伍的建设等途径来加以改进。从改进这个意义上讲，扫盲教育的转型也就具备了现实的必要性，更重要的是，从根本上和整体上解决这些问题，不能只进行简单的策略性思考，应该放在一个具有全局性、指导性的理论框架内去解决，由此，接下去的研究开始逐渐从现象领域进入本质领域，更深入地探讨扫盲教育向发展性扫盲教育转型在理论上的必然性。

第二节　扫盲教育转型是时代的要求

今天的中国处在一个崭新的时代，胡锦涛在"十八大"报告中指出，"全党一定要牢记人民信任和重托，更加奋发有为、兢兢业业地工作，继续推动科学发展、促进社会和谐，继续改善人民生活、增加人们福祉，完成时代赋予的光荣而艰巨的任务"①。

一、"推动科学发展"要求扫盲教育转型坚持发展的方向

科学发展观是21世纪以来，中国指导各项事业建设的重要理论，其理论观点集中表述为，第一要义是发展，核心是以人为本，基本要求是全面协调可持续性，根本方法是统筹兼顾。发展不是停滞不前，也不是向后退，而是坚持前进的方向，是新事物战胜旧事物。这就要求扫盲教育不能够故步自封，必须要坚持探索发展的规律性，实现科学发展。扫盲教育的核心也是"以人为本"的，主要是"以低文化人群"的发展为本，始终紧扣人的发展需求，和教育内在的发展性来理解扫盲教育。全面协调可持续性的发展，既是对社会关注群体上不能够忽视低文化群体这类的边缘人群，在面对人口流动性不断增强的情况下，更要思考如何实现全面的扫盲教育，更准确地覆盖到最需要扫盲教育的对象，协调性发展是指社会的进步与人们的教育需求提高之间的协调，随着社会的进步，即使是低文化人群也对教育需求有所变动，传统的工具性扫盲教育难以为继的原因也在与此，工具是被动的，而人是主动的、求变的、发展的，所以笔者认为扫盲教育需要从工具性向发展性转型。统筹兼顾也是对扫盲教育方法论上的要求，扫盲教育的转型不是单一要素的变化，是一种整体和系统上的转变，因此，其中必定涉及教育内部的多种要素和外部影响发展的各种因素，要顺利实现转型就要注意要素和因素等的统筹兼顾。正是在科学发展观的指导下，使得工具性扫盲教育向发展性扫盲教育更加明确。

---

① 胡锦涛. 坚定不移沿着中国特色社会主义道路前进，为全面建成小康社会而奋斗——在中国共产党第十八次全国代表大会上的报告[J]. 求是，2012(22)：3-25.

二、"构建和谐社会"要求扫盲教育要有超越"工具"的价值

构建和谐社会提出要"按照民主法治、公平正义、诚信友爱、充满活力、安定有序、人与自然和谐相处的总要求,以解决人民群众最关心、最直接、最现实的利益问题为重点,着力发展社会事业、促进社会公平正义、建设和谐文化、完善社会管理、增强社会创造活力,走共同富裕道路,推动社会建设与经济建设、政治建设、文化建设协调发展。"①保障低文化群体的受教育权,让他们通过扫盲教育获得生产和生活中的改变就是实现了他们的利益,所以扫盲教育不仅体现着社会的公平正义,也是和谐文化建设的重要内容。

在对 2020 年和谐社会的目标和任务中提出:"人民的权益得到切实尊重和保障""社会就业比较充分""全民族的思想道德素质、科学文化素质和健康素质明显提高""全社会创造活力显著增强,创新型国家基本建成""实现全面建设惠及十几亿人口的更高水平的小康社会的目标,努力形成全体人民各尽其能、各得其所而又和谐相处的局面"。②这里可以看出,不仅人民接受扫盲教育的权益要保障,而且在扫盲教育中也要唤起人民的自觉,这就与工具性的扫盲有了本质的区别,发展性扫盲教育具有启蒙的意义,只有超越了"工具"的价值,才可能使低文化群体的科学文化素质显著提高、充满创造力,而此时的各尽其能也就有主观能动和创造能力的意义了。

三、"继续改善人民的生活"要求扫盲教育立足人的持续发展

改善是指一种发展性质的改变,所以扫盲教育绝不应该只是知识获取上一种纯粹精神领域的改变,即拥有新知识而带来的内在的一种快感。改善低文化人群的生活状态和生存方式,扫盲教育就必须要面向外在实践,而人的发展也只有在劳动实践中才能真正得以实现,所以扫盲教育的转型目标就不仅仅只有知识上的目标,还有实实在在的个体在生活中的发展目标。这种立

---

① 中共中央关于构建社会主义和谐社会若干重大问题的决定.[N]人民日报,2006-10-19,第 001 版
② 同上.

足于人持续发展的扫盲教育也就是发展性扫盲教育。并由此带来了扫盲教育本质及其特征等方面一系列的变化。其实前面问题中提到为什么扫盲教育缺乏吸引力的问题，大多也在于此，低文化群体预期接受某段时间的扫盲教育不会带来他生产生活的任何有利的变化时，自然对这种教育活动不感兴趣。

四、"增加人民的福祉"要求扫盲教育做出更大的贡献

增加人民的福祉就要保障人民的利益、增加人民的福利、增强人民的幸福感。工具性扫盲教育强调的是一种利他的福利和幸福感，也就是人作为一种工具实现他人的福祉，低文化群体参加扫盲教育不过是获得一种为他人创造财富的能力，这种财富并不归他所有，所以，低文化群体通过扫盲教育保障自己的福祉，实现利己，这就需要促进人在意识上觉醒，有更高的价值追求。同时，发展性扫盲教育不断推动人向全面发展的方向进发，这种全面发展就是追求人民福祉的实现。马克思认为，无产阶级只有解放全人类才能解放自己，而无产阶级和全人类得到解放的目标就是建立"自由人联合体"[①]，"在那里，每个人的自由发展是一切人自由发展的条件"，[②]马克思把实现全人类的解放作为整个社会最大的福祉，对于低文化群体而言，实现人的自由发展，需要选择发展性扫盲教育。

---

① 马克思，恩格斯. 马克思恩格斯选集[C]. 2版. 北京：人民出版社，1995：141.
② 马克思，恩格斯. 马克思恩格斯选集[C]. 2版. 北京：人民出版社，1995：294.

第三章　发展性扫盲教育的本质

柏拉图在面对理念世界和现实世界的对立时，提出要认识世界时就要认识到理念[①]，或者说认识到事物"本身"，那才算是真正的知识。这种对于事物本身的追寻为认识论的发展提供了重要的养料。对扫盲教育本身的研究，就是研究扫盲教育的本质，它是后续讨论扫盲教育转型的重要基础。然而要认识扫盲教育，又要对文盲这个基本概念进行分析，所以，本章从文盲的认识出发，讨论文盲概念的演进和文盲具有的特征，然后去寻找发展性扫盲教育的本质及其特征，为寻找转型的理论支持做好铺垫。

第一节　文盲概念的认识

一、文盲内涵的发展

文盲概念是伴随着近代教育水平提高和成人教育的兴起而出现的。文盲，是以"文"来分人，在中国古代，有以生产方式分类的"劳心者"和"劳力者"的区别，有"仁者"与"智者"的划分，但是并没有将文人的对立面界定为文盲，而只是通过"目不识丁"等来对不识字和文化水平低的人进行描述。直到 1920 年后，晏阳初明确提出了"除文盲、做新民"的口号，大力推广平民教育运动，"文盲"一词才开始广泛使用。

西方对文盲的称谓中，以英语为例，the adult illiterate 中，特别地强调了 adult，所以文盲特指的是成人文盲，而不是统称 the illiterate，即不识字的人

[①] 柏拉图将世界分为可靠的理念世界和变化的现实世界（可见世界），理念是万物的真实本质，人们只有把握了事物的真实本质，才能认识真理。参见[古希腊]柏拉图. 柏拉图全集第二卷会饮篇[M]. 王晓朝，译. 北京：人民出版社，2002：254.

或者文化水平低的人。这是因为开展识字教育在古代西方并未做严格的儿童或是成人的区别。西方的文盲概念是在基础教育或者义务教育有了长足发展后,随着资本主义发展要求个体素质不断提升,开始重视成人的识字能力和基础知识教育的过程中提出来的。以英国为例,成人扫盲教育是基础教育发展后的针对少众的教育①。在这点上,中国出现文盲的提法可能有不同的历史背景,但共同点是文盲概念都是成人教育兴起后的下位概念,它的使用既要考虑基础教育发展的背景,也要考虑成人教育这个大的问题域。

在20世纪60年代以前,不管在西方还是在东方,扫盲教育都是指以识字为主的教育,尽管在实际扫盲教育中,要求扫盲与生产劳动或者技术教育相结合,但是就文盲是什么这个问题上,都指向不会基础的读写算的人。

而20世纪60年代以后,人们发现即使低文化人群掌握了基础读写算,在生产和生活中还是面临着各种各样的障碍,伴随着功能性扫盲的概念出现,"如果某人在进一步学习、探索和个人成长发展以及参加工作、文化活动和参与民主的机会中,因其缺乏应有的读写算能力而受到限制和妨碍时,此人应被作为扫盲的对象"②;费德里科·马约尔(Federico Mayor)认为,"只要一个人所掌握的书面文字和一般基础知识还明显地不足以使他在越来越复杂的社会中行使功能",这个人就被称为文盲。

功能性扫盲教育相比以识字为主的扫盲教育是一大进步,但显然其具有很强的实用主义的特征,教育仅仅体现一种工具价值还是远远不够的,于是在上个世纪末,有学者提出"整体扫盲"或者"综合扫盲",在这种观念中,扫盲不仅仅是经济问题,更是社会公平正义的问题,文盲也由此从知识、技能等角度的定义扩展到了文化上的定义,他们不能够识字、不能够很好地融于周围的环境,对实际生活不能很好地理解,很难捍卫自己的尊严,也难以找到获取知识的途径,掌握必要的实际知识和技术。所以,对"文盲"的称谓常常又以"低文化群体"或者"低文化人群"来代称,避免"文盲"一词中的贬义色彩。

---

① 张新生. 英国成人教育史[M]. 济南:山东教育出版社,1993:342.
② 郝振君. 试析国际社会对扫盲教育问题认识的演进过程[C]//纪念《教育史研究》创刊二十周年论文集,2009,(20):1897—1901.

从国内来看，1953年11月中华人民共和国政务院扫除文盲工作委员会颁布的《关于扫盲标准、毕业考试等暂行办法的通知》规定："对不识字或识字数在500字以下者为文盲，识500字以上而未达到扫盲标准者为半文盲。"扫除文盲的标准是："干部和工人认识2000常用字，能阅读通俗书报，能写200~300字的应用短文；农民认识1000常用字，大体上能阅读通俗书报，能写农村常用的便条、收据等；城市劳动人民认识1500常用字，阅读写作方面，参照工人、农民标准。"显然这种对文盲的界定是一种量化的结果，这种界定方式至今仍在中国扫盲教育中起着主导作用，官方并没有新的界定方式出台。但是在学术研究领域，对文盲内涵的变化已经开展了充分的讨论，在此不再赘述。

上述文盲内涵的变化发展看起来是一个单向的，并且随时间推移而自然出现的认识结果，然而，从世界范围来看，这种认识并不是同步的，尽管大家都倡导扫盲教育，都希望文盲能够脱盲，但是各自有产生文盲的社会和历史背景，有扫盲教育中面临的不同的挑战，甚至还有不同的扫盲标准，因此对于文盲的理解还需要继续讨论几个问题。

二、文盲产生的现实基础

文盲的产生有复杂的社会经济、政治、文化多种背景，这里从最为直接的教育资源与教育需求之间的关系来进行区别，划分出三种情况：

一是"无教无学"，这是指教育资源缺乏或者分布不均，适龄儿童丧失了接受完整基础教育机会，而导致在成人阶段其识字能力和知识文化水平较低的现象。这是文盲出现的主要原因，受国家综合国力的影响，教育投入直接影响着一国的基础教育水平，而如果投入的教育资源不能够使全部的儿童都完成基础教育，文盲自然就会产生。联合国教科文组织《全民教育全球监测报告2006》中指出："在非洲撒哈拉以南的尼日尔、马里贝宁、塞内加尔等国家，经济落后导致教育匮乏，文盲率高达60%以上。"而这份报告2010年版本中则又指出："受经济危机的影响，这些国家面临着每年46亿美元教育资金的损失。"所以，经济的发达程度影响着教育的投入，今天全球的文盲主要都集中在不发达或者欠发达的第三世界国家。

二是"有教不学"，这是指具备一定教育资源的条件下，个体做出了放弃基础教育的决定而导致在成人阶段文化水平很低。这一方面是社会成员受到读书无用论或者功利主义知识观的影响，同时也有现实生活中多因素的考虑。笔者在对云南普洱地区少数民族扫盲教育调研时，发现一些妇女文盲在很小的时候就放弃了继续念书。她们成为文盲的原因具有很强的代表性：一是当初放弃求学时，父母包括自己都认为识字和基础知识与未来生活没有多大关联。他们的生产和生活方式比较传统和固定，特别是女孩将来的生活就是参与农业劳动和抚养子女，每个人都在重复着前辈生活历程，识字与知识并不能够改变什么。二是上学对家庭来说是一笔不小的开支，而基础教育的效益是长期和隐性的，小孩在学校考了多少分，考上什么学校给家庭经济上带来的益处见不到，而负担却是实实在在的，于是家庭就会因为保证短期利益而放弃追逐长期利益的可能。三是作为女孩子上学，每天要走很长的山路，人身安全问题无法保障。所以，尽管有学校和老师来家里做工作，最终还是放弃了完成基础教育。所以，这种"有教不学"既包含有一定的放弃学习的主动性，也包含了被动性。

三是不缺教育资源，也不缺学习的需求，但是依然没有学好，这是从学习成效的角度来理解文盲的产生，可简称为"学而不成"。当代西方发达国家之所以还在推进扫盲教育的开展，一个重要的原因就是基础教育的质量问题没有完全解决。以美国为例，很多公立学校优秀的教师少，学校管理、教学质量都比私立学校差很多，而普通家庭又不能都去上收费昂贵的私立学校，所以很多贫家子女难以接受到较好基础教育，在一些少数族裔或者移民聚集的地区，学生的辍学率也高，有的学生英语读写能力很差，这些青少年都很大可能成为未来的文盲。①除了加强基础教育来减少新文盲的产生以外，一个成年人参加了扫盲班的学习，但是也有可能学习效果还是很差，无法脱盲，这主要在于一是教师的教学设计和教学方法上存在缺陷，没有找准文盲的需

---

① 李连广．美国青少年文盲问题研究[J]．当代青年研究，2008（7）：72-75．

求和兴趣所在，授课方法上没有考虑到成人学习的特殊性；二是文盲学员的学习缺乏计划和耐力，因为文盲学员几乎少有专职学生，往往是在劳动工作之余参与学习，这种学习就会受到多种因素的干扰，这些情况都会导致文盲的产生。

这里讨论三种文盲出现的原因，主要从基础教育缺失这个现实基础来分析的，因为的确各个国家、地区和文化的不同，要去寻找统一性的解释很难，而基础教育可能是最容易让人理解的。由此，也要注意不能够简单地把某一种情况看作为某一地区或某一国出现文盲的原因而对号入座。

三、文盲的国际共识与地区差异

1948年联合国《世界人权宣言》中第二十六条就提出，每个人都有接受教育的权利，教育应该被导向于个性的充分发展并加强对人权和基本自由的尊重。而世界范围的扫盲教育发展的标志是1965年各国教育部长召开的世界扫盲大会，提出了功能性扫盲替代传统扫盲。从20世纪后半期以来，全民教育大会和联合国教科文组织的各种倡议，都把扫除文盲看作是世界教育发展中的重要议题，扫除文盲已成为一种国际共识，如下表所示：

表3.1 有关扫盲教育的国际会议决议和宣言

1948年世界人权宣言	联合国大会1948年12月10日第217A（III）号决议
1960年取缔教育歧视公约	联合国教科文组织第11届会议
1960年反对教育歧视建议	联合国教科文组织第11届会议
1964年联合国发展十年扫除文盲宣言	联合国教科文组织第13届会议
1966年经济、社会、文化权利国际盟约	联合国大会第A/RES/2200（XXI）号决议
1975年波斯波利斯宣言	国际扫盲专题讨论会
1979年消除对妇女一切形式歧视公约	联合国第34届大会决议
1987年国际扫盲年	联合国第42届大会决议
1989年儿童权利公约	联合国第44届大会决议
1990年世界全民教育宣言	世界全民教育会议

续表

1994 年联合国人权教育十年	联合国第 49 届大会决议
1995 年哥本哈根社会发展问题宣言和行动纲领	社会发展问题世界首脑会议
1997 年汉堡成人教育宣言	国际成人教育会议
2000 年达喀尔行动纲领	世界教育论坛
2000 年联合国千年宣言	联合国第 55 届大会决议
2001 年世界文化多样性宣言	联合国教科文组织第 31 届会议
2001 年联合国扫盲十年：普及教育	联合国第 56 届大会决议

（资料来源：联合国教科文组织. 宣言与公约[EB/OL]. 联合国扫盲十年专题网站，http: //www.un.org/chinese/events/Literacy/action7.htm，2012-02-21）

当然，这种共识也是在一定程度上的认可，特别是新中国是在 20 世纪 70 年代之后才恢复联合国的席位，所以对于这些宣言和公约也要辩证地看，不能够简单地直接适用于中国的实际，"需要经过一个相对复杂和漫长的过程"，"特定的国家才会真正参与这个国际组织，并在这种参与过程中互相进行协商，并完成制度建设"。[1]

而对文盲自身而言，他们不仅仅是全球关注和帮助的对象，还与文化相关，存在着地区差异。在基础教育领域，通过 PISA 测试[2]，可以测量基础知识在同一标准下的国别之间的差异，但是扫盲教育并不容易做到。中国的文盲自然是不识汉字，不会基本的读写算，英国的文盲则是不认识英文单词，仅从识字的角度来讲就很难从数量上定一个统一的标准确定一个人不是文盲。那么从学历上来对文盲进行限定又如何呢？美国相当于美国高中毕业水平[3]；厄瓜多尔相当于小学五年级水平[4]；中国相当于小学四年级水平。所以，

---

[1] 谢喆平. 中国与联合国教科文组织的关系演进[J]. 太平洋学报，2010，(2):28-39.
[2] 是 Programme for International Student Assessment（国际学生评估项目）的缩写，它一项由经济合作与发展组织（Organization for Economic Co-operation and Development，OECD）统筹的学生能力国际评估计划，主要对接近完成基础教育的 15 岁学生进行评估，测试学生们能否掌握参与社会所需要的知识与技能。
[3] 李环. 文盲威胁着美国[J]. 外国教育动态，1983（3）:6.
[4] Rosa Maria Torres.Illiteracy and literacy education in Ecuador: Options for Policy and Practice[R].Case study prepared at the request of UNESCO for inclusion in the 2006 Education for All Global Monitoring Report，2006.4.

不同的国家都有对文盲不同的认识和对扫盲教育不同的期待。

<h3 style="text-align:center">中美两国扫盲学历标准的依据</h3>

美国：关于文盲标准高中毕业的依据

1998年美国《劳动力投资法案》（WORKFORCE INVESTMENT ACT OF 1998）第二部分（TITLE Ⅱ-ADULT EDUCATION AND LITERACY，Sec.203）中，针对扫盲的成人教育适用对象作了如下定义（Definitions）：

"（A）who have attained 16 years of age；（达到16周岁）

（B）who are not enrolled or required to be enrolled in secondary school under State law; and（没有按照法定要求接受中学教育）

（C）who —（个体）。

（ⅰ）lack sufficient mastery of basic educational skills to enable the individuals to function effectively in society；（缺少足够的基础教育训练以至于在社会中出现功能性障碍）

（ⅱ）do not have a secondary school diploma or its recognized equivalent, and have not achieved anequivalent level of education; or（没有中学毕业证书或者接受过同等水平的教育）

（ⅲ）are unable to speak, read, or write the English language.（或者在英语读、写上存在障碍）"。①由此，可以看出文盲的学历标准以中学毕业为界进行划分。

中国：文盲标准定位于低于小学四年级的依据

一则是1990年国家教委《关于农村中小学参加扫盲工作的通知》中，要求"小学高年级以上的学生利用寒假、暑假和课余时间积极参加当地的扫盲工作"，②这里高年级的小学生都能够做扫盲教师，所以脱盲标准未超过小学高年级。

二则是2007年光明日报刊登《把中国的扫盲经验传给世界》一文中，在

---

① Workforce Investment Act laws and Regulations.[EB/OL].美国劳工部网站，http：//www.doleta.gov/usworkforce/wia/wialaw.pdf，2012-11-02.

② 国家教委.国家教委要求农村中小学积极参加扫盲工作[J].人民教育，1990(Z1)：68.

"经验三：确立文盲人口的测试标准和方法"部分提出：

"你上过学吗？""念完小学四年级了吗？"（第一种方法）

"你上过扫盲班吗？""上扫盲班达到200个课时了吗？""你有脱盲证吗？"（第二种方法）

这五个问题是中国扫盲工作人员针对测试文盲人口的两种方法。根据教育部基础教育司副司长的介绍,我国界定文盲的标准为是否认识1500个字（当然，这只是针对汉族群众的标准，少数民族的界定标准根据当地通用的语言文字和民族文化另有规定）。我国小学教育1-4年级基本上每年要学会400个左右的汉字，念完4年级，可以达到认识1600个汉字的标准。参加扫盲班的成人则要在扫盲班完成200个学时的学习，认识超过1500个汉字，才能拿到脱盲证书。没有达到这两条的，都属于文盲人口。[①]

这种差异提醒我们，文盲的认识上存在巨大的地区差异，迄今为止，没有任何一个国际机构对全世界的文盲确定一个标准，无论是一种识字的数量标准还是学历标准。而且文盲地区性差异很大，一个人可能在某种区域文化中脱盲了，但是当空间转移的时候，他却可能又回到文盲状态。所以，众多的西方发达国家并没有因基础教育甚至高等教育的普及而放弃对成人进行扫盲教育。中国在追赶发达国家的教育水平时也要注意，一方面固然要从数量上去实现目标，另一方面也要注重质量的提升，并实事求是地面对中国扫盲教育中出现的各种挑战。

四、文盲状态的可变性

文盲虽然是对人的称谓，但这种称谓其实是描述一种知识贫乏的状态，从最早提出的扫除文盲来看，并不是说消除某些社会个体，而是指消除社会个体知识贫乏的状态。而这种状态是可消除的，也意味着具有可变性。不过，这种可变性并不一定就是单向地增加知识，也可能从非文盲变成文盲，体现文盲状态的可生成性。

之所以这种状态是可变的，主要基于以下几点：一是知识是不断更新的。

[①] 李玉兰.把中国的经验传给世界[N].光明日报，2007-08-02，第005版.

比如从识字教育来讲，汉字就经历了甲骨文—金文—篆书—隶书—楷书—草书—行书等几个阶段，而且解放前的以学习繁体字为主，而现在则为简体字，脱盲所学的内容也发生很大的变化。现今的知识经济时代也对每个人都提出了知识更新的要求，"不会主动寻求新知识或不会把学到的知识应用于实践的人就是文盲，"[①]一劳永逸地完成学习，在知识经济时代无法实现。马克思也认为意识并不是大脑分泌物，知识也不可能固化于大脑中而不发生退化和老化。在20世纪末，就有学者提出"1965年毕业的大学生，在校学习的知识，十年后有75%已陈旧，而1986年的大学毕业生，不到十年，知识陈旧率将达100%"[②]，而在21世纪，这种知识老化的速度将更快。

二是标准是变化的。文盲标准是确定一个人是否是文盲的标尺，也是开展扫盲教育的重要指挥棒。标准在一定状态下稳定，固然可以使扫盲教育的开展有章可循，但是随着时代对个体知识和能力要求的提升，这种标准必定会发生改变，以适应教育发展和个体发展的需求。

进入21世纪，联合国将"新文盲"进行了划分，主要指三类人群：第一类是不能读书识字的人，这是传统意义上的文盲；第二类是不能识别现代社会呼号（即地图、曲线图等）的人；第三类是不能使用计算机进行学习、交流和管理的人。这种可变性的认识在国内开始受到重视，有人力资源管理者就认为文盲"可以允许各地根据自身经济发展状况定不同的标准，关键看劳动力必须掌握什么样的基本知识和技能，低于这个底线的文盲就必须要扫"，也有学者认为，"我国开展扫盲工作照搬国际标准比较困难，一方面要努力，尽量跟上世界文明潮流；另一方面要立足本国国情，扎扎实实先把不识字的文盲除掉"[③]。这说明随着区域经济和社会的发育程度的差异，传统"一刀切"的文盲标准应该有所变动，同时中国的文盲标准不能简单引用，要考虑中国国情，但是也不能以特殊论或者国情论忽视对文盲标准的革新。

---

① 陈志宏. 知识不更新就成文盲[J]. 乡镇企业科技，1998（11）：31.
② 兰州学刊编辑部. 文盲新解[J]. 兰州学刊，1990（6）：封三.
③ 杨树新，编. 联合国重新定义文盲标准，不会用电脑不会看地图成新文盲[J]. 教育革新，2006（3）：28. 原文载于羊城晚报，2005年9月8日.

第二节　文盲个体特征的认识

文盲既然是以知识和文化的程度来对人区别的结果，那么他们具备的特征也主要是从知识和文化的角度去理解。从正式使用扫除文盲的提法以来，对于文盲的特征的描述主要是负面的，这显然是看到了文盲身上所体现出的不足，但是文盲并不仅仅是一种负面的存在，要从正负两方面的特征才能更全面地把握文盲的内涵。

一、文盲具有的正面特征

1. 文盲在智力、心理和情感上是完全成熟的

从个体身心发展的历程来看，以识字为主的学习并不是智力、心理和情感发展的必要前提。现代正规教育，如学校教育中的基础教育出现以前，人类社会依然创造出了丰富的文明成果，这说明教育和人的发展之间的关系是多层次地深度联系在一起的，它不限定于正规教育，更不会限定于识字教育。那些被定义为文盲的低文化人群，其实在生产中可能获得了很好的锻炼，具有较高的农业生产技巧；也有可能在处理自己与家庭，乃至整个族群的关系中游刃有余，没有某些具备知识的人患有的社交恐惧症；他们不识字，却能够教育子女如何耕作、与人为善和处事冷静，也就是说，他们不仅在知、情、意上是成熟的，而且还承担着生产生活中的教育者角色。正如弗莱雷所说，"一个人是文盲并不排除他具有为自己做出最好的选择和选出最好的领导人的判断力"[1]。传统的扫盲教育之所以需要改革，就是因为"那些扫盲读本的作者不承认贫穷阶层的人有能力按照自己对世界的认识水平，理解和创造表达他们自己的思想的文字材料"[2]。

而从学习心理的研究上看，行为主义的心理学家们早在20世纪20年代

---

[1] 毕淑芝，王义高. 当今世界教育思潮[M]. 北京：人民教育出版社，1999. 241.
[2] 郝振君. 弗莱雷农村成人扫盲理论述评[J]. 成人教育，2006（4）：92-94.

就已经证明，成人具备学习的能力，而且学习能力并不一定比年轻人差，在有些方面还会因为人格上更加独立和自主，又有经验的丰富，学习上存在优势。近年来，在对文盲文字加工的认知机制研究中，文盲对语音认知受早期读写能力获得的影响很大，所以语音加工上，文盲与非文盲有明显的差别；但是从对语义认知来看，科斯密蒂斯（Kosmidis，2004）等人发现文盲与非文盲在语义聚类的策略上差异并不显著，成人文盲在口语语义流畅性任务上好于儿童。这说明，文盲在意义的理解上并不存在认知上的显著缺陷。[①]教育不应是一种年轻人的特权，低文化人群完全有能力去学习，开发蕴藏于自身的"脑矿"。

2. 文盲是现实的生产力

马克思主义的唯物史观认为，人民群众是社会物质财富和精神财富的创造者，还是实现社会变革的决定力量。毛泽东也认为，社会的财富是工人、农民和劳动知识分子自己创造的，他在《湖南农民运动考察报告》中谈到农民没有文化时说："中国历来只有地主有文化，农民没有文化。可是地主的文化是由农民造成的，因为造成地主文化的东西，不是别的，正是从农民身上掠取的血汗。"[②]毛泽东认识到中国革命的中心问题是农民问题，农民是中国革命的主力军，1925 年时在韶山地区就组织了 20 多所夜校，教农民认字、学文化，也传播革命理想。所以，人民群众成了历史发展的根本推动力，这个作用并不会因为文化低下而受到削减。1945 年 4 月，毛泽东在《论联合政府》中又提道："所谓扫除文盲，所谓普及教育，所谓大众文艺，所谓国民卫生，离开了三亿六千万农民，岂非大半成了空话？"[③]他敏锐地看到了工农劳苦大众作为生产力推动历史进步的重要作用，而在新民主主义时期，文盲占了百分之八十以上。所以，群众路线是中国共产党领导下革命和建设的重要工作路线，到今天也是中国社会倡导的主流思想。

新中国成立时，中国大陆的文盲人口占到 80% 以上，但就是在这个人口

---

① 李愧敏，曹晓华，陈昌明，翁旭处.文盲文字加工的行为和脑机制[J].心理科学进展，2009（5）：917-922.
② 毛泽东.毛泽东选集：第 1 卷[M].北京：人民出版社，1991.39.
③ 毛泽东.毛泽东选集：第 3 卷[M].北京：人民出版社，1991.1078.

受教育水平的基础上，我国开始进行国家建设的五年计划，对社会进行"三大改造"，到 20 世纪 50 年代末无论在经济还是政治等方面都取得了巨大的成就。当然，这个过程伴随着扫盲教育的大规模的开展，不过，从实践中证明了文盲不等于一无是处的人，文盲不等于不可改变的人，文盲是作为现实的生产力，可以迸发出巨大的能量。从当前来看，纯粹不会识字文盲群体多集中于边缘山区和少数民族地区，他们往往处在不利的自然地理条件之中，却依然在辛勤地劳动，不断创造着劳动成果，也是现实的生产力。

3. 文盲有强烈的学习需求与欲望

个人主观放弃学习并不是造成文盲的唯一原因，即使一个人在年少的时候中断了学习，也不能够仅仅看成是他不喜欢学习。根据东北师范大学袁桂林、洪俊等人对农村学生辍学现状的调查显示，造成一些农村学生辍学的"直接原因是教师素质低、办学条件差、课程缺乏适应性、家庭经济困难、学校生活单一、学校管理模式僵化等，根本原因在于政策执行的非连续性与教育周期长的矛盾、教育体制与机制不合理、教育投入不足等。"①而欧贤才等人对新时期农村"自愿性辍学"的研究表明，学生自愿辍学"是在大的社会背景外因以及学生主观内因的共同作用下产生的"，"青春期心理需要、厌学等内部因素成为学生离开学校的向外动力，而社会经济诱惑等外部因素则成为拉动学生离开学校的外部动力"。②这里的厌学，主要原因在于：应试教育的评价标准单一，容易使文化课成绩差的学生厌学；校园生活和学习生活单调乏味；城市取向的教材内容和课程难度偏大。上述调查的对象尽管主要是初中生，但是从社会发展对人的受教育程度要求来看，今天的初中辍学者很可能就是未来的文盲，所以对他们的分析具有一定的参考价值。

亚里士多德在《形而上学》中说，"求知是人类的本性"，"我们乐于使用我们的感觉就是一个说明"，因为通过"爱好感觉"，"能使我们识知事物，并

---

① 袁桂林，洪俊. 农村初中辍学现状调查及控制辍学对策的思考[J]. 中国教育学刊，2004（2）：1-5.
② 欧贤才，王凯. 自愿性辍学——新时期农村初中教育的一个新问题[J]. 中国青年研究，2007（5）：60-63.

明察事物之间的许多差别"①。所以说，造成文盲，并不是一个人没有学习需求，而是其学习需求或者与学习的相关需求没有得到相应的满足，随着文盲在不断发展变化的生活中遭遇到各种挑战，这种学习的需求会变得越来越强烈。笔者在调查文盲群体参加扫盲的原因时，不止一次地出现这种情景：由于孩子到外地读书去了，母亲强烈地想要学会发手机短信，上互联网聊天，这就需要学习拼音；家里做生意别人要赊账，打个欠条自己也不认识，这就需要掌握一定程度的文字和应用文写作。只要社会生活在变化发展，人的学习需求就不会消失，尽管这种需求不一定都集中在识字教育上，学习可以在很广泛的空间中展开。但不管怎样，文盲本身处于文化上的劣势，有强烈改变现状的学习需求。

4. 文盲有独特的生活方式和思维方式

受文化水平低的影响，文盲往往适应简单化和重复化的生活方式，这种生活方式多与传统农业生产、手工业相关，强调重复性、季节性。春种秋收、年复一年、周而复始。这种生活方式对文盲群体来说能够获得安全感和物质上的保证。这里并不是要褒扬这种生活方式在当今社会中的难得和可贵，而是要说明尽管文盲缺乏一种在生活中与知识打交道时的自信和安全感，但他们也可能获得满足感和幸福感。

文盲的思维方式是根据自己的生活经验形成的某些原则来构建的。如同不能说没学过逻辑学的人，说话做事就没有逻辑一样，他们的思维方式中往往比较务实，讲究实用，除了不擅长文字上的推理以外，对因果联系、前提结论这些一样有所认识。

以上四个方面是从正面来对文盲的特征进行描述，主要是要让人们对文盲摆脱歧视的眼光，他们或许在现有的知识领域里面有缺陷，但是他们依然是普通的公民，整个社会中的重要成员，享有平等的受教育权利。当然不可否认，作为低文化群体的文盲，在生产生活中面临着多种挑战，这也反映出他们具有的负面特征。

---

① 亚里士多德. 形而上学[M]. 吴寿彭，译. 北京：商务印书馆，1981.

二、文盲具有的负面特征

1. 文盲在文字符号的理解上处于劣势

识别文字符号和理解背后的意义始终是扫盲教育的重要主题，而文盲在这上面却存在着劣势。

首先，难以把握住文字符号形式。文字本质上都是抽象的，不管是表音的文字还是表意的文字，都是一种抽象的符号，所以，学习文字的过程其实也是抽象思维的训练过程，只有使用得越多，才能越熟练地运用，而这点对于文盲群体来说很缺乏训练，也正是如此，要让他们熟练运用这些文字的符号形式，比较困难。并且，符号的外在表现或者在运用中的要求也是多样的，会写不会读，会说不会写的情况在扫盲教学中很常见，这说明真正把握文字符号需要音、形、意的整体把握。

其次，较难通过文字符号来理解背后的意义。事物的意义通过符号表示出来，所以，先要识别符号，进而要去理解意义。问题的关键是，可能背后的意义是易于理解的，但由于设定了符号的规则，只能从这个规则去理解，对文盲群体来说就难以理解哪些本来可以理解的意义。比如车辆应该让行人过马路是可以理解的，但是只有当车辆遇到红灯停下的时候才可以实现，这个规则就需要学习。一个不懂基本计算的人，不可能天才般地理解到 $Sin\alpha$ 的意义，所以，符号学习的意义在于能够从简单的规则领域向更为复杂的规则和意义领域迈进。

最后，从人类文化学意义上看，新康德主义者卡西尔（Ernst Cassirer）从人与符号与文化的关系进行了内在逻辑的解读，认为人是"生活在一个符号的宇宙之中"，"符号化的思维和符号化的行为是人类生活中最富于代表性的特征，并且人类文化的全部发展都依赖于这些条件"[1]，于是符号就是人与文化之间的中介。这样看来，文盲群体在符号理解上的劣势，不仅影响到他们的识字，也导致他们整体文化水平的低下。

---

① [德]卡西尔. 人论[M]. 甘阳，译. 上海：上海译文出版社，1985：33-35.

2. 文盲的学习是被动的

成人的学习有务实的心理，他们讲求实际效益，立足当前，立足本职。[①] 但是这种务实在扫盲教育上并不能够直接地发生作用，这是由于在工业化时代，一个人不具备基础的读写算能力直接迈向技术学习并掌握技术，这很难实现，所以务实有一个基础，而文盲学员往往忽视这个基础，而急于求成。二是文盲学员没有养成学习的习惯，当遇到学习上的困难或者取得一点成就时，都可能会中止学习，文盲尽管有学习需求，但是真正学习的时候是被动的。

这种被动不仅指简单意义上的每次参加扫盲班都很不情愿的心理状态，还包含对学习是一种被要求的，不得不学的活动，不是主动地发自内心地追求知识和真理。当生活中有必须解决的矛盾，而不得不"充电"时，就赶紧学一点，但是如果"电池"够用，那是没有必要学习的。人如果形成被动的学习观，就会产生惰学和厌学，觉得学习是一种负担，一旦上完扫盲班，就结束了自己的文字学习乃至知识学习的生涯，这也是扫盲后需要持续巩固提高的重要原因。

3. 文盲的利益诉求很难表达

法学界在讨论公民利益诉求时曾有人指出，由于"我国政治经济文化发展的不平衡，利益表达主体的利益表达能力呈现不平衡状态，从总体上看，群众利益诉求表达能力城市高于农村，文化层次高的高于文化层次低的"[②]。可以看出，低文化群体的利益诉求很难表达，这里主要存在几个问题，一是利益诉求表达的方式上，比如当自身权益遭到侵害时，无论是申请行政复议、法院起诉或者信访等方式，都要求举证或者提交相关的书面文字材料，文盲群体在这方面就会产生困难；二是当他们不能直接维护自己权益时，相关的代理机制又不健全，所以低文化群体在利益格局调整中总是处于劣势。其实即使不是文盲，各种法律条文和司法解释对非专业人士来讲都是难以准确把

---

① 张艳萍，李海. 成人学习心理与学习方法[M]. 哈尔滨：哈尔滨工程大学出版社，2007：24.
② 吴任，文松. 完善群众利益诉求表达机制的四点建议[N]. 检察日报，2011-07-13，第3版.

握的，在某种意义上，文盲群体既无法理解，更没有解释权，这就导致了文盲往往在利益诉求中寻找一种原始和极端的方式来实现，这也是众多低文化人群在社会中易爆发利益冲突的重要原因。

从扫盲教育的角度来看，一方面受教育权利，包括什么时候受教育，受什么教育等权利难以由文盲主动提出来进行保障，需要由教育之外的社会制度设计中去解决；而另一方面，如果群众要表达利益诉求，也需要对文字乃至法律条文和程序理解，所以，接受扫盲教育不仅必要，而且应该提升到更高的标准。

4. 主体意识湮没

主体意识是指一个人对自身地位、能力和价值的一种自觉意识，有了主体意识才能发挥主观能动性。如公民的主体意识就是指一个人清晰地认识到自己是一个具有独立意识和独立地位的政治权利主体，是社会政治生活和公共生活的主体，是一个国家的公民而不是臣民，进而在其基础上衍生出平等意识、权利意识、参与意识等等。当主体意识被引入教育学领域后，学者关注培养具有主体意识或者培养主体性的人，不仅要改变原有的师生关系结构，而且要关注学生作为主体，如何发挥出自主性、能力性和创造性[①]。

文盲被湮没的主体意识既有政治上的主体意识，也有教育意义上的主体意识，两者都属于主体意识的范畴。受几千年封建思想中"民可使由之，不可使知之"[②]的影响，启蒙教育或者主体意识的觉醒在 20 世纪上半叶没能在中国大地上完成，教育也就往往被看作是为革命和战争服务一种有效的工具，强调教育的革命意义远远重于教育对人本身发展的意义。而文盲的主体意识湮没就无法理解扫盲教育的真正意义在于：扫盲教育是帮助他们意识觉醒的有力手段，绝不限于简单的识字。而扫盲教育的成败最终也要有多少人通过扫盲教育实现了主体意识的觉醒来衡量。正如王策三所说，主体性强的人就是在客体面前拥有主动权和自由的人。教育对人的发展从而对社会的发展所

---

① 郑金洲. 中国教育学 60 年[M]. 上海：华东师范大学出版社，2009：62.
② 勾承益，李亚东. 论语——白话今译[M]. 北京：中国书店出版社，1992：80.

起的作用的大小，基本取决于它在多大程度上培养出主体性的人来①。

第三节 教育本质研究的观点与立场

对象的研究，是让人理解到扫盲教育面向什么样的人群、他们有哪些特征，但还没有涉及发展性扫盲教育本身是什么这个问题，而要回答这个问题，就需要对教育的本质进行深入的分析。

一、分阶段对几种重要学说的梳理

本质，是指一个事物本身固有的根本属性，与现象相对。教育的本质研究是教育研究的重要议题，它不仅涉及教育的性质，也涉及到教育在一个社会中的地位与作用。扫盲教育既然是整个教育系统中的一部分，那么研究教育本质对研究扫盲教育的本质也具有重要的意义。对教育本质的讨论主要分为几个阶段：

1. 第一阶段

第一阶段，解放初期到"文化大革命"之前。新中国成立后的教育学，受苏联凯洛夫的教育学影响较大，所以这一时期讨论教育的本质比较关注阶级性、历史性、生产性与永恒性。将教育看成人类社会发展过程中的一种现象，而这种现象具有上述本质属性，既在不同的阶级社会里呈现不同的教育性质，在不同的历史时期有不同的形态，在生产性上讲，教育能够成为"为了一定经济目的、社会目的而进行文化传播与创造，以帮助人类营谋生活的一种工具"②，同时只要社会存在，教育就不会消亡。这是与马克思主义中教育是一定社会的政治和经济的反映，又为一定的社会的政治和经济服务的观

---

① 王策三. 主体教育哲学刍议[J]. 北京师范大学学报（社科版），1994（4）：81-87.
② 胡守棻. 新教育概论[M]. 北京：商务印书馆，1950：23-24.

点一致的。特别是受长期革命和战争的影响,强调教育的阶级性在新中国成立初期是可以理解的,而从这个角度出发再强调工具性也不足为奇了,所以,在 1949 年的《中国人民政治协商会议共同纲领》中就提出:"人民政府的文化教育工作,应以提高人民文化水平,培养国家建设人才,肃清封建的、买办的、法西斯主义的思想,发展为人民服务的思想为主要任务。"这一阶段对教育本质的认识,看到了教育与社会和个人之间的联系,为后来确立教育为国家政治经济建设服务的思想奠定了基础,也提供了对教育本质分析的重要方法。

2. 第二阶段

第二阶段,"文化大革命"期间。这个阶段,学校大量被迫关闭,教师也被迫离开讲台,甚至成为被批判的对象,学者们对教育本质理论的讨论停止了,而教育领域所有工作出现停滞甚至倒退。教育的本质被简单地定位为阶级斗争的工具,用政治取代了教育,使得教育没有了自己的特点。显然这里教育的本质在阶级性和矛盾性上已经走得过远,而解放初期将阶级性看作是教育的本质,并不等于教育就是要搞阶级斗争,这是对阶级性的恶意歪曲;在教育领域讲斗争,看到了教育中的矛盾性,但是这种矛盾不是在人民内部去寻找敌我矛盾,而应该是教育在社会发展中需要满足人不断提高的教育需求的矛盾。

3. 第三阶段

第三阶段,改革开放后到 20 世纪 90 年代中期。"文化大革命"之后,整个社会开始以经济建设为中心,实行改革开放的政策,随着社会的变革和新思想的涌现,在关于教育的本质问题上,形成了一个研究与讨论的高峰。

1978 年,于光远在《学术研究》上发表《重视培养人的活动》一文,就教育不是完全的上层建筑进行阐述,从理论上对教育等同于政治和阶级斗争工具的这些思想进行批判,由此展开了对教育本质问题的大讨论,这时关于教育本质的讨论中涌现出一些重要的观点。

(1) 生产力学说与上层建筑学说。

在众多的教育本质的讨论中,这两种学说的争论最为激烈。将教育看作是上层建筑显然是属于一种意识形态领域的活动,于是教育就是通过培养人为政治、经济服务的工作；而将教育看作是生产力的范畴则认为，教育与物质生产紧密联系，它通过培养生产力中最重要的人的因素，直接影响着生产力的发展，所以它不是一种意识形态的工作，是生产领域的工作。很多研究者都看出了这两种观点的对立性，但是为什么会存在这种对立却少有人去关注。笔者认为，上层建筑学说看到的了教育在现有中国社会中的存在方式，特别是与政治之间的密切联系，教育不可能脱离意识形态的引导，它不可能变成一种价值中立的纯粹的科学教育，其实对任何一个国家而言，在意识形态领域，教育都占有重要的地位，从本质上说，这派的观点还是要坚持教育的阶级性、历史性等特征。

而强调生产力学说的人则看到了教育对人对科学技术的不断推动作用，特别是邓小平提出"科学技术是第一生产力"的命题，对这种观点也形成了一定的支持。教育真正起作用，不在于去强调什么性质的教育，而在于教育在发挥什么样的作用，而这种作用是一种实实在在的改进技术和改造人的作用，所以教育直接影响着生产力的发展。随着经济建设的不断推进，强调生产力作为教育本质的观点，更加重视教育中的科学性、技术性和职业性等问题，这对于改革开放后的中国来说也是必需的。

两种观点从不同的角度来对教育本质进行揭示，在哲学上都持有本质一元论的观点，这是矛盾的根源，也就是说，对一个事物本质的认识或者揭示，人们是不是只有一条路径可以选择，如果有多种路径的话，且都能够把握事物的主要矛盾的话，那么这种冲突就可以得到消解。

(2) 培养人说与传递说。

这是从目的的角度来分析教育本质所得出的两种不同的结论。培养人说认为，教育是培养人的过程，要追求人的全面发展，在这个过程中要尊重受教育者的个性特征，通过教育培养适应社会发展的新人，于是可以使人的需求和社会的需求达到辩证的统一。而传递说则强调在知识和文化在教育中的传递和继承的功能，"教育的本质是价值理性的传承；是人类特有的文化传递形式，传递的内容是人类对客观世界认识的成果，即文化"[①]。前者主要站在

---

① 刘智运，胡德海.对教育本质的再认识[J].北京大学教育评论，2004(4)：102-107.

受教育者的角度来看教育的本质,而后者则是在社会的角度来看其本质,在两者的交锋中,由于人在教育中的地位不断被提升,特别是九十年代生命教育等理论的流行,教育的本质是培养人的观点得到了众多的支持者,处于上风。其实传递说也不是完全排斥人的培养和人自身的创新,只是在目的性这一点上,传递说具有强烈的工具价值的倾向,很多人认为,过分强调这种工具性并不利于人的全面发展和社会进步。然而,教育的发展无法脱离特殊的历史背景,在社会主义国家讨论教育的本质,关注社会性的一面也是应有之义。

前面两种争论又衍生出另外的两种本质观点的争论。从生产力说与上层建筑说的争论出发,人们又开始了生产实践说与精神实践说的争议。显然生产实践说是将教育看作是在生产力领域开展的主观见之于客观的活动,教育不仅可以使人与人在交往中,大脑里面发生物质性的变化,而且教育也能够直接通过实践来实现,这在技术教育上特别明显。而精神实践说依然认为,教育只能是发生在精神或者意识领域的活动,一切所谓物质性的生产过程,都是教育影响了人的精神素质而导致的人的改变来实现的,所以与生产之间没有直接的联系,它不是物质生产,也不参加物质生产。

从培养人说与传递说衍生出的争论是,教育本质的个性化和社会化争论。这里本质社会化的观点是支持本质传递说的,教育是培养人的过程,而这个培养是有一定的社会价值目标和社会系统的支持的,所以社会化,就是将外在于人的那些教育内容和价值向受教育者传递,并使之内化成为教育者的知识范围和价值标准,实现个体的社会化。而本质个性化的观点对此持批评的态度,认为这样的培养是忽视受教育者个性的,只看到了社会对教育需求的一面,而忽视了人对教育需求的另一面。而社会本身就是有千差万别的个体所形成的,一刀切地只讲人的社会化的教育限制了受教育者的身心发展,更无法实现全面发展。

(3)多重本质说。

前面提到,由于学者们坚持本质一元的观点,使得这种争论无法调和,那么多重本质学说则试图化解这一矛盾。这个学说其实也存在多种维度的解释,有从教育与经济、政治、法律、道德等关系上的思考;也有从阶级性、生产性、实践性、社会性等的统一角度的思考;有从单一普遍到多重特殊的角度去思考教育的共性与个性在社会中的表现；另外还有对教育本质进行的分层分阶段的思考。①这种学说带有方法论研究的色彩，主要是为了说明本质是多元的，具有哪些本质特征。哲学上本质主义的研究方法，是本体论研究所倡导的，它为人们认识整个世界的本源等提供了重要的思想武器。但有学者认为，事物本质并不是唯一的，它既包含有与其他事物的共同本质，也包含有主要本质或次要本质，还包含有特有本质，应该以多重本质的观点来认识教育的本质。笔者认为，多重本质反映的是人们对同一事物不同的观察视角所得出的不同结论，尽管这对于争议并不能完全化解，但是却也提供了人们对教育的开放性认识的空间。

4. 第四阶段

第四阶段，20世纪90年代之后至今。这一时期对教育本质问题的讨论一方面开始对新中国成立以来和改革开放以来的教育本质观点进行批判和总结，另一方面一些新的观点也开始出现，如受后现代主义的影响出现的消解本质的反本质说；受市场经济进一步发展的影响产生的产业说和非产业说的争论。

反本质说认为传统上教育本质的研究基础是虚无的一些原则和规则，这些对教育本质的论述掌握了学术话语权后，把教育研究引向了一条封闭的道路，特别是对教育实践来说，其实并不需要寻找一种确证无疑的本质来加以指导。反本质说的支持者进一步认为，对教育本质的认识永远也无法实现终极的认识，都是相对的、猜测的认识，而人们看待教育和整个世界也都是视角主义而不是全景式的，在反本质主义的知识观和认识论上呼吁人们走一条更加现实、谦逊、民主和多元的认识之路。②应该说反本质主义看到了教育本质研究过程中存在的问题，具有批判和反思的精神，但是笔者认为教育的本质并不是完全处于不确定状态，它是历史的范畴也具有历史的特征，在一定时期内寻找教育本质中的确定性是深刻认识教育的最根本途径。所以，本研

---

① 田娟. 我国30年教育本质研究回顾与反思[J]. 河北师范大学学报，2010（3）：120-125.

② 石中英. 本质主义、反本质主义与中国教育学研究[J]. 教育研究，2004（1）：11-27.

究不会采用反本质主义的视角来进行研究。

产业说和非产业说的争论从上个世纪末开始,产业说认为教育是第三产业,具有投入与产出的效益衡量指标,所以,教育就是以传授知识和促进人的发展为主要消费方式,在市场、社会和家庭之间相互交换的一种产业活动。当然对产业说的批评声音很多,这些对立面可以统称为非产业说,持这些观点的学者们认为,教育产业化的观点十分有害,完全忽视了教育在促进社会进步和个人发展中的公共性和公益性。笔者对从教育本质上看成产业这个观点是反对的,但是具体在不同的教育类型管理时,是不是也应该完全抛开产业发展的思维,这也并非绝对,这种争论是人们把教育性质和教育实现手段混淆而导致的。

众多关于教育的本质理论丰富了中国的教育本质研究成果,也对教育发展从根本上进行了有益的探索,笔者花大量篇幅就教育的本质进行归纳,主要是从上述分析中得出理解扫盲教育的重要启示。

二、本质研究上扫盲教育应有的立场

1. 扫盲教育的研究需要采用本质主义的主张

反本质说认为教育的本质无法把握,也没必要去把握,这种碎片化的后现代主义思想在扫盲教育研究上不能够成立,笔者认为主要有以下理由:第一,后现代主义的思想是本身就是在对现代化思想的批判的基础上出现的,也就是说如果没有现代化和前现代化,后现代主义思想也就无法产生,同样地从教育本质的阐述上来说,反本质也要有其批判的对象。新中国成立以后,扫盲教育主要都采用自上而下地、行政主推地和运动式地开展,对于扫盲教育的本质缺乏深入的思考,如果持有反本质立场的话,那就只能走向本质的虚无化,面对扫盲教育提不出确定的观念,只能反复强调没必要和没意义去弄清什么是扫盲教育,显然这种观点对于认清扫盲教育是什么,进而要促进扫盲教育的转型来说是不可取的。第二,本质主义的研究取向对当前扫盲教育来说是非常必要的。受到社会经济、政治和文化等诸多背景因素变化的影响,到底扫盲教育还能否继续,该怎么继续,需要寻找到一个明确的答案,回避这个问题采用反本质的观点，最多能够说明存在这样一种思考问题的维度，但是对于扫盲教育的实践来说，并没有建设性意义。探寻扫盲教育的本质，才能为扫盲教育的实践提供指导。

2. 扫盲教育的本质研究要吸收"生产力说与上层建筑说"中的合理成分

坚持生产力说很显然看到了教育对生产力中的劳动对象、劳动工具和劳动者这些要素的发展作用。扫盲教育在建国初期的大规模开展，正是国家的决策者们看到了扫盲教育对生产力的巨大推动作用，这具有正面和积极的意义，但是如果仅仅从生产力的角度来认识扫盲，就容易把扫盲教育和技术教育等其他类型的教育混淆，产生出此类问题：教会农民认字有意义还是教会农民耕作有意义？在解放初期的大规模识字运动中，这个问题的答案是，扫盲教育要与技术教育结合起来，这种结合其实是一种互为促进手段的方法，使两者都得到发展。但是扫盲教育对生产的促进作用远不如技术教育对生产的促进那么直接，于是，生产力说支配下的扫盲教育在教育上的本质讨论就往往就被忽略了，人们通常以扫盲运动来指称就是其重要体现。

把扫盲教育的本质看成上层建筑，看到了扫盲教育在意识领域内的作用，陈毅曾经讲"扫盲就是文化的开始，科学的开始。一个有文化的中国，有科学的中国，就要从扫盲开始"[①]。这里的文化和科学，既可以指科学文化知识，也可以指新中国成立后所秉持文化思想和科学精神，笔者更偏向于后一种理解。在拟定量化的脱盲标准的同时，在总体目标设定上，扫盲教育还是要"使全国人民真正意识到自己是中国的主人和创造者，自觉地为新中国的建设而奋斗"。

由此，与于光远相似，笔者也认为，扫盲教育的本质不能够简单划归于生产力或者上层建筑领域，但是从扫盲教育的长远效果来看，由于其教育内容在促进生产上的直接性不明显，所以更偏重于上层建筑。

3. 扫盲教育的本质研究重在关注人的发展

将教育看成是一种社会知识的传递或者个体的社会化并不是一种错误，

---

① 何东昌. 中华人民共和国重要教育文献[C]. 海口：海南出版社，1998：804.

这是教育功能的重要方面，一个社会要得以延续和继承，不管在知识上还是意识形态上都需要教育发挥其作用。但是在教育与社会的关系中，教育如何满足社会需求这个方面受到了更多的关注，也就是预设一个框架，社会需要什么人，教育就按照既定的框架去完成人的塑造。这个意义上的教育本质的社会化，显然具有不符合人的个性发展多样化的要求，但是这种社会化对于没有知识基础的文盲群体来说，让他们掌握一套社会化的符号和规则却是有必要的。因此，笔者在社会化和个性化进行了一个折中的选择，并且认为社会化与个性化可以作为教育发展的不同目标同时实现。扫盲教育可以使一个知识文化很低的人，理解生产生活中的文字符号、人际关系、处事法则，促进其社会化的完成，而在这个社会化的过程中，这个人也开始慢慢更新了自己的态度、情感和价值观，于是教育在本质上也实现了人的个性化。

两种观点都重要，但并不是同等重要。对于扫盲教育而言，传递基础的知识，培养满足社会需求的人固然是重要的，但是由于受教育者大多是社会中处境不利的人，假如扫盲教育要满足社会对人力资源的需求，那首先是要满足人对教育的需求，教育是通过发展人而推动社会发展，所以，在扫盲教育中要更关注人的发展。

4. 多重本质的观点，为扫盲教育提供了本质分析的方法

多重本质反对将教育本质看成是由"教育内部矛盾所决定的一贯的、稳定的、唯一的东西"[①]，从教育促进人的发展来看，教育就是开放和多变的，教育现象包含了经济、政治、文化、社会、学校、个人等等各式各样的复杂现象，要从复杂多样的现象中抽取出单一的本质，是非常困难，而且也不会全面。本质的单一性，反映了在教育本质上的实体思维，而本质的多重性反映了在教育本质上的关系性思维。也就是说，正因为教育是一种关系性的存在，所以导致了揭示教育本质的多重性。从扫盲教育来看，很难将其本质属性看成是仅有一种的特殊属性，所以笔者认为，扫盲教育用多重本质的观点能够通过认识扫盲教育与人、与社会乃至与教育发生的各种关系，更好地理解扫盲教育的本质。

---

① 李润洲．教育本质研究的反思与重构[J]．教育研究，2010（5）：11-16．

第四节　发展性扫盲教育的本质

在对教育本质的分析基础上，笔者认为，发展性扫盲教育作为扫盲教育转型的选择，其本质可以从以下几个方面来揭示：

一、它是成人教育中具有基础性地位的教育

基础教育在今天的教育定义中，主要指正规的中小学学校教育，而这里的基础性教育和这个有一定关系，那就是应该将基础教育做一个扩大的理解，将扫盲教育也包含进去。判断扫盲教育是基础性教育是基于三个方面的考虑：

一是从教育本质的认识上看，本质是指向那些稳定的、一般的特征，而在对生产力说和上层建筑说等本质论的对立中，笔者发现，无论偏向那一方都会有揭示不完整的缺陷。如果要寻找生产力说和上层建筑说，培养人说和传递说等理论的"公约"的话，它们都体现了基础的特征，他们不仅是作为中国研究教育本质的基础，而且是作用于社会的那些基础性规律，如生产力与生产关系，经济基础与上层建筑，个人与社会等角度出发揭示教育现象背后的本质。所以，扫盲教育的本质也应该具有基础性的特征，当然这是从抽象的意义上讲的，而具体来看它的基础性在将后面两点论述中体现出来。

二是从对文盲学习需求上看，扫盲教育不同于职业技术教育和高等教育，对文盲的知识要求具有基础性。1950年，联合国就把"基础性"这一用语解释为："在实现适当的生活水准所必不可少的最低限度知识、能力"[①]，并将这一意义并用于扫盲教育的课程编制中。而在《世界全民教育宣言》中也讲，"每一个人——儿童、青年、成人——都应能获得旨在满足基本学习需要的受教育机会"，这里的基本学习需要包括基本的"学习手段（读、写、口头表达、演算和问题解决）和基本的学习内容（如知识、技能、价值观念和态度）"[②]。

---

① 钟启泉.国际通行的扫盲概念与扫盲现代课题——"新扫盲论"研究（之三）[J].外国教育资料，1999（3）：60-65.

② 赵中建.教育的使命——面向21世纪的教育宣言和行动纲领[M].北京：教育科学出版社，1996：15.

不过基础性并不意味着简单化，它的意义在于是学习拓展的起点。识字固然是基础知识的重要内容，但是除此之外，对基本的法律、道德规范的教育等也具有基础性教育的意义。所以，讲扫盲教育具有基础性，反对把扫盲教育看成是低智教育或者简单教育，从近一个世纪来对成人学习心理的研究来看，扫盲教育并不是一种简单的教育现象，背后包含了丰富的理论研究与实践反思。同时，基础性也不排斥全面性，扫盲教育可以包含多个学习领域，满足不同的人在不同条件下的知识需求，这种基础性就要求突破对扫盲教育束缚在识字教育上的理解，扫盲教育要为低文化群体奠定一个终身教育和全面发展的基石。

三是从教育的体系上看，扫盲教育具有基础地位，扫盲教育处于成人教育的最底层，但是从主要的学习内容和完成标准上看，与基础教育中小学低年级相当，而对于一个没接受过或者接受基础教育不完整的成人来说，扫盲教育是迈向其他高阶形式教育的阶梯。扫盲教育在整个教育体系中的位置，如表3.2所示。

表3.2 中国教育结构体系现状

层次类型	高等教育	中等教育	初等教育	学前教育
普通教育	1.研究生教育（研究生班、硕士、博士） 2.大学和学院（学士、本科、第二学士） 3.专科学校、职业技术学院（职业学院） 4.大学分校、大专班	1.中等专业学校（中等技术学校、中等师范学校） 2.技工学校 3.职业中学（高中、初中） 4.普通中学（高中、初中） 5.特殊教育学校（班） 6.工读学校	1.小学 2.教学点 3.特殊教育学校（班）	1.幼儿园 2.学前班
成人教育	1.广播电视大学 2.职工高等学校 3.农民高等学校 4.管理干部学院 5.教育学院 6.独立函授学院 7.普通高等学校附设函授部、夜大学、成人脱产班	1.广播电视中等专业学校 2.职工中等专业学校 3.干部中等专业学校 4.农民中等专业学校 5.函授中等专业学校 6.教师进修学校 7.成人中学（职工、农民） 8.成人技术培训学校（职工、农民）	1.职工初等学校 2.农民初等学校 3.扫盲班	

续表

层次 类型	高等教育	中等教育	初等教育	学前教育
其他类型	1.军队院校 2.高等教育自学考试制度 3.学历文凭考试试点民办学校 4.民办高等教育机构 5.普通高等学校预科班、考助学班 6.宗教学校 7.外国留学生学校	1.中等专业教育自学考试制度	1.非正规教育教学点 2.扫盲课程	
岗位培训继续教育	1.专业证书班 2.职业资格培训 3.各种类型的继续教育、技术培训 4.普通高等学校短训班、进修班、访问学者出国考察进修	1.职业技术培训（就业前、上岗前、在职、转岗） 2.职业资格教育 3.农民"绿色证书"和各种实用技能培训 4.各种类型短训班、进修班		

（资料来源：全国哲学社会科学"九五"规划重大项目-"当代中国教育结构体系研究"的成果. 我国教育结构现状[EB/OL]. 中国网，http://www.china.com.cn/ zhuanti 2005/node_5158231.htm.2012-06-09.）

上表中将扫盲班与扫盲课程区别，主要指扫盲班是正规建制的教育类型，而扫盲课程只是在其他类型的教育中开设的零散的扫盲教育，两者都属于初等教育的范畴，从整个大的教育体系来看，初等教育处于基础性地位，而通常所说的基础教育是包含中学以前的学校教育，从层次这点上扫盲教育也可以看作基础教育。另外，扫盲教育还是成人教育中的初等教育，也体现了其基础性地位。对此，吴遵民进一步提出，扫盲教育是成人非学历教育系统中的基础，如表 3.3 所示。

表 3.3　成人教育结构体系图

成人学历教育系统		成人非学历教育系统	
学历证书	成人初等教育	扫盲教育	技术资格证书
	成人中等教育-双补教育	职前教育	
		在职教育	
	成人中等．专门教育	继续教育	
	成人职业．技术教育	余暇教育	
	成人高等教育	老年教育	

（资料来源：吴遵民. 现代中国终身教育论[M]. 上海：上海教育出版社，2003.213.）

虽然扫盲教育没有学历证书和技术资格证书，但它是低文化群体想获取这些学力证明的基础。综合以上三方面理由，笔者认为发展性扫盲教育必定具有基础性的本质。

二、它是面向大众具有启蒙意义的教育

提起启蒙教育，人们自然会联想到文艺复兴之后的西方人本主义思潮影响下的教育，将自由、民主、平等、博爱这些观念传播到近代社会，带有浓厚的反对封建和宗教独裁的特征。在近代中国，对"德先生"与"赛先生"的追求，也成为启蒙运动中的重要内容。本研究论证扫盲教育是启蒙教育时，提出三点依据和一点注意。三点依据分别是：

一是中国扫盲教育的提出和实施，贯彻着启蒙的目的。从康有为到孙中山，为反抗封建统治而倡导开民智，办教育的思想，提出了民族资产阶级的教育主张，而在民间的晏阳初等知识分子则承袭了他们的思想，提出除文盲、做新民口号，开展平民教育运动。新民就是要唤醒他们沉睡的自我意识，用新的知识、新的思想塑造出新的国民性格，这就是启蒙教育；他们提出要去除"愚、贫、弱、私"的四弊，这也说明扫盲不是单纯的识字教育，而是要在识字的基础上解决生活中的问题，这体现了小资产阶级教育救国的启蒙观点。而在中国共产党领导下，扫盲教育与政治和意识形态紧密结合，反映出无产阶级的扫盲教育观，比如通过在军队里面开展识字教育，提高革命斗争的能力，通过对农民广泛的识字教育，可以为土地改革的顺利实行提供思想条件，而在解放后的新中国，扫盲教育要通过识字让人们对新的社会制度、新的社会身份产生认同，从这个意义上讲，解放初期的扫盲教育运动，也是社会主义条件下的启蒙教育。

二是国际扫盲教育中与启蒙也密切联系。英国是最早的资本主义工业国，也最早开展成人教育，但是在19世纪以前英国的识字教育并没有得到普及，统治者们认为：若教育提供给了贫困的劳动人民，便会滋长其不满和懒惰，将他们引上"反抗"之歧途，造成社会的动荡与不安[①]。而来自教会的一些有

---

① 张新. 英国成人教育史[M]. 济南：山东教育出版社，1993：345.

识之士则认为,"唯有理性的信仰才可巩固社会的地位及影响"①,民众拥有知识不会让社会变得更糟,而是更好,同时,新兴的资产阶级也需要大量知识劳工,所以识字教育才开始成为全社会共同关注的问题。应该说,英国人很庆幸地认识到了,扫盲教育中蕴藏着的理性精神对一个国家和民族的重要作用。同样在美国,20世纪初期,勃兰生就分析了成人教育的五种职能:"补习的职能、职业的职能、职业相关的职能、自由的职能和政治的职能",其中补习的职能,也就是扫盲教育,"要给予成人最低限度教育上的配置,这种最低限度上的配置是指与阅读、书写能力而言,对于归化的移民更包含公民知识和英语能力训练"②。而到了21世纪,在美国的《家庭扫盲与成人教育法案》中,英语的扫盲教育的内容也包括了日常生活的英语技能、和公民教育③。可以看到,扫盲教育始终与公民教育结合在一起,而要享受公民的权利,履行公民的职责,一个成熟的公民离不开理性的启蒙。除了在发达国家,南美洲的弗莱雷更是激进地提出了扫盲教育要解放被压迫者,让受压迫者起来调和社会阶级之间的斗争,推动社会的革新,它也强调扫盲教育的启蒙意义。

由此不难理解,1975年的"波斯波利斯宣言"中将扫盲做了如下界定:扫盲"不仅是读写算能力的学习过程,而且有助于人类的解放和全面发展。因此扫盲是批判性地意识到人类生活的社会及社会目标的矛盾的必要条件,是指引人们作用于世界、变革世界的计划,并参与这种计划的必要条件,扫盲是人的基本人权。"④而这种批判性的意识,就是以理性为核心的启蒙精神所倡导的。

三是从前文所述的文盲特征和教育本质来看。中国扫盲教育在目前还是以识字教育为主要依托,但是要真正要使一个人脱盲并能够持续学习,必须要在思想意识上得到更新,或者说意识要觉醒。而不管是意识更新还是觉醒,

---

① 张新. 英国成人教育史[M]. 济南:山东教育出版社,1993.
② [美国]勃兰生. 成人教育(全一册)[M]. 陈尧昶,译. 上海:世界书局,1938:17.
③ 刘杉杉. 近十年美国成人教育发展述评[J]. 河北大学成人教育学院学报,2010(2):66-68.
④ 钟启泉. 国际通行的扫盲概念与扫盲现代课题——"新扫盲论"研究(之三)[J]. 外国教育资料,1999(3):60-65.

其实都需要文盲理性地面对自己和面对学习，建立批判性的思维模式。于是，扫盲就有了启蒙的意义，否则从不识字到识字，都只能做鲁迅笔下的"看客"，那就是国家与民族的不幸了。而从教育的本质上讲，如果坚持教育本质的生产力说，那么促进使生产力中最重要因素-人产生变化的是思想，不管将人看作是人力资源还是人力资本，都需要人积极地发挥主观能动性，施展自己的想象力与创造力，被落后的、封建的思想所束缚的人显然无法达到这种要求，所以教育本质上要求人是要获得启蒙的。而从上层建设说来讲就更清楚了，时代背景和国家性质的不同，教育也呈现出不同的价值取向。特别是社会主义条件下的中国，所有的扫盲对象都是国家的主人，都是社会主义事业的建设者，更需要对他们进行中国特色社会主义的启蒙，将国家的主流价值思想和知识教育在低文化人群中结合起来开展。

最后，对扫盲教育是启蒙教育要注意的一点是，启蒙包含了现代社会中的一些共同的要素，但在不同的社会制度下却又显示出这些要素的特殊性。本研究中提出中国扫盲教育是启蒙教育是在社会主义条件下的话语，民主、平等与自由这些要素也是中国特色社会主义建设的目标。从2012年中国共产党的十八大报告中看，"民主制度更加完善，民主形式更加丰富，人民积极性、主动性、创造性进一步发挥"①已经成为国家建设的指导纲领；在平等问题上，第一次将男女平等作为基本国策，还提出"权利公平、机会公平、规则公平"②的社会公平保障体系；社会主义国家不仅能建立比资本主义国家更真实和更广泛的民主，实现人人当家做主的平等，还要追求共产主义社会中的自由境界。所以，在扫盲教育中不应避谈、惧谈启蒙，关键是要坚持正确思想的引导。

三、它是关注成人受教育权维护社会公正的教育

为了让这个判断不产生误会，首先要说明扫盲教育是维护社会公正的一个必要但不充分条件，教育不是万能的，扫盲教育更不是。不是开展了扫盲

---

① 胡锦涛. 坚定不移沿着中国特色社会主义道路前进，为全面建成小康社会而奋斗——在中国共产党第十八次全国代表大会上的报告[J]. 求是，2012(22)：3-25.
② 同上.

教育社会就一定变得公正，而是在一个公正的社会里，离不开对低文化群体开展的基础教育即扫盲教育的发展。以下通过几个方面来证明这个观点。

一是从文盲的角度来分析。从分布上看，以中国为例，文盲越来越集中于少数民族地区，这是由于教育发展的不均衡导致的，对少数民族开展扫盲教育往往带有成人补偿教育的性质。我国的民族政策中坚持"民族平等、民族团结和各民族共同繁荣"的三大原则，然而，要实现平等、团结和共同繁荣的局面，需要少数民族同胞实现教育发展这个前提，民族平等与发展，不可能永远依赖国家政府输血模式来维持，必须要从少数民族内部，培养造血机制，而教育文化就是这个造血机制中最重要的内容。并且在总文盲人口中，男女性别的分布上，女性占据了文盲总数的2/3，通过开展扫盲教育也能够促进男女在受教育权利上的平等，所以，扫盲教育对民族平等与男女平等上具有促进作用。

随着基础教育的扎实推进，中国文盲人口在逐渐减少，现已低于人口总数的5%，文盲成为社会中的小众。但正因为是小众，才更需要关注而避免被忽视，在一个成熟和公正的社会里，不可能只关心大众和主流群体，对少部分人就漠然视之。他们也有受教育和学习的权利，每个人都有机会通过接受教育来实现生活的改变，这种权利不应该被剥夺，实现这种小众与大众之间的平衡也正是全民教育和全纳教育所倡导的精神。并且，这些小众不是处于社会金字塔顶尖即拥有权力和财富的人，从文盲的实际地位来看，绝大多数文盲受文化水平不高的制约，在经济地位和社会地位中处于劣势，是社会的边缘人群。相比其他人而言，他们有更加强烈的通过扫盲教育提升自己的文化水平，掌握更多职业技能，实现生活的改变的愿望。

二是从教育与社会关系的理论认识上。在关于教育本质的论述中，不管是培养人说还是社会传递说，有一个蕴藏的前提就是，在现代社会中，教育进行社会知识传递和培养社会人的目标上是平等的，而不是分等级的，因为封建时代如贵族和僧侣们对知识的垄断，在现代社会中被逐渐瓦解了，教育上追求人人平等是一种社会正义的体现。但是，并不是所有有关教育公平的问题都在现代社会中得以解决。所以，杜威强调教育即生活，要让民主主义的理想在生活或者整个社会教育中得以实现，从他的理解来看，扫盲教育在目的和手段上也要与民主主义的教育相一致，体现出社会的公正。而在存在主义者看来，人的存在先于人的本质，而事物的本质又是人赋予的，具有主观的意义，由此可知，扫盲教育的本质也是由社会群体赋予的，当人类文明进入现代社会，关心每一个人的生存权和发展权，关心他们的受教育权的时候，就已经赋予了扫盲教育这种维护社会公正的本质。

当然，结构主义者布尔迪厄（Pierre Bourdieu）则表现得并不乐观，他以批判的视角，揭露了在资本主义社会里，正是由于知识占有的分层导致了社会中阶层的分化和对立，这里的知识已经演变成为一种文化资本，而文化资本的不平等分配在维护着社会的等级结构，使得建立在民主与平等基础上的公正社会还是镜中花、水中月。所以，扫盲教育是打破这种文化资本不公正分配的重要手段，如果丧失掉这条路径，人在社会中的等级结构将更加趋于固化。而弗莱雷更加直接地认为，扫盲教育就是进行社会批判的政治行为，教育与政治之间又是一种辩证对立的关系，他寄希望于社会中的受压迫者，接受扫盲教育来实现意识上的觉醒，由他们来调和阶级之间的矛盾，让社会变得更加公正。众多的学者从不同的角度，都为扫盲教育能够维护社会公正做了理论上的辩护。

三是从扫盲教育开展的实践上来看。扫盲教育的开展也可以从管理学的角度分为事前、事中和事后三个阶段，而这三个阶段对维护社会公正产生积极的影响。事前提出要进行扫盲教育，从发起者到拥护者，从提案者到表决者，在现有普遍的科层制管理体系中，一项教育事业开展的事前准备就需要对社会低文化群体进行社会宣传和鼓励，而这就是一种关注弱者、维护社会公正的行为。在事中开展扫盲教育时，需要发动不仅是官方，还有民间的各种资源进行教育，而且社会上的相关方与文盲群体之间还要结成一种民主和平等的关系，这种平等关系与共同参与也正是社会公正的体现。对于事后来讲，文盲群体在知识上得到了补偿，在意识上实现了觉醒，使他更有能力以一个公民的身份参与个人和社会的各项事务中去，这也可看作是维护了社会的公正。

开展扫盲教育体现了社会对整个群体成员的不抛弃、不放弃，给他们提供通过教育来实现自己生存状态改变的机会。所以，出于社会公正的考虑，扫盲教育不仅要从教育部门的角度去倡导，还要从保障人的基本受教育权、基本学习权上去思考其开展的必要性。一个社会缺少扫盲教育，或者缺少为低文化群体提供基础教育的保障，至少从教育权利角度看，这不是一个真正公正的社会。

四、它是从多层面始终突出发展主旨的教育

这个问题可以从人、教育和社会三个层面来进行分析。

首先,从教育的本质上来认识,扫盲教育是发展的。如果教育的本质是生产力,那么正好,生产力里面的三大要素都具有发展的特性。随着劳动者素质的提高,能够制造和使用更先进的劳动工具,也能够作用于更多的劳动对象,这些要素的发展必然也导致教育的发展,而扫盲教育对劳动者素质提高起到补偿基础性教育的作用。而同时,生产力与生产关系之间还存在着矛盾发展的规律,生产力的发展会导致生产关系的变化,而生产关系的改变也能反作用于生产力,在不同的社会条件下,随着人与人之间关系的变化也会导致教育发展改变,比如,当中国进入社会主义社会后,人与人之间实现了阶级上的平等,这时的扫盲教育也就有了不同于革命与战争年代的目的和意义,扫盲教育要培养社会主义条件下的劳动者。而如果从教育的本质是上层建筑来看,上层建筑也与经济基础之间具有相互促进发展的关系。随着改革开放后,中国开始以经济建设为中心,作为上层建筑的教育也发生了变化,在扫盲教育上更加关注成人低文化群体对技术的习得和应用,致富成了开展扫盲教育中人们乐于追求的目标。经济的不断发展,多种所有制格局的形成,也带来了社会利益格局的多元化,而要维护自己的合法权益和利益,需要掌握更多的知识和文化。因此,不仅要开展技术教育,也要开展对权益和利益保护的教育,这是经济基础的变化所带来的要求。以上主要从中国近年来的两种教育本质的观点出发进行讨论,其实杜威也表达过类似关于教育发展的观点,他认为教育要随着社会的变化而变化,并对教育工作者提出要求,"教育工作者们必须随时准备根据新的知识和环境变化来修改教育方法和政策","必须经常改变我们做事的方法,教育的目的和手段必须是灵活的,而不是一成不变的;教育的目的和手段应当易于接受经常的修正"。①

其次,从文盲所体现出的特征也可以看出,文盲的结构、标准和需求的

---

① 陈友松.当代西方教育哲学[M].北京:教育科学出版社,1982:56.

变化发展，也会导致扫盲教育的发展。对比新中国成立初期和21世纪中国，文盲在结构中老龄人口、少数民族人口的比重在上升，这意味着扫盲教育要更加准确地定位扫盲教育对象；从标准上看，扫盲教育的标准在国内没有多大的变化，但是在国际上，扫盲标准的变化相当大，如果要赶上发达国家的国民受教育的话，标准的发展也是必然的选择，标准发展也就会带动扫盲教育的发展；从文盲的需求上看，受就业环境、日常使用工具等外部需求变化的影响，今天的文盲要学习的不仅是识字，还要学会使用计算机等常用的高科技产品，需要在法制社会中了解基本的法律规范和维权途径，这些因素决定了每个时代的不同的扫盲教育的特色，而这也体现了扫盲教育是发展的教育。

最后，从教育与社会之间的关系上看，无论是认为教育要发展来满足社会的需求，还是认为教育要发展来引领社会的发展，教育都是需要发展的。扫盲教育承担着为社会中知识文化最低水平的那部分人的教育补偿任务，随着社会的不断进步与发展，知识相对缺乏是一种确定的存在，但是人们对知识的需求是绝对的增长，因此，扫盲教育也必须要跟上社会的进步，才能完成这项补偿任务，否则就连文盲也会觉得原来的那种扫盲教育已经过时了。当然，扫盲教育也不限于补偿，只是补偿是其中重要的功能。

所以，知识不是一种永远没有"能量消耗"的、学会了就忘不掉的固化物；人在生命成长过程的不同阶段的教育需求需要持续不断地满足，没人可以一劳永逸；个体发展处于不平衡状态，在一个社会中，总是有部分人在获得教育资源上或者自身在学习上处于劣势。这些都决定了扫盲教育是发展的教育。而这一点也是讨论扫盲教育转型的重要前提。

以上是笔者对发展性扫盲教育本质进行的规定性描述，不是对现状的总结，而是一种对"应然"的设定，也就是说，笔者希望通过这个研究为扫盲教育的转型提供必要性前提，至于今后扫盲教育如何转型变化，乃至是否还冠以"扫盲教育"来命名转型后的扫盲教育等技术性问题，有了本质上的把握，就不会迷失方向。

第四章　扫盲教育转型的理论基础与塑型探索

　　范式理论强调对一种科学理论形成新的认识，是实现范式的转换的过程，而这种范式转换需要在科学共同体中的得到认同，即从原有的认同到新的认同。在扫盲教育的研究中，也需要借助已有的认同，来为转型后的扫盲教育寻找理论上的支持。笔者从社会、教育和人三个相互关联的要素出发，寻找对扫盲教育具有突出意义的理论。从社会的角度上，选择了社会转型理论主要出于它作为一种社会背景和推动力的考虑。而在教育领域内选取终身教育与批判教育作为理论基础则是考虑到，一方面终身教育已经成为包括中国在内的世界各国成人教育发展的主要趋势，而扫盲教育是终身教育体系建设中的重要和基础性环节，所以要加以讨论；另一方面，对于批判教育理论来说，转型就是对过去或者现实批判反思的结果，要促进扫盲教育的转型，缺少批判的思想很难找准问题和寻找到出路。并且，这里的批判也不仅仅限于对教育的批判，也承载着对社会和个人的批判因素，这样，扫盲教育的转型研究与人的转型和社会的转型就结合起来了。而强调成人学习理论对于扫盲教育的意义在于它不仅为成人学习提供了能力上的实证，而且在如何有效开展成人学习，实现扫盲教育转型在方法和途径上提供了理论上的支持。

　　另外，本章还将对扫盲教育转型中"型"的问题进行初步研究，探索历史进程中的塑型过程，对新中国成立后两个阶段的型进行了比较，认为他们虽然在文化结构层次上存在差异，但都可以归于工具性扫盲教育，与要转型实现的发展性扫盲教育是有区别的。

第一节　理论基础

一、社会转型理论

社会的变革导致了人的生存和发展方式发生变化，要求教育不断发展来适应和满足社会及个体的需求变化，而教育的发展也会反过来促进社会和人的革新。正是基于三者之间具有如此重要的互动关系，研究教育转型问题必定要寻找社会变革理论为其支柱。

（一）社会转型理论的要义

1. 理论溯源

社会转型理论是发展社会学中的重要理论，这个理论经历了从现代化理论、发展理论到转型理论的发展过程。现代化理论的产生来自 1952 年美国社会科学界创办的"经济发展与文化变迁"组织。西方国家从 20 世纪 50 年代开始进行了一系列的现代化理论的研究。列维-斯特劳斯（Claude Lévi-Strauss）[①]的社会结构理论中提出了分析社会结构的四种模式，分别是有意识模式、无意识模式、机械学模式、统计学模式。在考察社会结构中特别强调无意识模式的方法，即研究者要去寻找到不能直接观察，而对象群体均无意识的社会结构，以此来寻找一个特定社会的制度特征和人们的行为原则，这为他后来进行现代化的研究搭建了基本的框架。之后西方学者在 60 年代初期对什么是"现代日本"这一命题展开了学术讨论，现代化的概念在理论界充分得到了传播。

现代化理论主要有三个基本的观点。一是对社会类型采用"传统"和"现代"两种对立的划分。所谓的现代化就是从传统社会走向现代社会。二是社会内部动力是现代化的主要推手。并且受到韦伯（Max Weber）所论"新教伦理与资本主义精神"的影响，这种社会内部的动力主要归结为文化。三是现

[①] 毛永天．列维-斯特劳斯"社会结构"理论与方法之介评[J]．中山大学研究生学刊，1994（4）：92．

代化具有趋同的假设，对于欠发达国家来说，它们的现代化都应该差异不大。当时的学者很大程度上就认为现代化就是西方化。

在现代化理论传播的同时，对现代化理论的批评也开始升温，批评的声音集中在社会类型划分上的简单二分法，其观点认为人类社会只能进行西方式现代化的单项选择。1970年之后，随着丹尼尔·贝尔（Danniel Bell）"后工业社会"概念的流行，现代化理论开始降温，社会学家们开始更加关注社会发展理论。

如果说增长理论主要关注的是发达国家经济的持续发展问题，那么发展理论则主要是在研究欠发达和不发达国家时运用的理论。发展理论包括三个重要组成部分：依附理论、世界体系理论和比较政治经济学理论。

依附理论旗帜鲜明地挑战现代化理论，其观点中最突出的是认为发达国家和发展中国家并不存在历史发展阶段的先后问题，两者都处于一个历史范畴中，形成了此消彼长的关系。正是由于发展中国家不发达，依附于发达国家，所以使得发达国家受益，而发展中国家受损。这个观点带有马克思主义的色彩，也得到了发展中国家很多学者的支持。依附理论也不再强调内部动力促使社会进步，转而强调外部世界的影响。

当然依附理论也存在一些问题，比如它也存在着国家类型对立的两分法，所以继之而起的世界体系理论得到了一部分人的认同。世界体系理论认为世界存在着"中心""边缘"和"半边缘"的三级而不是两级，处于边缘的国家可以通过结构位置的流动到达中心位置。所以，一个国家的发展重要的就是调整自己在世界体系的结构。政治经济学与前面两个理论相比较来说，影响力比较有限，主要是在研究国家发展的方法上着力较多。

随着历史进入到20世纪末期，东欧剧变、苏联解体，一些国家存在着急剧的社会转型，社会转型理论得到了前所未有的关注。这主要是增长理论将研究的目光投向发达国家，而发展理论则重点去剖析拉丁美洲和非洲等不发达国家，对于东欧和苏联这样的国家改变，前面两个理论都难以解释。这些国家的改革或者转轨是系统性的大转型，既包括了经济体制的改革也包括了政治体制的重建。不能确定它是从传统向现代或者是从边缘迈入中心位置。于是对于这些国家的变革分析，掀起了社会转型理论研究的热潮。

余小波甚至认为,"这种社会转型理论既可以说是前述社会发展理论的延续,也可以说是一种全新的与现代化理论、发展理论并列的研究领域。"①笔者则认为这是对社会转型理论的狭义的理解,社会转型理论不能称为一种全新的理论作为现代化理论和发展理论的对立面出现,其主要思想在现代化理论和发展理论中都已经有所体现,只是在特定的历史时期,社会转型受到的关注更多,推动了理论的进一步发展。如在现代化理论研究者 C·E.布莱克把现代化划分为初期挑战阶段、领导层稳固阶段、经济和社会转移阶段和社会整合阶段。其中第三个阶段可以看出明显的社会转型的特征,社会转型在他看来也是现代化过程中的关键环节。查普夫(Wolfgang Zapf)也明确提出不管是资本主义制度还是社会主义制度的国家,社会转型都要向现代化进发,只是存在着路径上的不同②。所以,讨论社会转型理论不可能割裂现代化理论和发展理论。

中国在 20 世纪 90 年代引入了社会转型理论。社会转型被认为是一个整体性发展,也是一种特殊的结构性变动,还是一种社会学的数量关系分析框架。③陆学艺进一步将这种分析框架看成中国社会学研究当代中国社会变迁的理论支点,提出"社会转型是指中国社会从传统社会向现代社会、从农业社会向工业社会、从封闭社会向开放性社会的社会变迁和发展"④郑杭生、李强则提出中国社会转型是"从农业的、乡村的、封闭的、半封闭的传统型社会向工业的、城镇的、开放的现代型社会的转型"。⑤以上这些观点在中国具有较强的代表意义。

然而,一方面社会转型理论不能割裂现代化理论,另一方面,片面地强调社会转型与现代化的同义,在分析中国的转型过程中也存在不少的问题。

---

① 余小波. 我国成人高等教育转型的研究[D]. 厦门:厦门大学,2007.
② [德]沃尔夫冈·查普夫. 现代化与社会转型[M]. 陈黎,陆宏成,译. 北京:社会科学文献出版社,2002. 146
③ 李培林. "另一只看不见的手":社会结构转型[J]. 中国社会科学,1992(5):7-15.
④ 陆学艺,景天魁. 转型中的中国社会[M]. 哈尔滨:黑龙江人民出版社,1994:2.
⑤ 郑杭生,李强,等. 当代中国社会结构和社会关系研究[M]. 北京:首都师范大学出版社,1997:19.

西方现代化理论研究者所提的传统迈向现代的两分范式并不适合中国，中国的社会、经济结构已经由二元"农业-工业"结构，变成了"农业-工业-信息业"的三元结构，王雅林提出"社会转型不是单纯的工业化的单层转型，而是包括工业化、信息化在内的双重转型"。①应该说这体现了以知识化、信息化带动工业化，以工业化促进信息化和知识化的具有创新意义的现代化特征。这种创新性现代化的社会转型可以从四个方面进行辩护：一是中国的现代化具有赶超性质，需要在较短的时间内实现发达国家已经完成的工业化和现代化。二是现代化并不等同于西方化，发展的路径是可以多元的。三是中国的社会转型由于经济社会发展的不均衡，所以包括了更多的内涵。四是中国的现代化不但是经济的现代化，还包括政治、文化、社会结构域社会行为在内的综合社会变革过程。②

2. 转型特征

当代社会转型具备什么样的标志才能算是转型成功呢？西方学者在现代化理论研究早期就提出，"实现了现代化的国家都会具有这样一些特征：工业市场经济、持续的经济增长、大规模的科层组织、较高的识字率、正规教育的普及、不平等程度的降低、社会流动的增加、较低的人口出生率、城市化、宗教影响力的衰落、能适应变迁的结构、现代的价值系统等。"③从这个角度看，社会的转型是一种涉及多领域的整体和系统的转型。

中国社会科学院社会学研究所"社会发展综合研究课题组"在1991年发表的研究成果中提出中国社会转型的五项主要任务：从自给半自给的产品经济社会向社会主义市场经济社会转化；从农业社会向工业社会转化；从乡村社会向城镇社会转化；从同质的单一性社会向异质的多样性社会转化；从伦理社会向法理社会转化④。这些要实现的目标也就可以看作是中国社会转型的主要标志。

到了21世纪初，有学者将西方现代化理论与中国研究社会转型前期的理

---

① 王雅林. 社会转型理论的再构与创新发展[J]. 江苏社会科学, 2000（2）: 170.
② 同上, 169.
③ 孙立平. 社会转型：发展社会学的新议题[J]. 社会学研究, 2005（1）: 2.
④ 李培林. 处在社会转型时期的中国[J]. 国际社会科学, 1993（3）: 125.

论成果进行整合，提出了"六化"作为社会转型的标志，包括了经济转型的工业化、结构转型的城市化、政治转型之民主法制化、文化转型之世俗化、组织转型之科层化和观念转型之理性化。①还有学者总结出中国社会的转型同西方社会转型确实存在着共同点，并以此作为转型成功的标志，其主要内容包括：以法治代替人治、个体性得到张扬、权利观念得到强化、科学技术得以发展和推广、社会管理日趋理性化。②其中可以看出变化的轨迹，社会转型理论刚被引入中国时，其转型标志主要在经济领域，注重"物质"利益的实现，而随着社会的发展，转型标志不断扩展到文化、个体性等"精神"领域，于是教育转型的研究也在社会转型理论的发展中得到了关注。

（二）社会转型理论对扫盲教育的意义

社会转型的不断推进，教育的转型也就不可避免，并且在教育领域人们并不排斥用现代教育或者教育的现代化来指称教育转型，只是这里的现代一词不被限定于20个世纪现代化理论所指的，带有强烈西方中心论的现代，而是指教育从传统到现代所进行的实质性变革。社会转型对于扫盲教育的发展具有重要的意义主要有：

1. 社会转型为中国扫盲教育转型提供了主要的动力

社会转型是一场广泛而深刻的变革，教育必定会受到包括经济、政治、文化等多方面变革的影响，社会转型是教育转型的主要动力。从宏观层面来看，社会大环境的变化，使得教育的原有形态受到冲击，社会对整个教育体系重新认知，原有的知识观念、教育思想、管理体制、办学方法等开始转变。从微观的角度来看，社会转型要求课程、教材、教法更新，知识为本向学生为本转化，同时还要构建更为合理的师生交往方式。也有学者从核心理念、培养方式、评价方式、体制机制和影响的基础性和价值性这些方面去勾勒教育转型的主要特征。

---

① 刘祖云. 从传统到现代——当代中国社会转型研究[M]. 武汉：湖北人民出版社，2000. 52.
② 李颖. 教育的人性追寻-西方社会转型时期的教育转型及其启示[D]. 长春：东北师范大学，2006：114.

近代中国社会三次社会转型分别是：鸦片战争开始年到新中国成立；新中国成立后到"文化大革命"结束；改革开放之后到现在。每一次社会转型都带来了教育包括扫盲教育在内的重大变革。

当晚清政府一再地被列强欺凌割地赔款，彻底沦为帝国主义在中国统治的代言人后，中国社会进入半殖民地半封建社会。这种社会变革使得众多仁人志士都寄希望于开启民智来实现国富民强的社会理想，开民智就要搞教育。在20世纪初期，面对国民群体中80%以上的文盲率，扫盲教育就成为历史的必然选择。否则，封建势力又会打着民智未开的旗帜来复辟专制，正如孙中山在建国方略中就提及："夫中国人民知识程度之不足，固无可隐讳者也。且加以数千年专制之毒，深中乎人心，诚有比于美国之黑奴及外来人民知识尤为低下也。然则何为而可？袁世凯之流，必以为中国人民知识程度如此，必不能共和。曲学之士亦曰，非专制不可也。"①所以，在民国成立以后，资产阶级革命派敏锐地认识到包括扫盲教育在内的社会教育的重要性，南京临时政府教育部特设社会教育司，与普通教育司和专门教育司并立。值得注意的是，1929年南京国民政府重申了社会教育的有关法令，规定社会教育经费占全部教育经费的10%~20%，进而在1933年又规定各省市凡有新增教育经费者，应将省市的30%和县市的30%~50%定位社会教育经费。此后又颁布《民众学校办法大纲》（1929年1月）、《识字运动宣传计划大纲》（1929年2月）、《实施失学民众补习教育方案》（1936年8月）和《民众学校课程标准草案》（1936年8月）等一系列法规、条令，对民众学校、识字学校等各类社会教育机构的办学体制和管理体制做了统一的规定，并制定了以六年为期强制推行社会教育以基本扫除文盲的计划和实施方案。②

扫盲教育受社会变革的影响从微观上也能够看到。如在第二次国内革命战争时期，苏维埃政府以扫除文盲为中心，开展声势浩大的群众性教育运动。组织教学的方式很多，有"夜校、半日学校、露天学校、星期学校、补习学校、寒暑假学校、识字班、识字组、读报组、俱乐部、列宁室、研究会、巡

---

① 孙中山. 建国方略[M]. 沈阳：辽宁人民出版社，1994：67.
② 朱汉国，羊群. 中华民国史第五册·志四：文教社会卷[C]. 成都：四川人民出版社，2006：171.

回图书馆"等各种形式，①开展对广大工农群众和红军战士相当于小学程度的文化教育。苏区的成人初等教育注重识字教育、文化教育与政治教育、军事教育、生产教育的结合，教材大都通俗易懂，易于诵记，适应了战争环境的需要。在抗日战争时期，民族处在危亡的边缘，扫盲教材里面常见抗日标语和爱国主义的歌谣，扫盲教育在教授群众识字时也具有激发出民众的爱国热情的教育目标。1937年，中共河南省委通过河南大学文学院院长肖一山在河南大学举办了抗日游击战术训练班，吸纳平津等地和流亡在外的爱国学生参加学习，之后这些学生组成农村工作服务团，徒步南下到豫中、豫南等城镇和乡村，进行抗日宣传演讲、走访和张贴标语，值得一提的是通过办农民夜校，组织农民学习抗日三字经，②使扫盲教育与抗日救国教育相得益彰。

  1949年10月1日，中华人民共和国宣告成立，社会面临着政治、经济、文化等多领域的全面的变革。在教育领域内按照"接收、管理、调整、改造"的方针进行改造。1950年9月第一次全国工农教育会议明确提出：开展工农教育是一个重大的政治任务，是建立强大的国防军和强大的经济力量的必要条件。③此后，中央政府在过渡时期总路线中提出"要在一个相当长的时期内，基本实现国家工业化和对农业、手工业、资本主义工商业的社会主义改造"的目标，④并决定从1953年开始实施第一个五年计划。而为了保证计划的成功，最快速度地减少人口中的文盲数量是当务之急，所以扫盲教育运动正式展开了。我国先后于1952年、1956年和1958年开展了三次大规模的扫盲运动。

  在新中国成立初期社会大变革的背景下，我国的扫盲教育体系逐渐完善起来。从宏观上看，1956年3月15日全国扫除文盲协会成立，各省、市、自治区也成立了扫盲协会。同年颁布的《关于扫除文盲的决定》提出要在全国范围内积极地有计划、有步骤地扫除文盲，要使广大劳动人民摆脱文盲状态，

---

① 朱汉国，羊群. 中华民国史第五册·志四：文教社会卷[C]. 成都：四川人民出版社，2006：171.
② 姬忠林. 河南成人教育史[M]. 郑州：河南大学出版社，1999：176.
③ 王茂荣，朱仙顺. 成人教育学基础理论研究[M]. 北京：职工教育出版社，1988：16.
④ 王炳照，阎国华. 中国教育思想通史第八卷[C]. 长沙：湖南教育出版社，1994：28.

并使他们具有现代知识。计划在五到七年内，基本扫除农村和城市居民中的文盲。并确立企业内职工 2000 字，农村农民 1500 字的扫盲标准。①微观上看三次大规模扫盲运动的影响，可以发现群众对扫盲教育的热情高涨，第一次扫盲教育运动就使 926.9 万人脱离了文盲队伍，从 1953 年到 1955 年的两年间，全国企业工人有 376.4 万人参加了扫盲教育。这一数字占到全国工人总数的 69.8%，其中有 48.3 万人脱离了文盲。②同时对扫盲教材大量地开发，将生产生活等大量的实用技能所涉的字词编入教材中；还有扫盲教师创新"速成识字法"等教学方法，极大地提高脱盲效率，这也是由于外部追求脱盲效率在扫盲教育中的体现。由于"速成识字法"具有追求形式、忽视质量这些显而易见的缺点，后来在扫盲标准中也增加了阅读通俗书报和书写 300~500 字短文的要求，加强扫盲教育中语言文字的理解和运用。

在"文化大革命"结束后，我国于 1978 年又开始重启扫盲教育运动。这时的中国又面临着新一轮的社会转型，需要破除陈旧的观念，打开国门实行改革开放政策，必然也对人民的知识文化水平提出了新的要求。遗憾的是，经过"文化大革命"期间的十年，从宏观上看，新中国成立初期辛苦建立起的包括基础教育、高等教育、成人教育等初具规模的教育体系被打破了，学校关门，学生流失，也产生了新的文盲。1980 年，国务院公布了《扫除文盲工作条例》，将扫盲教育纳入了地方人民政府和教育主管部门的日常工作之中，扫盲教育又重新走上正轨，也使得在 20 世纪 80 年代，尽管中国人口总量不断上升，但是文盲数量却一直保持递减。在微观层面，在文盲数量的大规模减少的背景下，受社会经济发展不均衡的影响，文盲群体中高龄化、女性化、农村化等特点开始显露。于是，关注老年人，关注妇女，关注少数民族的扫盲教育逐渐成为扫盲教育领域内的焦点。

2. 社会转型的整体性和复杂性使中国扫盲教育转型面临多方面的挑战

整体性是从广度来说的，复杂性则是从深度来说的，社会转型过程中这

---

① 余博. 成人教育工作者岗位培训教程[M]. 北京：气象出版社，1990：75.
② 同上.

两者交织在一起。社会转型是涉及多领域的深刻变革,当这些变革悄悄地改变着社会个体的行为规则和对人的素质的要求时,扫盲教育已不可能独立于这种变革之外,以定量的文字符号识别和应用作为其全部的任务和诉求。法盲、信息盲等对成人的称谓民众已经熟知,但是却没有相应的教育来实现对这些特定领域的盲的消除。一方面是我国扫盲教育转型理念并未获得很多人的认同,扫盲教育的发展停滞不前,另一方面是真正要开展这类教育,需要克服多种障碍,现有的扫盲教育体系并不具备这样的能力。

具体前文所述的"六化",即经济转型的工业化、结构转型的城市化、政治转型之民主法制化、文化转型之世俗化、组织转型之科层化和观念转型之理性化来分析扫盲教育面对的挑战。

工业化的转型是指中国要从农业社会进入工业社会,工业社会条件下社会的转型必然要求大量的成员从农民向工人转型,人的转型不是从田间地头直接移到工厂车间就能完成的,它必然要依靠教育的转型。培养更多能够从事工业化生产的社会成员固然需要大力开展职业技术教育,但这并不意味着扫盲教育只是旁观者。工业生产相对于受季节和生长周期影响较大的农业生产来说效率更高,更加要求产品的精度与准度。所以扫盲教育的标准必须要拓展,简单的读写算并不能保证那些文盲状态的农民向工人身份的转变,而且这个标准还会根据社会的进步而不断提高。

并且,工业化社会容易受到经济周期性发展的影响,当经济不景气时,社会上就会有更多的人失业。如果一个成年人在青年时代错过了基础教育或者并没有很好地接受基础教育,失业的可能性必定会大大增加,所以扫盲教育需要转型成为完整意义上的成人基础教育,为这些处境不利的人群提供公共性质的教育产品,帮助他们走出人生的低谷。

城市化转型使得人们的生活方式和交往方式都发生了很大的改变。显然,在复杂的城市符号系统面前,一个在农村生活了多年的人即使掌握了2000个汉字,也不见得就能自然地将这些符号所理解。而如果文盲在城市中生活,银行自助取款、地铁自助售票、餐厅点菜等等这些城市生活最基本的规则都将对他造成极大的挑战。扫盲教育在城市化转型的过程中需要关注文盲群体在城市生活中的教育需求,由此,扫盲教育需要与生活教育相结合,在扫盲教育的目标上，要针对文盲群体在生活中正面的改变，而不仅仅是识字数量的多寡，否则扫盲教育就失去了持续发展的依托。

法制化转型是一个社会长治久安的基石。而一个社会法制化转型要成功的最重要前提不是法的数量有多少，法的制定有多严密，而在于人们对法的认同和遵守。法律主要以文本的形式存在，因此社会个体能够识字和对法律文本准确的把握才能理解相关各方的权利与义务。法律语言不同于生活语言，优点是显得逻辑周延和条理清晰，但是缺点也很明显，没有一定文化基础的普通人，通常不会看完一部完整的法律，因为它难以理解。所以，扫盲教育需要在基础识字教育完成后，引导对文盲群体学习与自身密切相关的法律文本的阅读，这种提升也正是功能性扫盲所倡导的。

文化向世俗化转型使得人民群众成为真正的精神文化成果的享有者，但享受文化成果往往需要一定中介才能完成，尽管这并不必是以知识作为中介。社会个体通过扫盲教育获得识字能力后，就可以拓宽自己的文化视野，享受到甚至创造出优秀的文化成果。此外，文化的世俗化转型本身就意味着整个社会的教育资源更向社会基层那些真正需要的人聚集，所以扫盲教育要实现转型来把握住趋势，不断促进处境不利人群的生存状态的改善。

组织科层化的转型会让社会上出现大规模的科层组织，发达国家的跨国企业就是重要的标志。文盲群体显然难以融入这样的有着复杂交往关系和知识或技术密集型的组织之中。而当整个社会主要的就业途径和工作状态都是科层化的时候，扫盲教育必然要担负起提升文盲群体生存和发展能力的重任，而不是停留在文字的识别上。

最后，观念转型的理性化，这应该是转型中最核心也是最难的。对中国来说，理性主义传统的缺失，导致全社会在科学理性精神上与西方发达国家有较大的差距。以诺贝尔自然科学奖为例来看，获奖固然是由于科学家在某一专业领域做出了创新的成果，但它背后也体现了一个国家和社会所具有的科学理性精神。扫盲教育要培养文盲的理性精神，就不得不成为启蒙教育，这个要挑战的问题很多，难度也很大，但是从长远来看对国家和民族也最为有利。

3. 社会转型为中国扫盲教育的转型提供了多维的发展思路

学者们不断探寻社会转型的内容和标志，而且随着社会的进步这个议题还可以从时间上不断延伸，这说明社会转型本身是一个复杂的系统化变革。社会转型的多维性一方面体现在社会转型在宏观、中观和微观三个角度/层次的展开，另一方面社会转型，特别对中国来说，还面临着工业化、信息化在内的双重转型。

　　社会转型是分层次展开的：一是宏观层次的社会整体转型，它涵盖了经济、政治、文化、法律、精神等多方面的转型。二是中观层次的社会结构转型，即社会结构组成部分之间相互关系的重新构型。三是微观层面的社会转型，主要指社会局部的人口、家庭、组织、阶层等结构的变化。尽管教育的转型与社会的转型并不能完全一一对应，扫盲教育也可以此为参照，从扫盲教育体系中所包含的丰富内容中划分出转型的层次，这属于扫盲教育转型实现途径中要研究的重要内容。

　　而从社会转型面临工业化和信息化双重转型来看，其实扫盲教育不仅仅具有双重，而是三重性。扫盲教育在工业化和信息化的社会转型中，必定要满足这两种社会形态中文盲脱盲的教育需求而实现面向这两者的转型。在中国迈向工业化和信息化的社会进程中，当扫盲教育被看作是补偿教育、补缺教育时，农业、农村和农民的教育问题就不会随之消失，扫盲教育始终会面向"三农"，并且这种面向"三农"的扫盲教育可以升级转型，更好地服务"三农"。从这个意义上看，扫盲教育的转型具有三重性，这也是扫盲教育转型与职业教育等转型的重要区别。

二、终身教育理论

　　终身教育的思想从产生上看要晚于扫盲教育思想的提出，但是随着该理论的不断发展和在全世界的传播，它为包括扫盲教育在内的成人教育发展提供了重要理论支撑。通过阐释终身教育的理论要义和对扫盲教育转型的意义，其理论基础的作用将得到进一步的彰显。

（一）终身教育理论要义

1. 理论溯源

1965年12月,第三次联合国教科文组织下属的成人教育促进国际委员会召开会议,保罗·朗格朗（Paul Lengrand）身为会长,提出了"关于终身教育"的重要议案,终身教育的概念由此为世人知晓。在这份议案中有关终身教育的观点主要有以下几个:一是（社会）要为人的一生（从诞生到死亡）提供教育或学习的机会;二是从人的发展和综合的统一性观点出发,各级各类教育的实施必须协调和统合;三是（政府或社会）应为本国公民有关劳动日的调整、教育休假、文化休假等措施的实施起促进作用。四是小学、中学、大学及其地区性社会教育设施、文化中心所发挥的教育功能,（政府）应予以支持和鼓励。五是为了对以往的教育观念作根本的改变,并恢复教育的本来面貌,应使这一理念渗透到教育的各个领域。①

　　从教育实施的主客体两方面看,朗格朗认为终身教育要求政府应在公民的生命历程中不断地提供教育资源,而公民也可以开展各种形态的自我教育,实现自我发展。这个观点体现了终身教育的两个重要特征,既主张对现有的教育进行重新组合和变革,也主张发挥学习者的主观能动性,达到人格的自我完善。面对现代社会的各种复杂变化,他认为终身教育是人们应对各种变化的有效途径。

　　之后,埃德加·富尔（Edgar-Jean Faure）继承和发展了朗格朗的终身教育思想,于1972年发布了《未来的学习-教育的今天和明天》的报告,提出构建"学习社会"来帮助人实现"完全人格"。学习社会的观念最早由美国教育思想家罗伯特·哈钦斯提出,富尔借鉴了这个思想,并加以推广。在报告中他提出"如果学习、学习期间以及学习形式和内容的多样性能贯彻于人的终身;包括教育资源在内的社会经济资源能为整个社会所共同享有,并且必要的教育制度的改善得以实施,那么学习社会的目标即谓之实现"。②

　　朗格朗和富尔是终身教育理论初期形态的代表人物,后来有学者批评早期的终身教育思想过于抽象,也并未在当时得到实践,因此呈现出原理性和理想性的特征。对此,朗格朗自己也总结道:"终身教育仍处于概念阶段。正像自由、正义、平等各项原则一样,它无疑会与具体的成就长期地保持相当

---

① 吴遵民.现代中国终身教育论[M].上海:上海教育出版社,2003:20.
② 同上,22.

的距离,这正是概念的性质所决定的"。①

20世纪70年代初到80年代中期,随着E.捷尔比担任联合国教科文组织终身教育部的部长后,终身教育理论进入了第二个阶段,捷尔比认为"教育,应该是为蒙受利益损失的人们、受到压制的人们以及遭受排挤、压榨的集团获得解放的工具。"他的终身教育观点主要有:一是提出终身教育的终极目标是解放处于困境中的人们;二是终身教育应声援遭受社会不公的人们;三是改变以往"为了适应社会的变化而倡导终身教育"的被动构想,引入为了人的解放必须采取"自我决定学习"的能动理论;四是在构筑终身教育体系时,应以劳动者的日常生活需要及生产劳动为原点进行考察;五是相对于60年代,保罗·朗格朗从西方先进国家出发,倡导克服危机型的终身教育理论,捷尔比在70年代站在第三世界的立场,构筑了为贫者争取解放的斗争型教育理念。②保罗·弗莱雷与捷尔比持类似的终身教育观念,认为成人学习的本质必须是自觉化的过程,受压迫者需要通过接受自我教育摆脱不利的困境。

20世纪80年代中期到现在,终身教育理论在世界各国得到政策和法制上的开拓。而这一阶段又主要以西方发达国家引领,在终身教育立法和体系化建设方面做了许多的探索。从历史上看,早在1976年美国就在修订《高等教育法》的时候,就通过了《终身学习法》(Lifelong Learning Act),也称蒙代尔法案。该法案对终身学习的范围和内容做了界定;对教育主管部门在推进终身学习中应行使的职能等进行了确认。尽管该法案最终因为国会预算审核没通过,缺乏项目资金而无法落实,但是政策层面上,美国依然在积极推动终身教育的开展,比较有代表性的举措包括联邦政府在1978年发布"终身学习计划"、1991年发布"美国2000:教育战略"、1994年向国会提交《目标2000-教育美国法》并最终通过,这些举措为终身教育在美国的发展提供了切实的保障。继美国之后,1990年日本颁布了《生涯学校振兴法》,成为世界上第二个拥有成文的终身教育法的国家。这部法律对立法目的、体制的标准、

---

① 保罗·朗格朗.终身教育引论[M].周南照.陈树清,译.北京:中国对外翻译出版公司,1985:82.
② 吴遵民.现代中国终身教育论[M].上海:上海教育出版社,2003:25.

负担费用等十二项内容做了明确规定,①之后在 2002 年这部法又再次修订。日本的终身教育的推进也因此有了法制化的基础。

以上三个阶段所体现出的终身教育理论的演变,尽管在立场和方法上不尽相同,但是都着眼于在现代社会不断变化的外部环境下,人们应该通过不断的学习和接受教育,提升自己的素质来迎接各种挑战。

2. 关注要点

(1) 关于学习权利。

在终身教育理论中,学习权利的保障是其核心问题。1985 年《学习权宣言》成为第四届世界成人教育大会的决议,在宣言中提出"学习权就是人们读书写字的权利,是思考和提出问题的权利;它是基本人权的一部分,也是人类生存不可缺少的手段;如果人失去了学习的权利,人类的发展就将停止,因而这是具有普遍性和正当性的关于人的基本权利"。②

对于学习权利的保障,英国提出应该分不同年龄层来实行,这样才能使得全社会所有的人都能机会均等地接受教育,而不是将学习权都交给年轻人。学习权利与其他基本权利一样都应该面向所有的公民。

保障学习权根本的是要立法,因此终身教育理论特别关注世界各国有关教育权保障的落实,当然这不仅仅是从基础教育的角度,而是从整个人的生命周期来看的。当前除了前述美国、日本等率先进行终身教育立法的国家在保障学习权上做得比较好以外,发达国家如北欧四国、法国和德国,包括亚洲的韩国、新加坡都有比较先进的立法实践。

(2) 关于教育结构。

终身教育理论从概念到具体操作,必然要依托一定的教育类型来完成,而确定终身教育的领域和范围,完善教育结构,是终身教育实现的重要途径。一般认为,终身教育包括六个方面:一是学校教育;二是教养教育;三是成人非学校教育;四是职业技术教育;五是成人学校教育;六是文化和闲暇教育。其中学校教育是通常所说的正式或者正规教育,包括大、中、小学教育;

---

① 吴遵民. 现代中国终身教育论[M]. 上海:上海教育出版社,2003:189.
② 吴遵民. 现代国际终身教育论[M]. 北京:中国人民大学出版社,2007:54.

职业技术教育和成人学校教育尽管也在学校中开展但是是非正规的教育；教养教育、成人非学校教育还有文化和闲暇教育既不在学校中开展也不是正规教育。

从教育发展的历史和现实来看，正规教育无疑最受社会关注，并且社会资源投入也最多。而终身教育要发展，既需要发展正规教育也需要发展其他类型的教育，因此终身教育理论要求调整内部各教育类型的关系，提高非正规教育在整个教育资源中的比重，满足除年轻人以外的多层次社会个体的教育需求，这也是教育公平的应有之意。同时，这种结构调整与政府的教育政策和学校机能也密切相关。

（3）关于政府推动。

之所以关注政府的推动，一方面是因为从终身教育理论形成之时，终身教育的实施更多地被理解为成人职业和技能的继续教育，而这种教育与政府主推的义务教育等相比，在教育产品的公共性上并不突出，政府推动起来并不尽力。所以，在终身教育推广的进程中，政府还有很大的空间可以作为。另一方面，各种类型教育最为有力的推动路径还是自上而下的由政府或者官方来组织和实施，所以终身教育理论必须关注并试图去影响教育政策的制定和实施。

政府推动终身教育的做法除了前面所涉及的努力促进终身教育立法外，还存在着颁布工作条例、提供补偿教育机会、提供教育资助、施行教育计划、改善教育环境等多种方法，其具体的操作在此不再赘述。

（4）关于学校机能。

学校是教育实施的重要场所，也是终身教育进行结构划分的依据之一。除了传统的正规教育以外，成人学校教育、职业教育等都可以在学校中实施。终身教育理论就认为，随着社会进步和知识更新，学校机能应该扩大。

英国在扩大学校机能上有两个特点：一是通过立法确定学校教育包括初级、中级和继续教育三个层次，其中继续教育属于成人教育性质。二是学校教育中的继续教育由地方行政部门管理，在成人教育中心、夜校等公共教育环境中实施。这种制度安排的好处是完成初、中两级教育的人可以选择成人教育来获得职业技能训练，而未能完成基础教育的年轻人还可以得到补偿教育的机会。在学校机能扩张的思想影响下,老年大学、社区大学、夜校等成人继续教育的场所可能会实现整合,而一些现在看来难以在学校实施的教育也可能会被纳入学校教育。在日本"随着成人学习的兴盛,小学、初中、高中的校舍设备越来越多地为成人学习开放了,率先开放的是体育设施。此外,开放理科、家庭科学专用教室、图书馆和会议室的学校,也在不断增多"。①

(5)关于民间力量。

政府为代表的公权力无疑在推动终身教育上具有极大的作用,但是推动终身教育的发展并不是由政府唱独角戏,民间力量也不可忽视。挪威的成人教育法中就规定成人教育活动体系由民间的自由团体、教育当局及劳动工会共同组成。葡萄牙对所有参与民众教育的结社活动都予以承认。

当然终身教育中的民间力量具有宽泛的外延,它包括企业、工会、宗教团体和其他公益教育组织等,这些民间力量不仅能够有效地降低政府在开展各种终身教育上的成本,而且能够更直接地面对民众的学习需求,有力推动学习型社会的建立。

(二)终身教育理论对中国扫盲教育转型的意义

"终身教育是正在使整个世界教育制度革命化过程中的一种新的观念",②对中国扫盲教育转型而言,它也具有重要的意义,这主要体现在以下三个方面:

1. 凸显了扫盲教育的地位

在朗格朗看来,终身教育战略关注三个方面:一是面向成人的教育;二是面向儿童和青少年的教育;三是扫盲教育。其中扫盲教育具有特殊而重大的意义,"远不止使人会读、会写、会算,使人掌握一种新的表达方式,其真正含义是从一种类型的文化到另一种类型文化的转移"。③

---

① [日本]筑波大学教育学研究会. 现代教育学基础[M]. 钟启泉,译. 上海:上海教育出版社,1986:181.
② [瑞士]查尔斯·赫梅尔. 今日的教育为了明日的世界[M]. 王静,译. 北京:中国对外翻译出版公司,1983:22.
③ 黄志成. 西方教育思想的轨迹——国际教育思想纵览[M]. 上海:华东师范大学出版社,2008:508.

新中国成立后，成人教育主要以建国初期的扫盲教育、文化补习教育，20世纪60年代的企业职工教育和"文化大革命"后的"双补教育"等形式开展，这些成人教育有着补偿教育的特征，这说明全社会对包含扫盲教育在内的成人教育学在促进社会进步中的地位认识还不足。改革开放后打开国门，面对终身教育的思潮，国家层面上开始重新对成人教育改革和发展进行设计，以1987年国务院所颁布的《关于改革和发展成人教育的决定》（以下简称《决定》）为标志性成果。①《决定》中提出"成人教育是我国教育的重要组成部分，在整个教育事业中，它与基础教育、职业技术教育、普通高等教育同等重要"。这就代表着中国的成人教育将以一个独立和不可替代的形态存在于整个教育体系中，成人教育地位在中国获得了空前的提升，相应地，扫盲教育作为成人教育中基础部分，其地位也得到了提升。

终身教育理论中特别关注成人学习权利的保障，所以在终身教育引导下的扫盲教育转型过程必定会更加关注成人特别是那些处境不利的成人的学习权利。在1988年2月国务院颁布的《扫除文盲工作条例》中就明确规定"凡15至40周岁的文盲、半文盲公民，除不具备接受扫盲教育能力的以外，不分性别、民族、种族，均有接受扫除文盲教育的权利和义务"。之后该条例还在教育对象范围和教育形式上有了拓展，对扫盲后继续教育也提出了要求。由此可以看到，在终身教育理论的影响下，在中国扫盲教育的转型过程中，扫盲教育相对于成人职业技术教育和成人高等教育依然有基础性地位；中国扫盲教育也始终会围绕成人的学习权利实现来实施转型。

2. 提供了以个体生命为基准的观测维度

朗格朗在终身教育引论中提到，教育工作者应该关注的是"个人的、独特的、不可替代的生活经历，是一种意识的觉醒，是个人所特有的一整套思维方式、感情、他与自身和外部世界建立关系的方式，是他自己解决在外部和自身内部遇到的问题的特定方式，而这些方式是，并将永远是，与其他人不同的"。②由此，终身教育以个人生命为基准，从生命的长度、广度和深度

---

① 国家教育委员会. 关于改革和发展成人教育的决定[J]. 成人教育，1987（4）：2.
② 保罗·朗格朗. 终身教育引论[M]. 周南照. 陈树清，译. 北京：中国对外翻译出版公司，1985：3.

三个维度拓展教育活动的范围。

生命的长度表示人是从出生到死亡的连续体，终身教育在此强调人在一生中不断受教育和不断学习的重要性。生命的广度，表示人生活的范围，包括家庭、社会、学校、工作等各个场所，终身教育在此强调人应接受不同生活或工作环境下的教育。生命的深度，表示人在认知、情感、意志等方面发展的潜能，终身教育在此强调教育和学习发生在人的各个方面。

扫盲教育真要实现"一种类型的文化到另一种类型文化的转移"，也可以从个人生命的多个维度去观测转型，并提出一些问题，通过解决这些问题能够更有利于转型的实现。

如在关于生命的长度上，扫盲教育能否转型后也面向辍学的儿童呢？这问题的实质是扫盲教育转型后教育对象范围有无变化-即接受扫盲教育的起点从成年人向前延伸。随着学校教育更加开放，正规教育与非正规教育加强融合，这并非不可能。

在生命的广度上，个人生活的场所各异，而且人具有越来越强的流动性。转型后的扫盲教育又应该以什么场所为依托呢？这里没有唯一或固定的答案，但是扫盲教育的组织者和文盲学员应该通过民主协商，来确定符合最大公益的选项。

从生命的深度来看，扫盲教育转型后会变成什么都教但是什么都很浅的常识教育吗？扫盲教育转型并不是变成常识教育，从现阶段来说，它依然非常关注识字为中心的读写算能力，但是它要在教育中倡导科学、民主的精神，独立自主的个性，培养自我导向的习惯。

3. 指明了未来的组织依托

终身教育理论提出重整教育系统，以终身的、全面的观点来思考教育。旗帜鲜明地反对将教育范围仅仅局限于学校，主张教育的范围要扩展到整个社会。打破家庭教育、学校教育、社会教育之间彼此隔离的状态，把人生各个阶段影响人发展的各种因素有机地结合起来，持续学习并推及人生的各阶段。[①]

---

① 黄志成．西方教育思想的轨迹——国际教育思想纵览[M]．上海：华东师范大学出版社，2008：509．

早在1987年《关于改革和发展成人教育的决定》中,成人教育主要任务的第二条就已提出,"对已经走上岗位而没有受完初等、中等教育的劳动者,进行基础教育"。①这句话其实也为扫盲教育的转型指明了基础教育的发展方向。但是在实践层面,中国扫盲教育一直都处在运动式、突发式的管理运行之下。普通的群众大都认为扫盲教育已经过时,在不少研究者和管理者眼中,也不愿意承认扫盲教育应该迈向成人基础教育。文盲可以通过完成成人基础教育,继而迈向成人职业教育和成人高等教育。但是这个通道在中国一直没有打开。

终身教育体系的完善要求从生命的角度来看待个人成长与教育之间的关系,然而成人文盲的学习之路在中国却没能真正纳入正式的轨道。扫盲结束只有脱盲证,脱盲后既没有组织来帮助低文化人群持续完成基础教育,也无法得到官方的教育学历证明。而这些证明对于成人继续提升来说又非常重要,一个十八岁的年轻人,在现有教育体系中,无法获得完整的成人基础教育,也就永远丧失了接受高等教育,乃至成为律师、医生的可能。只有扫盲教育转型成为成人基础教育,并构建完整的个人学习成才通道,这种社会人力资源的浪费才会减少。

三、批判教育理论

批判教育理论从对传统教育和启蒙批判出发,结合法兰克福学派社会批判的思想,在20世纪中期形成了重新追求人的主体理想的教育思潮。众所周知,没有一个社会或者一种教育是完美无缺的,坚持批判才能坚持不断地完善和发展,这也和马克思所讲的社会发展遵循否定之否定、螺旋式上升的规律具有类似的意义。

(一)批判教育理论的要义

1. 理论溯源

"批判"一词最初的意思是辨别、选择和评价,它是科学研究、构建和发

---

① 国家教育委员会. 关于改革和发展成人教育的决定[J]. 成人教育,1987(4):2.

展一个重要手段和特征，①如康德就有著名的三大批判论著。从20世纪60年代开始，受法兰克福学派社会批判理论的影响，德国教育领域中开始涌现大量的"批判"研究成果，而此时的"批判"也增加了理性的、解放的、进步的意思。此后，德国教育学词典中开始收录"批判教育科学领域"或者"作为批判理论的教育学"等词条。教育学家拉桑·鲁道夫（Lassaln Rudolf）在对60年代的教育理论流派分析时，探讨了批判教育学与解放的教育，批判教育与马克思主义和社会教育学之间的多种关系，批判教育学从名称上正式出现。门茨（Menze）在《依赖于批判理论的教育科学》中提出，"当代较有影响的教育学是所谓的批判教育学"，②认为批判教育学已然形成了一个学术流派，不过他也认为由于受社会批判理论内部差异较大的影响，以"批判"为名发展出的批判教育学内部诸流派之间也存在较大的差异。

　　施泰因（Stein）根据德国学者们对批判的不同理解，认为批判教育学存在五个主要流派：一是以莫伦豪尔（Mollenhauer）和沙勒（Schaller）为代表的批判-交往教育学；二是以布兰卡茨（Blankerz）和克拉夫基（Klafki）为代表的批判-解放教育学；三是以伽母（Gamm）为代表的批判-唯物主义教育学；四是以罗斯纳（Rossener）和布雷钦卡（Wolfgang Brezinka）为代表的批判-理性主义教育学；五是以罗维希（Dieter-Jurgen Loewisch）和费舍（Fischer）为代表的批判-先验教育学。这些流派中对批判的理解存在很大的差异，有的甚至相互对立，但大多是在对传统的经验教育学的批判中，吸收了法兰克福学派的部分思想而形成的教育哲学思潮。

　　然而，众多并未产生出深刻的批判教育理论的国家，几乎在同一时代，都在开展着批判教育的实践。迈克尔·W.阿普尔认为，"批判教育行动是在众多国家同时发生的。几乎在世界的每个角落，都兴起了激进的批判教育行动。这些行动或者发生于正式教育机构内部，或者体现在社区扫盲计划、劳工教

---

① 彭正梅.解放和教育——德国批判教育学研究[M].上海：华东师范大学出版社，2008：4.
② 黄志成.西方教育思想的轨迹——国际教育思想纵览[M].上海：华东师范大学出版社，2008：267.

育、反种族主义、反指明主义运动以及妇女运动之中"。①

从 20 世纪 80 年代初开始，英美学者为批判教育理论的发展就做出了很大的贡献，国内学者较为熟知的有：弗莱雷的解放教育理论；"鲍尔斯和金蒂斯具有传统马克思主义色彩的社会再生产理论或对应理论；阿普尔和布尔迪厄的意识形态霸权与文化再生产理论；吉鲁和威利斯（Paul Willis）的抵制理论等。"②这些理论为人们理解当代英美国家的教育思想、教育政策、教育目标和教育前途等多方面问题提供了丰富了理论储备。

2. 核心思想

在对批判教育学理论进行内涵解读时，由于这个理论流派中的分支很多、观点也很多，所以整合各家之言，就批判教育学理论的核心思想做一个提要式的分析。

（1）启蒙。

启蒙在中国古代具有教育的意义。"启，教也"③；"蒙者，知之始也"④。启蒙就是通过教化使人们获得知识，摆脱愚昧。近代以来，由于帝国主义的入侵，中国沦为半殖民地半封建社会，众多的启蒙思想家，如黄宗羲、龚自珍、魏源、康有为等都竭力呼吁民众自强自新，以实现国富民强的社会理想。鲁迅指出："凡是愚弱的国民，即使体格如何健全，如何健壮，也只能做毫无意义的示众的材料和看客"，"所以我们的第一要著，是在改变他们的精神"。而实践中陈独秀等开始创办《新青年》这样的启蒙报刊，也回应着那个时代的要求。尽管 20 世纪初的文化启蒙运动最终由于社会的动荡和战争的影响没能顺利完成，但是一个重要的事实是，此时所谈论的启蒙已经不再是中文古语中的意义，而是包含有强烈的西方启蒙思想。

早在古希腊时代，柏拉图就以"洞穴隐喻"表达过类似启蒙的观念。没有接受教育的人就如同在穴居洞中被捆绑面壁，无法理解背后"火光"和外

---

① 迈克尔·阿普尔，韦恩·欧. 批判教育学中的政治、理论与现实（上）[J]. 阎光才，译. 比较教育研究，2007（9）：1-8.
② 阎光才. 批判教育研究在中国的境遇及其可能[J]. 教育学报，2008（6）：12.
③ 许慎. 说文解字[M]. 天津：天津古籍出版社，1991：67.
④ 王夫之. 张子正. 序论[M]. 北京：中华书局，1975：1.

面"阳光"的真相。应该说，西方启蒙的思想，一开始就具有理性的含义。在经过了黑暗的中世纪以及宗教改革之后，西方迎来了启蒙运动的时代。康德提出"启蒙运动就是人类从自己造成的未成年状态中走出来。未成年状态就是不经别人的引导，就不能独立地使用自己的理智。当其原因不在于缺乏理智，而在于不经别人的引导就缺乏勇气与决心去加以运用时，那么这种未成年状态就是他自己所造成（或该受指责）的了。拿出勇气来（运用你自己的理智）！这就是启蒙运动的口号"。①

所以，启蒙的时代又被称为理性的时代，"一切都要面对理性法庭的审视"，人也被要求独立地使用自己的理性，才能从蒙昧、教条和人治中解脱出来。西方社会经过启蒙运动中理性和民主精神的洗礼后，国家制度、科学文化等方面都获得了前进上的巨大动力。但是进入到帝国主义时代后，那些世界上具有最发达生产力的国家不仅在国内疯狂压迫无产者，在国际上也互相争斗，最终导致了两次世界大战的爆发，也就是说，人类并未像康德那样真正走出未成年状态，或者说18世纪的那种启蒙精神衰退了，需要对启蒙进行启蒙，或者讲辩证的启蒙。正如霍克海默和阿多诺指出的那样，试图把人从人治、恐惧和神话中解放出来的启蒙运动，又逐渐走向了神话，其倡导的实证、逻辑和数学为代表的思维方式，又形成了唯理论和唯科学论的独断论，胡塞尔（Edmund Husserl）也在《欧洲科学的危机与先验现象学表示》中表达了对这种科学发展方向的担忧。

阿多诺（T.W.Adorno）指出，"让奥斯维辛永不再来，是教育的第一要务"②。重新举起启蒙的旗帜，帮助人类走入成年状态也就成为批判教育学的主要特征，而启蒙也成了其发展与实践的目的。

（2）解放。

将解放作为批判教育理论中的重要观点来阐释，不仅是因为法兰克福学派对于异化问题或者主体性问题的关注，还在于以弗莱雷为代表的解放教育

---

① 彭正梅.解放和教育——德国批判教育学研究[M].上海：华东师范大学出版社，2008：24.

② 黄志成.西方教育思想的轨迹——国际教育思想纵览[M].上海：华东师范大学出版社，2008：281.

思想作为批判教育理论的重要分支,在扫盲教育领域里有着巨大的影响。

解放(Liberate)和自由(Liberal)是密切相关的,具有相同的词根。西方早期资产阶级启蒙学者用理性把人从宗教中解放出来,以图获得人思想上的自由,然而资本主义的发展导致了资产阶级与无产阶级的激烈对抗,人们发现不仅思想上远未达到所谓的自由状态,经济、政治、文化等各个方面依然充斥着专横、欺骗与愚弄。马克思主义正是针对这种资本主义发展中存在的危机而出场的。马克思从异化劳动的观点出发,剖析了资本主义条件下劳动人民不得自由的悲惨境地。

"劳动所生产的对象,即劳动产品,作为异己的东西,作为不依赖于生产者的独立力量,是同劳动对立的。劳动产品是固定在对象中的,物化为对象的劳动,是劳动的对象化";"劳动的对象化表现为对象的丧失和为对象所奴役,占有表现为异化、外化";"劳动者耗费在劳动中的力量越多,他亲手创造的、与自身相对立的、异己的对象世界的力量便越强大,他本身、他的内部世界便越贫乏"。①

马克思还从劳动的异化出发推导出生产关系的异化和人的异化。他认为:"人的异化,一般说来,就是人同自己本身的任何关系只有通过人同其他人的关系才得到实现和表现。"②

在对劳动异化带来的矛盾进行分析后,他提出"社会从私有财产等等的解放、从奴役制的解放,表现为劳动者的解放这样一种政治形式,而且这里问题不仅在于劳动者的解放,因为劳动者的解放包含着全人类的解放"③。

马克思主要从经济基础的角度看待人的解放问题,然而事实是即使在经济基础已经发生重大改变甚至是革命性变化后,人的解放,特别是思想意识上的解放问题依然存在,不会凭空消失。所以,布雷钦卡对批判解放的理解是,消除人的物化和自我异化,只有在社会实践和教育实践中才有可能,而哈贝马斯(Juergen Habermas)提出的实践兴趣,又直接推动了批判-解放教育

---

① [德]马克思.1844年经济学-哲学手稿[M].刘丕坤,译.北京:人民出版社,1979:46.
② 同上,52.
③ 同上,57.

学在德国的发展。

理论和实践在认识论发展的漫长历程中,很长时间都只是人类存在两种的不同方式,但是到了近代,理论和实践之间的关系出现了问题。由于唯理论使科学理论变成了一种普遍有效的、统一的方法,所谓实践就是运用这些方法,于是实践逐渐被等同于检验和证明理论的经验。当实践与生产劳动混为一谈时,实践问题就变成了技术问题。当实践被生产劳动所替代后,技术理性就支配了人的生活实践领域,生产的准则便成了生活的和人际的准则,而这其实是技术的认识兴趣的过度发展。

兴趣是求得满足的一种乐趣,哈贝马斯首先将经验的兴趣和理性的兴趣区别开,认为认识的基础来自理性的或者讲纯粹的兴趣,因为它内在于认识过程而不是外在的一种附加物。他将理性的兴趣分为三类,并以此来重新构建认识论:

一是技术的认识兴趣,它存在于劳动领域,目的是提高对自然的控制;二是实践认识的兴趣,它存在于交往领域,目的是批判解释学的沟通;三是解放的认识兴趣,它存在于统治领域,目的是自由。作为解放的认识兴趣还具有在行动类型是被系统扭曲的沟通;关注点是为解放、自主和负责、在学科类别上是批判取向的学科;方法论主要运用自我反思的方法。

解放教育理论开启了德国教育理论研究的新视角,不过如果过激地把"学习者看成是学校民主化和社会民主化的核心"①,甚至要求解放教育承担起政治功能则是很有可能导致教育被政治权力所扭曲,走向反解放。所以布雷钦卡、本纳和鲁劳夫等人都表达了这种可能迈向新左派文化革命式教育的担忧,而提出应该保持对解放教育的批判性。

另外,在拉丁美洲,弗莱雷在1965年流亡智利期间一方面开展教育工作,一方面反思在巴西的扫盲教育实践,完成了《作为解放实践的教育》一书,后又于1970年发表了《被压迫者的教育学》,从理论上阐明了自己的解放教育思想。

首先是人性观。弗莱雷认为人的使命是要追求人性化或者人道化,而非人性产生于不正义的社会制度。正是这种制度让压迫者进行剥削、偏见和暴

---

① 彭正梅. 解放和教育——德国批判教育学研究[M]. 上海:华东师范大学出版社,2008:127.

力,让他们非人性化,也是这种制度导致被压迫者渴望解放、要求公正,为恢复被剥夺了的人性而斗争。因此,他并不主张一个阶级起来去斗争另一阶级,"对于被压迫者来说,他们具有的人道主义的历史重任是:使自己获得解放,同时也要使压迫者得到解放",即双方都恢复人性。

而要恢复人性,就需要通过批判和改造现实来创造一种环境。但是压迫者使他人非人性化,自己也变得非人性化了,所以解放旧的、创造新的环境责任都落到了被压迫者身上。弗莱雷同情地指出,"被压迫者内心承受了双重性折磨,一方面,没有解放,他们就不能真正生存下去;另一方面,他们却又害怕解放。这种状况是由长期受压迫的具体环境造成的"。然而要获得解放,被压迫者就必须要通过实践来改造这个世界,"如果说人类创造了社会现实,那么改造社会现实就是一项历史使命,也是一项寻求人性的使命",仅仅认识到自己被压迫是不够的,必须面对现实,采取具体行动。

其次是教育观。从教育学的重建来看,既然改造世界的责任落到了被压迫者身上,解放教育学也不例外。从教育学的目的来看,由于被压迫者身上具有的双重性特点——既是创新者又是延续者,所以教育的目的不是将现存的压迫者和被压迫者互换,而是通过培养批判意识来产生"新人"。这种人既不是压迫者也不是被压迫者,是处于解放过程中的人。①从教学方式来看,他主张从讲授式教学向对话式教学改变。因为讲授式教学不仅没能建立师生之间的平等关系,而且教师的知识被看成是智者给予愚者的一种馈赠,学生接受教师的知识越多、越被动地学习,就会越来越适应这个世界而不是去改造这个世界。从教学内容上看,弗莱雷认为教育者应该与学习者一起在他们所处的现实世界中寻找课程内容,建立起有意义的主题。

所以,弗莱雷总结自己的解放教育观时认为,解放教育具有很强的民主性、揭示性和挑战性,它是理解整个社会运行的批判行为,不仅发生在学校领域,与社会运动也有着紧密的联系。

(3) 交往理性。

哈贝马斯把近代理性理解为工具理性。在这种工具理性指导下人类开始

---

① 黄志成. 西方教育思想的轨迹——国际教育思想纵览[M]. 上海:华东师范大学出版社,2008:319.

了高效地征服自然的进程，但是当工具理性内化为人类能力的基本结构后就产生了人与人交往中的矛盾，因为人与人的交往或者主体间的交往并不是如人与物之间的关系一般。所以，工具理性导致了人类社会的物化和专制，这种物化主要来源于马克思的异化理论，它使得人与人之间自由的、无压抑的交往被阻隔了。哈贝马斯认为应该发展一种更为合理的交往理性来取代原有的工具理性。

为了扩大以可批判为核心的合理性的范围，哈贝马斯把言语活动作为批判讨论的对象，于是提出了"有效言说"（也称有效性主张）的四个条件[①]：可理解性、真实性、正当性和真诚性。当一个人说"重庆夏天太热了"，其实包涵了：这句话是真的——符合事实；这句话也是正当的——符合社会规范；这句话还是真诚的——符合他内心真实意思的表示；这句话还是可理解的——符合表达习惯和对象的理解能力。从有效言说的"符合"来看，理性交往行动必须以完成共识的理由为基础，这也就是有效言说与权势主张之间的区别。

在批判教育理论家们看来，在教育领域内应出现合乎交往理性的、一种新的交往教育学，从强调权威和控制向强调互动和平等转变。这里需要说明：

一是这种理性的交往在教育领域内是需要前提的，首先要进行主体性批判意识和能力的培养，才能让受教育者能够随时关注和理解自己的交往行为不是一种维持现实的无奈和妥协，而是一种促进社会进步的交往。

二是这种交往理性使人的生命在交往互动中被引导，这里就存在着多种的可能性，而且交往是一种对话和商谈，这就要求交往的主体要有能够接受教育和对话的勇气，并在这种交往教育中表现出足够的宽容来处理各种不确定性和误解。

三是受哈贝马斯主体间性思想的影响，交往教育学也认为师生之间的关系不存在以教师或者学生为中心，两者是平等的主体。这种交往理性引导下的教育活动，以合作、参与和自我决定展开，对学生而言，在进入大的社会实践领域前，就可以达到所谓独立使用自己理性的"成年状态"。于是合理交往就存在着八个特征：

---

① 童世骏. 批判与实践——论哈贝马斯的批判理论[M]. 北京：生活·读书·新知三联书店，2007：6.

理性的交往是一种合作式的交往；

参加交往的各方均放弃权威立场，持相互平等的态度；

交往中真正做到民主；

由于交往的参加者实际地位的不同，因此必须互相取长补短和理智相处；

逐步创造条件，使不带支配性的交往行为成为可能；

相互传递的信息是最佳的信息；

现在的交往将为以后的合理交往创造条件；

理性的交往结果将取得一定的共识。①

而温克尔则强调交往教育学结构上存在四个方面：传授方面；内容方面；关系方面；干扰方面。干扰方面是需要去揭示和排除的，以实现在其他三个方面从不对称交往到对称交往的转变/过渡。

（二）批判教育理论对中国扫盲教育转型的意义

1. 辩证的启蒙观为中国扫盲教育转型提供了精神指引

中国的启蒙运动针对传统文化中的弊端而展开，一般认为在五四时期和改革开放后的 20 世纪 80 年代有两次启蒙运动。然而这两次启蒙最终都因为风云变幻、时势多谲而中止。中国现代启蒙从开始便是"启蒙与救亡的双重变奏"，于是启蒙本身就带有了政治工具论色彩。邓晓芒认为，用启蒙来救亡，来振兴中华，来治国平天下，固然没有什么不好；但仅仅立足于这一视角，到头来"救亡压倒启蒙"就是必然的，甚至不能说"压倒"，而只不过是"启蒙转化为救亡"而已。②这种转化对于启蒙本身来说，无疑是一种退化。对那些早期的启蒙倡导者而言，鲁迅生动地描述为"醒来之后无路可走"③、造完了反，还得去教三字经④。这种尴尬其实提醒着中国教育工作者，只是简单地重走西方早期启蒙运动的老路，未必能在中国社会中奠基理性主义的思想。

所以，扫盲教育转型要从两个层次上对成人进行启蒙：一方面是对成人

---

① 李其龙. 德国教学论流派[M]. 西安：陕西人民教育出版社，1993：126.
② 邓晓芒. 启蒙的进化[J]. 读书，2009（6）：3.
③ 鲁迅. 娜拉走后怎样[M]//鲁迅全集. 北京：人民文学出版社，1981：149-150.
④ 鲁迅. 在酒楼上[M]//彷徨. 天津：百花文艺出版社，2004：44.

进行工具理性的知识教育,从基础的文字符号系统着手,接触逻辑、实证,不断扩充对现实世界的了解,培养文盲学员的科学精神;另一方面扫盲教育还要对这种"科学精神"再次启蒙,培养他们的批判性思维,要使他们认识到,教师所传授的东西只是他们所需学习知识的范例,教师也不可能一直陪伴着他们未来的学习生涯。随着知识在生产和生活中的爆炸性增长,广阔的知识天地在可以任由脱盲后的他们去驰骋,但此时他们需要再次对科学,即所谓的工具理性产生怀疑,然后理性地去选择符合他们未来生活世界的知识。

这种辩证的启蒙观不仅对成人扫盲教育,对整个基础教育来讲都是非常有启发意义的。在中国,我们很少讨论小学教材或者扫盲教材里知识的合理性和合法性问题,更少有论及学生质疑要接受的基础知识或者参与选择,这说明在启蒙这点上,中国的教育还需要更加深刻地反思和改变。

2. 解放教育观鼓舞中国扫盲教育转型关注行动

解放教育的提出,特别是在弗莱雷那里主要针对被压迫群体,但是由于被压迫者具有的双重性,一方面在延续原有受压迫的社会体制,另一方面必须要反抗这种体制,所以只有行动起来才能改变现状,而这种行动主要是一种政治行动。不过需要指出的是,解放教育绝不是革命的教育、斗争的教育,不是号召一方打倒另一方的教育。弗莱雷希望受压迫者起来改变世界,使压迫者和受压迫者两方都能恢复到人性化。弗莱雷在晚期的研究中也深刻地体会到,发生在一国内、受国家支持发展的教育都具有意识形态的特征,教育不可能避开政治,教育与社会的民主政治建设息息相关。所以社会政治环境的改变离不开一个个受压迫者的主体意识被唤醒,行动起来,在"交往领域"内去追寻自己的权利。

由此,中国扫盲教育的转型绝不是独立于现存政治和意识形态之外的变革,扫盲教育在中国不仅可以成为社会主义民主政治建设中公民教育的重要方式,而且通过扫除文盲乃至法盲可以让更多社会主义条件下的个体理解和参与政治生活。

当然,解放教育并不附属于政治教育之下,它还关心受压迫者或者处境不利人群自身权利的实现和生存状态的改变,即得到解放。所以中国扫盲教育转型后的培养目标也应该是"新人",是那些已经意识到需要改变,而且正处在采取行动、不断改变中的人。

3. 交往理性为扫盲教育转型提供了方法论上的支持

交往理性要求扫盲教育转型要具备一些条件,首先必须强调教育中的主体意识,否则主体意识不觉醒,就会丧失理性交往的平等基础;其次面对教学论上方法论的改变,教育者和受教育者都要抱有极大的勇气,特别是教育者要有极大的耐心和宽容来构建理性交往中的师生关系。

具体来看,扫盲教育的转型要求师生双方:共同合作完成教学;都要抛弃掉权威和固执的立场,双方平等地进行交流、互相学习、取长补短;确保交流的信息真实与真诚;要求合作学习要取得一定的共识,同时扫盲教育中的学员要把外在权威地决定变成内在自觉地决定。

扫盲教师为了实现自己不断退向幕后,把学员推向前台,在合作完成的教学过程中就需要尊重文盲学员的学习需求和兴趣;激发文盲学员的问题意识;为文盲学员解决问题提供必要的帮助,鼓励文盲学员拓宽学习的广度和深度;勇于承认自己的不足,表明自己愿意抛弃掉权威的真诚态度;最大限度地给学员们提供自我决定的机会;由他们自己去开展学习任务。

四、成人学习理论

从前面三个部分的理论基础分析可以看出,扫盲教育转型在价值、目标、任务乃至方式上都得到了支持和辩护,而扫盲教育一直以来都被看作是成人教育领域内的重要内容,所以成人学习理论也为它的转型提供了丰富的思想养料。成人学习涉及的领域很广,哲学、社会学、心理学乃至生理学都在对成人学习做出不同的解释,为了使理论分析的脉络更清晰,在此把成人学习问题的外延缩小,就成人学习理论进行分析。

(一)成人学习理论的要义

1. 理论溯源

学习理论,是说明行为变化产生的原因并揭示学习依据什么机制而形成的心理学理论，它既是教育科学的重要领域也是近代心理学的重要分支。西方心理学尽管有行为主义学派和认知学派，但是在成人学习问题上不是某个学派能够有完整而无懈可击的学习理论体系。从发展轨迹上看，大致分为这样几个阶段：

（1）开创阶段。

这主要归功于20世纪20年代以桑代克为代表的行为主义心理研究者。1928年，桑代克（Edward Lee Thorndike）作为行为主义学习理论研究者，发表了《成人学习》这部论著，对成年人的智力和学习规律进行了阐释，标志着成人学习理论的正式诞生。书中提出，人的学习能力从儿童早期就开始增进，一直到22岁达到最高点，停滞几年，到25岁后乃逐渐降低，所以学习的黄金时代是20~25岁；从25岁以后，学习能力以每年约1%的速度下降到42岁；学习能力曲线受智力的影响很小，其主要与年龄相关。这些结论突破了传统中学习主要是儿童"特权"的观念，说明了成人是完全适合学习的。"一般地说，45岁以下的任何人，都不应该以为或惧怕自己太老不能学而限制自己，不去努力学习。他也不应该用这种惧怕心理作为借口而不去学习他应当学习的东西。如果他没有学好，那并不是因为他的年龄太大而无力学好；如果他学好了，那是因为他的学习能力不受年龄影响。成人教育并不受学员年龄的神秘影响"[①]。桑代克创建的成人学习理论，尽管比较粗糙，也受到后来的研究者们的不少质疑，但他的工作无疑是开拓性和奠基性的。

（2）成熟阶段。

开创阶段为成人能够学习正名，回答了成人为什么能够学习的问题，而到了20世纪60年代后，马尔科姆·诺尔斯（Malcolm Knowles）通过区别成人与儿童的学习方式，试图构建起成人学习的模型，来设计和评估成人的学习，成人学习理论也趋于成熟。按照梅里安的说法，这个阶段建立起了成人学习的两个最主要支柱：成人教育学（Andragogy）和自我导向型学习理论。这里的成人教育学不是广义的Adult Education，而是诺尔斯借用传统语词儿

---

① 李秉千，徐学矩. 比较成人教育理论[M]. 哈尔滨：黑龙江教育出版社，1992：46.

童教育（Pedagogy），作为其对立面衍生出来的。他提出了成人教育学（Andragogy）的五种假设：一是成人有自我概念可以自学；二是成人有丰富的经验作为学习的资源；三是成人的学习需求与目的与自身的社会角色息息相关；四是成人的学习围绕问题的解决展开，强调知识的实用性；五是促进成人学习的主要是内部而非外部动机。前两条假设具有人文主义哲学和心理学的特征，后三条假设指的是成人参加学习的准备和倾向，则属于社会心理发展的范畴。成人教育学（Andragogy）的观点为以挖掘经验和问题中心来为成人学习提供了有力的支持。

塔夫（Tough）在霍尔（Houle）工作的基础上，第一次把自我导向学习方式做了全面论述，到了 20 世纪 70 年代中期，诺尔斯也解释过自我导向学习的概念，此后自我导向学习就既作为成人学习研究的对象，又作为其方法在成人教育领域广为传播。在进行自我导向的学习中，塔夫和诺尔斯根据学习的进程提出了线性模型；丹尼斯（Danis）的模型增加了环境因素的考量；梅里安（Sharan B. Merriam）的指导性过程模型研究教师培训学生的自我导向能力和学习控制力。众多研究者试图通过建立模型来实现自我导向性学习质量的提升。[1]

（3）多维发展阶段。

尽管成人学习理论主要从行为心理学中诞生，但它从来就不是后者的附属品，社会批判理论、认知理论、终身教育理论等等都对成人学习有过贡献。从 20 世纪 80 年代到 21 世纪初，对成人学习的研究呈现一种多维发展的格局。姚远峰将其归纳为从"认知性到情境性的研究转向"、"从理论性到政策性研究的转向"。质变学习（又称转化学习）、非正式学习和偶发学习、情景学习等理论的出现大大丰富了成人学习理论的成果，其中以质变学习的发展最为突出。

质变学习理论是以知觉转换为途径来实现的。个体的知觉形成于特定的环境中，它可以用来解释个体所经历的各种生活经验，[2]而作为一种社会认知系统的知觉具有相对稳定性，如果个体遇到突发的社会生活环境的变化，遭

---

[1] [美]梅里安. 成学习理论的新进展[M]. 北京：中国人民大学出版社，2006：140.
[2] 宋尚桂. 当代西方成人学习理论述评[J]. 济南大学学报，1998（3）：37-41.

遇各种新的经验时，原有的知觉系统就无法解释了，于是这个系统不再稳定，只有通过个体的反思才能使知觉系统得到修正。这个过程就是所谓的知觉转换（Perspective Transformation）。当成人面对不可确定、甚至出现危机的外部环境时，个体要化解危机，最有效的途径就是学习。所以，基更（Kegan）评价道，尽管成人的学习主要是在已有知识的基础上增加新的知识，但还存在另外一种学习—质变学习，"它改变我们获取知识的方式"。①

2. 主要观点

学习即改变。学习带给成人的改变是多方面的：学习知识可以使人获得新的知识和经验；学习技能能够获得生产生活中更多的技能；同时在学习的过程中也伴随着态度、情感和意志的改变。学习，显然这里是指正面和有益的学习，可以使成人更清楚地认识自己，理解自己选择的生活道路，使他们变成良好的公民、职工和家庭成员。

学习者应主导学习。成人的重要特征就是成熟独立、摆脱依赖并承担责任。在学习上，成人不再需要家长和老师对待儿童般对待自己来进行学习，学习是自律和自主地开展的。所以成人教师的教学不是逼迫和灌输，而是帮助和合作，通过激发出学习者内在的动力，创造条件让成人发现自己的学习需求，选择学习内容和评价学习效果，真正实现自我导向型学习。

成人学习动机有多种。桑代克认为，影响成人学习的主要因素不是智力，而是成人的学习兴趣、学习动机极其身体状况等因素。②这里的动机或出自对学习目标实现能够带来的利益或出于学习过程中的环境和人际关系的意义，又或者是对学习本身有强烈的兴趣。根据北美和澳洲国家的调查研究，有结果显示成人学习的动机，在成人群体中的分布不是简单地受性别、年龄、地位等等外部因素决定，学习动机受认知兴趣和业务提高因素的影响远远大于前者。③

---

① [美]梅里安. 成人学习理论的新进展[M]. 北京：中国人民大学出版社，2006：24.
② 毕淑之. 比较成人教育[M]. 北京：北京师范大学出版社，1995：228.
③ 李秉千，徐学矩. 比较成人教育理论[C]. 哈尔滨：黑龙江教育出版社，1992：69.

成人学习是渐进的选择性感知的过程。学习的选择性感知说明感知具有个体性，面对事物带来的刺激，每个人的感知不同，反应也就不同。在学习的过程中，这种反应的效果就是每个人都有对所学东西有不同的感知和理解。于是，成人学习态度的变化就不可能是不加思考、一蹴而就的，而是一个渐进的变化过程，不断深入理解的过程。

成人学习要求智力与情感上的协调。成人学习不仅对智力和学习能力提出更高的要求，也要求这个过程中成人能处理好情感与之协调。偏见、厌恶、傲慢等等都会对学习产生不良的影响，而自信、谦虚、热爱等等情感状态则会促进成人的学习。

成人学习是解决问题和协作的活动。成人学习主要是解决生产生活中面临的实际问题，所以以解决问题出发来学习是成人学习的重要形式，能够帮助成人理解事物内部或者事物之间的各种关系。而解决实际问题的学习很难通过一个人闭门造车来实现，而需要与他人交往实现，所以也是一种需要相互协作的活动。

成人学习需要良好的情境。成人学习总是发生在与以自己为中心的学习系统中，这个系统就是学习情境。林德曼认为成人学习的方法更多是通过情境学习，而不是学科学习。如果学习者在这个系统中感到满意和成就，他就会产生继续学习的期望，于是会自觉去寻找提高学习技能的方法和途径，反之则会阻碍学习的开展。

以上成人学习理论中提炼出的观点，是作为成人学习研究领域达成的共识性的一些观点，这些观点在各个流派和理论中可能会阐述得更加丰富，但在这里并没有展开，而只做了陈述性地介绍。

（二）成人学习理论对扫盲教育转型的意义

成人学习理论是研究扫盲教育对象的学习规律的理论，从建构主义的角度来看，学习是主体建构知识的过程，扫盲教育转型自然离不开对学习者的研究，而且要追求学习者作为人的转型、教育转型和社会转型的统一。具体来看，成人学习理论对扫盲教育的意义主要从几方面来说明。

1. 以科学研究证明了文盲具备学习能力

对于成人学习能力的问题，在心理学和脑科学在 20 世纪的成人教育研究领域得到重视之前，很少有人提及，在教育上人们往往根据社会经验判断，孩子是应该上学的，大人不用上学；成人的学习能力是不断衰退的，远不如小孩子学的快；甚至女性的学习能力远不如男性，女孩主要接受礼仪和道德教育。这些判断都是一些社会文化判断，并没有获得科学的支持。而随着科学主义在西方的盛行，人们利用科学作为工具，开始对未知进行探索，对"常识"进行验证，出于对人自身学习能力方面探索的兴趣，成人学习心理和行为的研究开始成为西方心理学研究领域和成人教育领域共同关注的问题。

这种研究从逻辑上看，对成人教育具有前提性意义。为什么要对一个成人或者文盲进行教育呢？如果他根本就没能力学会或者学好，社会对这些人的投入岂不是浪费。而通过科学研究结论显示成人具备学习能力，这就为成人教育的发展打开了一扇大门，并且从这里可以进入成人扫盲教育、成人技术教育、成人职业教育、成人高等教育、公民教育等成人教育的殿堂。

错误的经验认识逻辑是这样的：一个人学习能力差，于是学习成绩差，导致识字少或者不识字，所以成为文盲。于是，一个人成为文盲的原因就归结为个人原因，如果再推理下去的话，就该得出"你是文盲你活该"的结论了，文盲与他人与社会都没有关系。这种认识上的错误在于，首先是学习能力差并不成立，如果不是先天上的智力具有缺陷的话，"有教无类"，每个人在能力上都是适合教育的；其次是导致文盲出现的原因中，学习能力并不是最主要的，更多的是学习机会和学习资源上的不平等，使成人文盲在早期适龄阶段错过了学习的时光，也就是说社会的因素在这里占据了主导。而那种将文盲原因归于学习能力差的论断的危害之处就在于，在看待文盲上不会抱持一种平等和同情的态度，而是鄙视与厌弃，而这种"清高"恰恰是一个社会缺乏关爱和包容的体现，它与追求社会和谐发展的方向背道而驰。所以，将成人学习问题中一个关键的矛盾从成人内部延伸到了外部社会领域，这对于解决扫盲教育中存在的各种矛盾来说具有重要的意义。

2. 以改变来引领扫盲教育的目标

成人学习以改变为目标，对于扫盲教育而言，这既意味着学习心理和思维方式等在学者内部发生的改变，也意味着面对外部生活世界中的行为方式和实践结果的改变。从前一方面来说，文盲通过学习，开始理解新的知识和新的方法，在实践和反思共同作用下，原有的思维方式逐渐开始在学习者内部发生改变，如果从正面和积极的意义来看这就是一种发展，是一种不断自我批判和否定，又自我肯定交替进行的过程。而且随着学习心理、学习方法等方面的改变，人的学习需求也发生着变化。从识字教育到功能性扫盲再到其他形式的扫盲教育，人的需求变化会要求扫盲教育也发生变化。

如果从外部来看，文盲需要在社会中处理各种人与事物的关系。于是这里的改变就涉及个人在社会中的地位，行为方式和利益实现等问题。学习不仅仅是为了学会一种社会既有规则的知识，或者接受弗莱雷所讲的"驯化教育"，还可能带来现有社会关系中的变化。笔者在对农村扫盲教育的实地调研过程中发现过这样的情况：妻子想要去参加扫盲班学习，而丈夫以各种借口为由阻挠妻子参加学习，村里的妇女干部去了解情况，才得知是丈夫担心妻子识了字，有了文化，以后就不听他的了，为了家庭的稳定，所以，不让妻子参加扫盲学习。最终，妇女干部把两人都拉入扫盲班学习，才使这种矛盾得到化解。丈夫惧怕妻子有了文化，会导致自己在家庭中的地位下降，这固然有封建时代"女子无才便是德"的影响，但同时也反映了人们对于学习的外部性作用在家庭关系中可能会给稳定性带来破坏。

内部和外部的改变，还共同具有一个特点，那就是两种改变也是持续进行的。强调"活到老、学到老"的终身教育，其实就是持续学习来实现个体内部与外部之间的一种动态平衡。扫盲教育尽管只是终身教育中的一个环节，但却是文盲群体能够实现持续学习、持续改变的重要基础。

3. 以内在动机助推学习进程

从 20 世纪 60 年代以来，米勒（H.Miller）的势力场分析、鲁滨逊（K.Rubenson）的期待价量模式、布谢尔（R.W.Boshier）的一致性模式、塔夫（A.Tough）的预期效益说和克罗斯（Cross）的连锁反应模式等理论，[①]都试图

---

① 高志敏. 当代世界教育科学发展与成人教育[M]. 上海：上海交通大学出版社，1997：255，260.

清楚地解释成人学习的动机,但是现阶段来看,这些理论都是出于不同的视角来做解释,还没有一种理论占据主导的优势。不过,几乎所有的研究者都认识到内在动机在成人学习中的重要性。如"塔夫认为成人对学习中可能体验到的快乐感、自尊感和自信心等预期学习效益,是维系成人学习特别是自发性学习的生命力所在;克罗斯认为成人学习是由内而外由多种因素驱动发展的连续反应的结果,自我评价是推动成人参与学习的起点因素"。[①]

成人由于心智成熟和生活经验丰富等原因,自身的内在动力为学习提供了强大的助推力。于是,扫盲教育的重点不是外在形成一种逼迫式的学习压力,而是要不断探寻文盲内在的学习需求,激发学习动机,内生出学习动力。但是也正由于成人的背景复杂,各人的经验不同,也导致了要真正理解并找准成人的学习需求非常难。作为扫盲教育工作者,不仅要引导文盲学员挖掘自己经验中可以利用的学习的资源,更要引导文盲学员设定自己在生活中需要改变的目标,并且还要寻找实现这种改变的方法和步骤,也就是通过教育途径来实现对未来生活世界中改变的愿望。于是,在课程设计上,就需要改变教师课堂演讲模式的授课,需要扫盲老师深入了解学生的学习需求,把生活中的改变和学习任务进行有机地结合。这样,以内在动机助推文盲的学习进程,才具有最强大和最持久的学习动力。

4. 以自我导向作为主要方法

由于文盲群体没有接受过完整的基础教育,在学习过程中,难免会出现对教师和教材的依赖,这种依赖极大地阻碍学习效率的提高,所以,文盲群体在学习中应该从"依赖的个体"转变为"能够自我指导的个体"[②]。而成人是心智成熟的个体,他们不同于学校里面的儿童,需要逐渐熟悉理解课堂和社会中的规则,需要大量外部的控制性要素来使他们处于一个良好的学习状态,而成人已经具备了相当的自控能力和思考能力,所以实现这种转变是完全有可能的。

---

① 黄健. 成人教育课程开发的理论与技术[M]. 上海:上海教育出版社,2002:46,48.

② 张维. 国际成人教育比较研究[M]. 北京:工商出版社,1996:29.

更重要的是，以自我导向作为扫盲教育的主要方法具有其必要性。文盲应该是扫盲教育的主体，教师充当的是学习引导者和帮助者的角色。扫盲教育是文盲向更多更广更深知识迈进的基础，所以，未来的知识拓展是要在结束阶段性的扫盲教育后持续地完成，由此，培养独立学习和思考的能力成为扫盲教育的重要内容。又由于诺尔斯指出了成人学习与儿童学习在知识应用上的重大差别，即儿童学会的知识是滞后应用的，而成人是即时应用的，所以，自我导向的学习能够更加紧密地和文盲学员生活中的应用联系起来。学员自己去发现问题，寻找答案，而教师则在旁边提供咨询和评价等服务工作，学习任务主要由学员独立完成，这同时也体现了师生之间的民主平等的关系，在扫盲教育中教师也需要尊重学生在学习上的自主权利。

5. 以获取经验知识来构建学习情境

科诺尔指出，鉴于成人的多种社会角色需要和成人的自主性，成人教育课程应以选择经验知识为原则，[①]经验知识的获得，就需要构建一个有效的学习情境，使经验知识更加真实和丰富。值得注意的是，知识本质上都需要进行理性的加工，这里的经验知识不是感性认识的同义词，它是以经验的形式包含着理性内核的知识，比如教师对文盲学员提问："菜农3元一斤的青菜，卖掉5斤，应该收顾客多少钱？"教师可以让两个学员来模拟这个过程，这里的学习具有情境性，但是背后是有理性知识的线索的。但是，如果简单直接地对文盲群体进行符号运算的教育，可能就难以与他们的生活经验相结合了。生活经验作为成人学习的资源库很大程度上是具有形式上的意义，也就是说，并不是每个人每天的生活经验都可以称得上为知识，而是说通过这些生活经验，能够为获取知识搭建便捷的桥梁，所以，学习情境的建设在成人教育中有利于实现预期的教育效果。

另外，杜威、维果茨基等也从教育学、社会学、文化学等角度强调过学习情境的重要性。在扫盲教育中，文盲的学习空间不是固定的，学习可以发生在各种情境状态中；学员不是孤立的，学员之间以及和老师之间应相互合

---

① 高志敏. 当代世界教育科学发展与成人教育[M]. 上海：上海交通大学出版社，1997：144.

作,并合理利用运用学习工具和技术。这也要求扫盲教育要注重发展文盲对这种学习情境的认知能力,构建学习型组织来共同实践。所以扫盲教育转型是要力求为文盲提供真实的、以情境为基础的学习环境,并创生良性的学习文化。

第二节 扫盲教育的塑型探索

现代汉语词典中"型"的解释有两个:一是模型,二是类型。[①]转型则是指社会经济结构、文化形态、价值观念等发生变化,[②]如我国向市场经济的转型。但社会转型的研究主要是借用了西方生物学 transformation 的意义,从生物物种间的变异来喻指社会结构具有进化意义的转换和性变。[③]教育转型的研究也主要受这个思想启发而提出,指教育在人类历史进程中,从一种形态向另一种形态的进化。

"教育发展并非孤立的运动,非自始至终与世绝缘的运动,而是随着人类精神生活的发展而发展的。所以在任何地方,我都把广阔的人类精神生活发展的趋势及其在教育上的影响,尽可能清楚而明晰地显示出来。"[④]涂尔干(Emile Durkheim)也在著名的《教育思想演进》中说道,"教育的演进始终大大滞后于整个社会的普遍演进"。"教育的转型始终是社会转型的结果与征候,要从社会转型的角度入手来说明教育转型。"[⑤]这说明当时的人们已经对教育转型与社会发展的关系有了比较深刻的认识,有了从社会转型的研究视角。中国对教育转型问题的研究始于改革开放之后,对整体的教育转型研究的总

---

① 中国社会科学院语言研究所词典编辑室.现代汉语词典[M].北京:商务印书馆,2005:1526.
② 同上,1790.
③ 冯建军.论教育转型[J].全球教育展望,2010(9):39.
④ [德]弗·鲍尔生.德国教育史[M].北京:人民教育出版社,1986:序言.
⑤ [法]爱弥尔·涂尔干.教育思想的演进[M].上海:上海人民出版社,2003:228,231.

结和分析，是扫盲教育转型研究不可或缺的环节，这里有三个相关问题需要讨论。

一、关于转型的划分、动力与指标的认识

1. 关于教育转型的划分

教育转型可以从广义、中义和狭义三个层面去分析：

从广义上讲可以有四种分类方法：依据社会生产关系性质划分，有原始社会教育、奴隶社会教育、封建社会教育、资本主义社会教育和社会主义教育；依据生产力发展水平划分，有古代教育、现代教育；依据社会生产方式划分，有农业社会的教育、工业社会的教育和后工业社会的教育；依据人类社会人格发展水平划分，有依附性教育、个人主义教育和类主体教育。①

从中义上依据社会转型理论，区分出传统教育和现代教育。

从狭义上依据中国社会转型历程，也有三种理解：一是近代型与现代型，这是考虑到从鸦片战争开始到当代社会的变迁；二是传统型与现代型，这一点是考虑到与传统计划经济相适应还与现代市场经济相适应而划分的，与中义的划分有所区别；工具型向主体型三种类型，这主要是从"文化大革命"时期"学校是阶级斗争的工具"和90年代开始对人作为教育主体的发现来划分的。

此外，教育转型类型还可以从结构层次、教育类型和构成要素等方面进行划分。②从结构层次上，包括宏观教育体系的改变，中观学校层面的变革，以及微观教育活动要素的局部变革。从教育类型上，教育转型有学校教育的转型、家庭教育的转型和社会教育的转型。从教育的构成要素上，教育转型有理念的转型、目的的转型、制度的转型、结构的转型等等。当然教育的转型是从整体上而言的，是诸多要素的结构性整体转型。当然也有学者把教育

---

① 马克思在政治经济学批判手稿中曾提出关于人与社会发展的三形态：最初的人的依赖关系形态、以物的依赖性为基础的人的独立性第二大形态、建立在个人全面发展和他们共同的社会生产能力成为他们的社会财富这一基础上的自由个性的最高形态。

② 冯建军. 教育转型：内涵与特点[J]. 教育导刊，2009（5）.

转型分为范式转型、文化转型、历史形态转型、知识转型、人的转型等等，有学者在分析近代西方教育转型过程中就提出存在在人文主义和科学主义的对立，应该转型为一种更加综合的教育类型。

以上的一些观点还是比较重要的，一是对转型做了整体上的把握，通过对社会结构转化的层次性对教育转型从整体上进行了层次的划分。二是都提到了从 20 世纪 90 年代以来主体性问题的讨论，凸显了教育转型中人的发展或者人的转型问题，这对中国教育功能上的拓展有很大的促进。三是从要素和微观的角度理解转型，实际是已经包含了转型的主要范畴，可以就此延伸出去，找到教育转型应有的途径。但是，他们并未对扫盲教育有关注，而且如冯建军还把成人教育的转型看成是学校教育的转型，这显然没看到包括扫盲教育在内的成人教育的开放性，以及成人教育与其他教育的真正区别。也就是说从具体到复杂地去理解转型，比如简单地说扫盲教育从传统型向现代型转变，反而较难真正对具体的转型问题把握得更清楚。

2. 关于教育转型的动力

有学者从观念变迁、制度变迁、媒介变迁、权力转移和利益分化五个方面来探讨促进教育转型的动力；①《改革开放三十年中国的教育学话语与教育变革》一文中提出教育学在中国，从 20 世纪 80 年代开始，每隔十年存在一个阶段性变化特征，依次为"反政治化的政治化阶段"、"知识化和专业化阶段"以及"超越知识的文化追求"阶段，由此有学者对应提出了在教育实践基础上的教育转型可以从政治、经济和文化等方面获得动力支持，如提出我国教育经历了从"政治化教育"到"经济化教育"，再到"人本化教育"的两次转型，背后转型的动力分别就是经济、政治和文化的发展。这个观点特别强调人本主义在教育转型中的作用、主体教育的重要性，以及人的转型是教育转型的核心。②而劳凯声则就市场经济对教育转型的动力作用做了分析，认为市场经济的建设，改变了学校与政府之间的关系、改变了教育产品的性质、改变了学校的运行模式，是当代中国教育转型的支柱性力量。而随着市场经

---

① 王建华. 影响教育的外部因素[J]. 大学教育科学，2011（2）：27-32.
② 冯建军. 教育转型与教育学转型[J]. 河南大学学报，2012（5）：133.

济的不断推进,教育应该重新进行定位。

应该说上述学者的研究还是很重要的,找到了一些教育转型的动力源,然而这些动力主要都是外部动力。之所以他们没有从内部动力做过多的分析,还在于他们在研究过程中对学生没有分类、对各自的学习需求也没有过多重视,基础教育里学生对升学的渴望作为主要的内在动力消解了内在学习动力研究的必要性,教材和知识体系改变也不是很大,因此分析教育的转型问题就主要是外部转型动力了。但是就扫盲教育而言,尽管历史上有过外部动力发挥主导作用,但是随着义务教育的普及和文盲人口的逐渐减少,扫盲教育转型的外部动力相对来说有减弱的趋势,其转型的根本动力凸显为低文化群体强烈的学习需求。当然扫盲教育的转型,在现有体制下,不可能完全由弗莱雷所讲的这些受教育者来改变和创生,需要有外部力量的牵引,然后激发内部学习的强大动力,以此来推动扫盲教育从整体上的转型。

3. 关于教育转型的判断指标

教育转型转成了什么,是需要有判断指标的,这些指标也是转型内容。如孙其华①就认为教育转型应该包括四个方面的指标:一是核心的理念变革,如教育工具论回归到人的发展;二是培养方式的变革,这里可能存在着人性与非人性、科学与非科学等区别;三是评价方式的变革,如是眼前的还是长远的,是局部的还是整体的,评价方式不一样,很显然结果也会有很大的不同;四是包括体制在内的变革的整体性,这是从教育转型的整体性上来看的,它是全局性的变革;五是影响的基础性和价值性,说它基础是指教育转型的影响是深刻的,它是教育范式的转换,教育的转型也必然在政治、经济、文化等多方面产生重大影响。

对于扫盲教育的转型来说,需要从教育内部的多种要素的改变来确定真正的转型,根据朗格朗把扫盲教育看作是文化转型的观点使得这个问题有了一个初步的答案,那就是扫盲教育的转型是文化转型,于是从文化转型的角度结合教育内部的要素去判断扫盲教育是否成功,或者讲通过区别出几种不同的型再寻找到转型的出路成为本研究所采用的方法。这里的文化转型是一

---

① 孙其华. 关于教育转型的思考[J]. 江苏教育研究,2011(12):4-5.

种比较具体文化的变迁,如果从文化的三个层次来看(包括精神的、制度的、和物质的),只有三个层面都实现了革新才能真正叫作转型成功。而从精神、制度和物质又可以发散出很多指标,从整体上来支撑这种转型的判断。

二、扫盲教育的塑型过程

转型研究的一个前提是要有型可转,特别是就当前的中国而言,扫盲教育存在什么样的型是一个重点,现在的扫盲教育又是历史和现实共同影响下的结果,因此在考察从什么型往什么型转的时候必定也要有历史分析。另外,扫盲教育的型也有类似范式的意义,也就是说到底是不是型需要得到研究者、决策者和执行者的一致的认同,才能真正把这个型塑起来,而且塑型也是有过程的,型不是突兀地显示出来和被人识别出来的。

从这个意义上去理解转型问题,新中国成立后的扫盲教育相对于之前的那些平民教育运动的扫盲教育来说才更具有转型的意义,因为这里存在着一个型的连续不断变化发展的过程,型与型之间要存在一定的关联性,否则就是此型到彼型的断层式或者跳跃式发展,转型中的"转"就失去了主要的研究价值。比如讲平民教育中的扫盲向新中国成立后过渡时期的扫盲转型,这就是不合逻辑的。因为从时间和空间,理论和实践上看,这里都不存在转的问题,是两种割裂的独立的型态。由此,新中国成立前的塑型探索,从实践层面和理论层面,分三部分进行说明。

1. 清政府时期

从清朝末年开始,中国社会逐渐沦为半殖民地半封建社会,随着社会生产关系的改变,传统的科举教育体制也开始瓦解,1902 年和 1905 年慈禧先后下令废除八股文和科举考试制度,并开始推行文化普及教育和实业补习教育,开设了为成人学习准备的简易识字学塾、夜校等机构,有组织的成人教育开始出现。[①]应该说这个时候就有了扫盲教育的实践,但是笔者并不将此定义为真正意义上扫盲教育的开端,这是因为,这种扫盲教育的开展并不是统治者

---

① 董明传,毕诚,张世平. 成人教育史[M]. 海口:海南出版社,2002:7.

所真心以开民智为目的的,作为20世纪初的晚清政府已经沦为帝国主义在中国进行统治的傀儡,这些举措也是不得已而为之的一种应付之举;另外清政府之后几年就垮台了,包括扫盲教育在内的成人教育的很多构想都没能在实践中去实现,更谈不上由具有先进思想的教育学者来组织和领导。所以,这个时候是存在着中国扫盲教育的实践,但不是完整意义上的扫盲教育,根本还在于它的目的性不是瞄准人的自觉和人的解放,是封建末期的统治者的一种应付措施而已。

2. 国民政府时期

20世纪20年代后,以晏阳初为代表的一批知识分子在乡村进行平民教育实践,同时国民政府也在《三民主义教育原则》指导下从官方的角度开展民众教育,对低文化群体开展扫盲教育得到了从官方到民间的一致认同,当时的扫盲教育带有民主主义的特征。国民党统治下的这些扫盲教育的特点需要从理论基础和实践形式两方面看。

它以西方进步主义思想为理论基础。19世纪70年代以来,受西方工业文明的发展导致的社会变革的影响,在教育领域里出现了欧洲的新教育运动和美国的进步教育思潮,其中以杜威为主要代表。晏阳初、梁漱溟、陶行知等人都深受西方教育思想的影响,以晏阳初的主要观点与杜威的教育思想比较来看:

杜威认为"教育是社会进步及社会改革的基本方法",而晏阳则强调平民教育运动是"救国救民的唯一方法",因为他觉得平教运动"并非一切头痛医头,脚痛医脚。因为在全国人民没有知识力、生产力、强健力和团结力以前,随你用什么主义来号召都是不成的。只有平教才是根本,其余都是枝节"。

杜威认为:"促进世界目前正在经历发生的巨大变化的动力,是科学方法以及由此产生的技术的发展,而不是阶级斗争。"晏阳初在《定县的乡村建设实验》一文中有这样一段话"中国农民,不像帝俄时代的农奴和印度的被压迫的阶级,他们是自由的人。"正因为缺少强大的中央政府,才培养出农民的自力更生、独立的精神。"他们都没把阶级斗争看成是那个时代社会变革中的最主要矛盾,这也是使得晏阳初受到社会主义条件下学者们的诟病,认为他没有看到教育问题中的阶级性和斗争性。

　　杜威强调教育与社会生活的密切联系，要以受教育者为中心开展教育。晏阳初则身体力行"博士下乡"深入到民间，开展平民教育与乡村改造。"博士下乡"就是指知识和教育工作者都要与普通的国民相结合。同时，他还提出要使科学知识能够简单化（容易教和学）、经济化（学得起）、实际化（实用性）的口号，这与杜威的实用主义的教育观也不谋而合。

　　杜威的教育民主的思想在晏阳初的教育实践中也得到充分体现。如晏阳初认为平教运动中的"平"，就是人格的平等，机会的平等。他认为人人都有无限的潜能，无穷的价值，应当给以平等的教育机会，使他们尽量发展，自由创造。教师也要抱着希望学生学习的心态从书斋走向乡村，一起完成教学。

　　通过以上可以看出在理论基础上，以晏阳初为代表的中国民间扫盲教育在彼时的开展，受欧美教育思想的影响也很深刻。另外当时的扫盲教育也深受"民族、民权和民生"三民主义政治思想的影响，在扫盲的过程中提倡"民族自救""民族振兴"、重视教育的经济功能，希望通过识字能够发展农村经济；重视唤起民众的民族和民主意识，希望这能够推动地方自治体制的建立。

　　从实践形式上看，晏阳初的平民教育实践经历了两次大的变革，一次是将平民教育开展的场所主要从城市转向乡村；第二次是在定县作为实验基地，将单纯的以识字为重心的扫盲教育转向乡村建设，在扫盲教育的基础上推行"文艺教育、生计教育、卫生教育、公民教育"，以此真正实现"除文盲、作新民"的平民教育的目标。

　　之后民众教育思想兴起时的 20 世纪 30 年代，扫盲教育也开始纳入法制化和正规化轨道。法制化是指对扫盲教育的推动有了一系列法律法规来保障：1929 年 10 月民国政府教育部公布《民众识字施行法》，这是中国历史上第一部真正意义上的扫盲教育法。之后在 1930《改进全国教育方案》、1932 年《民众教育馆暂行规程》中都还有对识字和扫盲教育的相关规定。而正规化则是指对成人补习教育和扫盲教育有了正规的建制和系统的建设。特别是梁漱溟提出民众教育分为乡学、区学、县学、省学、国学五个等级；民众教育应与学校教育、社会教育形成互相融通的关系，让这种教育贯穿人的一生，这已经与现代终身教育的思想非常的接近了。

总体来说，国民党统治区的扫盲教育开展还是取得了很多成果，普及了基础文化知识，而且像晏阳初这样的扫盲专家也蜚声海内外，为大家所敬佩。但是在中国面临着国内民族危亡和社会道路选择等选项时，教育也不可能理想化地成为自由之地，像做实验①一样得出预期的结论。而最后中国新民主主义的道路取得了成功，在这个过程中解放区的扫盲教育也得到了很好的发展，这为新中国扫盲教育的型的塑造提供了重要的铺垫。

3. 根据地和解放区

根据中国共产党领导下的革命战争历程来看，解放区的扫盲教育包含有：1927—1937年的土地革命时期；1937—1945年的抗战时期；1945—1949年的解放战争时期三个阶段。从理论基础来看，马克思主义教育观和新民主主义思想成为解放区扫盲教育的理论基础。

从教育目的来看，马克思主义哲学认为重要的不是解释世界而是改造世界，改造世界的手段就是进行阶级斗争，只有阶级斗争才能实现全人类的解放，才能实现人的真正全面发展，所以教育与阶级斗争就存在着紧密的联系。从中国来看，如杨贤江就批评国民党治下的教育是"清高教育"，意指他们没有同中国的革命实践相结合，无论他们秉承的教育即生活，又或者生活即教育的观点，现时的生活背景主要就是革命与战争。所以，在解放区那种紧迫的革命战争的形式下，开展的各项教育都具有深深的政治斗争的烙印。在1933年全苏维埃第一次教育大会上就以决议形式提出三项有关教育的基本原则：一是教育要服务于革命战争，并为满足战争的需求而发挥作用；二是教育必须与生活相联系，必须与生产劳动相结合；三是依靠革命群众，以最少的经费建设学校。②这里第一条原则也代表了扫盲教育的目的。

从教育权利来看，由于新民主主义革命的最终目标是走上社会主义的道路，所以教育权利的保障上一开始就在解放区得到强调，其主要思想就是全民地、平等地开展教育，这点也是马克思主义中重视群众的历史唯物主义的观点。如1931年11月通过的《中华苏维埃共和国宪法大纲》中就明确提出

---

① 晏阳初把农村教育比作"实验"。
② 吴遵民．现代中国终身教育论[M]．上海：上海教育出版社，2003：126．

"工农劳苦群众不论男子和女子,在社会、经济、政治和教育上,完全享有同等的权利和义务"。"一切工农劳苦群众以及子弟,有享受国家免费教育之权"。①此后在抗日战争和解放战争时期,一直坚持这个原则。

从教育发展来看,解放区的教育受革命战争推进的影响很大。经过土地革命和抗日战争,来到了解放战争阶段,此时新民主主义理论趋于成熟,1945年在《论联合政府》的报告中毛泽东就指出"中国国民文化和国民教育的宗旨,应当是新民主主义的;就是说,中国应当建立自己的,民族的,科学的,人民大众的新文化和新教育"。②应该说,这是在马克思主义中国化进程教育思想的重大进步,以促使扫盲教育更加深入本土,并寻找一种革新。

从实践上看,解放区的扫盲教育具有以下一些主要特征:

一是扫盲教育一直都是教育的主要任务。毛泽东在担任中华苏维埃共和国临时主席时就提出四项必须实行的教育任务,其中就有努力扫除文盲。③而在抗日战争时期,中共中央六届六中全会上也提出要"广泛发展民众教育,组织各种补习学校、识字运动","提高人民的民族文化与民族觉悟"。解放战争时期大规模的识字教育依然是针对广大群众,农民教育是主体部分。

二是开展形式非常多样。苏区的扫盲教育主要有三种,即夜校、识字班和俱乐部。夜校属于学校教育,时间、地点和学生人数都是一定的,主要是以村为建制;识字班的形式相对灵活,主要针对那些无法准时参加夜校的群众,识字班的教员大多都由夜校的学员来担任;俱乐部形式主要是群众文化娱乐活动兼具着扫盲教育的功能。抗战时期提出了冬学、夜学、半天学习以及教师巡回制等方式,前三者主要都是合理调配学习和务农时间后得出的方法。

冬学是利用农闲时节对农民展开集中扫盲教育,夜学和半天学习显然都是指务农之后来开展扫盲教育。教师巡回制则是指以教师有效地辐射周边的文盲群体而设计教育路线图,教师在此基础上巡回地进行教育。而到了解放战争时期,抗战时"分散教育"甚至"游击教育"的方法逐渐大规模地被冬学所取代,如在1949年的冬学教育中,就有140万人参加接受扫盲教育。

---

① 董纯朴.中国成人教育史纲[M].北京:劳动出版社,1990:93.
② 王炳照,阎国华.中国教育思想通史[M].长沙:湖南出版社,1996:440.
③ 毛礼锐,沈灌群.中国教育通史[M].济南:山东教育出版社,1995:176.

三是扫盲教育不断走向规范化。这里的规范化首先是因为有了法律和政策保障，这点也从各个时期的有关教育的法律的政策颁布和实施上已经可以看出，扫盲教育的地位和作用比较确定；其次是有了初步的扫盲教育体系，从党中央到地方，多层次，多形式地推动扫盲教育的开展；再次是探索了扫盲教育中的脱盲标准。如苏区夜校的毕业标准就是"能写信、做报告、看《红色中华报》为毕业标准"；抗战时期的冬学实际分为初级班和高级班，完全文盲的人进入初级班，稍能识字人的进入高级班。整体上看完成冬学中脱盲的标准为 1000 字以上，或者能达到阅读《民众报》的程度；而在解放区大规模开展的扫盲来看，以辽宁为例，通过冬学使完全文盲的群体达到识别 200-300 字的预期标准。抛开标准本身是否科学的问题来看，扫盲教育中脱盲标准是教育开展的重要指导，也是规范性的重要体现。

三、新中国成立后两阶段扫盲教育的比较

（一）新中国成立初期的扫盲教育

这里的新中国成立初期主要指新中国成立到五十年代末六十年代初这段时间。1949 年 10 月 1 日后，刚刚解放的中国依然还是新民主主义性质国家，扫盲教育尽管在解放前也在中国大地上有过开展，但是由于常年的战争，国家的基础教育体系遭到了严重的破坏，所以文盲的数量在当时依然非常多，3.6 亿总人口数中有 2.9 亿都是文盲，文盲比例高达 80%。而在国家转型上，中央提出了过渡时期总路线，其目标是"要在一个相当长的时期内，基本上实现国家工业化和对农业、手工业、资本主义工商业的社会主义改造"。所以在 1952 年、1956 年和 1957 年我国掀起了三次大规模的扫盲运动，社会主义条件下的中国扫盲教育首次得以成型。

从背景上看，新中国成立初期我国摆脱了近代以来半殖民地半封建社会的泥沼，打破了旧的官僚资本主义的国家机器，在东方创建一个从新民主主义迈向社会主义的国家。这种政治背景非常需要通过教育提高国民素质，成为新社会的公民。同时，过渡时期总路线提出要实现工业化目标，而工业化显然需要大量掌握技术的实业工人提供人力资源保障，从经济和政治两个方

面上都为后来大规模地实施扫盲教育提供了契机。所以周恩来在第一届人大的第四次会议上指出新中国的教育"必须反映社会主义的新政治、新经济,必须为劳动人民服务,必须适应我们国家社会主义改造和社会主义建设的需要"。①

从精神层面上,这里存在两个主要问题:

第一,扫盲教育的价值追求是要把旧的生产关系中的文盲塑造成为新的社会制度下即社会主义条件下的劳动者。这点与三大改造紧密相关,特别是对农业的公社化改造,原有的地主家的佃农翻身成为人民公社的社员,所以扫盲教育的对象也主要变为了对社员的教育。在这种价值追求的引领下,扫盲教育知识上的要求就与解放前有了很大的不同,尽管看上去都是在识字,但是此时并没有抗战救亡等意义,很多知识要求更加关注生产生活,所以,当时涌现出大量结合农业知识的扫盲教材。

第二,此时扫盲教育的理论基础主要来自毛泽东思想中的文化教育思想和苏联的社会主义教育思想。从毛泽东思想方面来看,教育服务于国家建设的工具性价值得到继续巩固;他提出对工农的教育在识字的同时,"适当开展政治教育、生产技术教育和卫生教育。"②体现了对扫盲教育适度扩大教育内容的期待。而周恩来谈到教育改革为什么出现偏差时就认为主要是"否定了旧教育的某些合理部分,对解放区革命教育的经验没有做出系统的总结加以继承,并且在学习苏联经验的时候同我国实际情况结合不够",③这也反映了毛泽东思想和苏联教育思想对当时整个教育领域的影响。当然关于以凯诺夫为代表的苏联教育学者的思想,陆定一后来也评价其中单轨制、国家包办等思想并不符合中国的实际情况,教育的发展也要具体问题具体分析,体现马克思主义辩证法的基本原理。

从制度层面上看,顾明远在《教育大辞典》中将教育制度看成"一个国家各种机构的体系。包括学校制度(学制)和管理学校教育行政机构体

---

① 何东昌. 中华人民共和国重要教育文献[C]. 海口:海南出版社,1998:771.
② 李旭初,陈清洲. 毛泽东关于扫盲和农民教育的理论与实践(下)[J]. 农村成人教育;1994(8):12.
③ 何东昌. 中华人民共和国重要教育文献[C]. 海口:海南出版社,1998:771.

系"。①扫盲教育作为教育制度的亚层次概念，也可以从这些角度去思考。笔者同时也参考了中国大百科全书和其他工具书中对制度不同的界定后，认为从制度内容、制度运行和制度保障三个方面来分析扫盲教育这种具体的教育制度更为清晰。

首先在制度的内容上有几点需要说明：

一是扫盲教育制度是在新中国成立后改革学制的过程中确立的。1951年《关于改革学制的决定》中指出，"我国原有学制（即各级各类学校的系统）有许多缺点，其中最重要的是工人、农民的干部学校，各级补习学校和训练班，在学校系统中没有应有的地位。"②改革后的新学制中规定：初等教育中包括对自幼失学的青年和成人实施教育的工农速成初等学校、业余初等学校和识字学校。扫盲教育被纳入了初等教育体系。

二是扫盲教育的制度表现形式很丰富。如1954年由第一届全国人民代表大会颁布了宪法，其中第三条确认了各民族一律平等，并且都有使用和发展自己语言文字的自由；第九十四条确认了受教育的权利。国家设立并且逐步扩大各种学校和其他文化教育机关，以保证公民享受这种权利。国家特别关怀青年的体力和智力的发展。同时在第九十六条对妇女享有这些权利问题上提出男女平等。这对扫盲教育既具有指导意义，提供了法律的保障。

从1950年教育部出台《关于举办工农速成中学和工农干部文化补习学校的指示》《关于开展农民业余教育的指示》，1956年中共中央、国务院《关于扫除文盲的决定》，1959年中共中央、国务院《关于在农村中继续扫除文盲和巩固发展业余教育的通知》来看，后面两次扫盲教育的推动都是直接来自最高领导集体-中共中央和国务院，这使得扫盲教育制度具有较大的权威。

三是关于扫盲教育制度在操作层面也在不断发展。扫盲教育对学习时间、学习对象、学习内容、脱盲标准乃至质量方面都有了越来越具体的规定。比如1955年胡耀邦作为团中央总书记就在《人民日报》发表《关于农村扫除文盲工作》一文，其中谈到用七年的时间，使全国80%的青年文盲脱盲，达到认识1500字左右的水平。1958年教育部又对基本完成扫盲任务和扫盲年龄计

---

① 顾明远. 教育大辞典（第1卷）[M]. 上海：上海教育出版社，1990：68.
② 何东昌. 中华人民共和国重要教育文献[C]. 海口：海南出版社，1998：107.

算年限问题专门解释,以便各地完成扫盲任务的硬指标。1959 年,全民炼钢和三秋运动等导致劳动力紧张,农民业余学习陷于停顿,国家又提出要保证农村社员每天两小时的学习时间。当然操作层面的制度内容,难免会受到"大跃进"思想的错误引导,所以在解放初期的扫盲运动中也出现了一些瞒报或者浮夸等现象。

其次,在制度运行上有两个重要的特点:

一是扫盲教育的开展,或者扫盲教育制度的运行和实现主要是自上而下地国家计划推动。新中国成立初期,中国参考了苏联的经验,认为计划化应该是社会主义国家的重要特征,这不仅是在经济上,教育文化上也是如此。所以,扫盲教育制度自上而下地被设计出来,而且纳入国民经济发展计划中。习仲勋在 1954 年回顾了前一年的教育计划的执行情况时指出,要"有计划、有步骤地组织还没有具备一定文化的工农干部学习文化,采取以业余学习为主并积极举办工农速成学校等办法,以逐步提高他们到小学、中学以至到大学的文化水平,使他们有可能不断提高政治和业务水平,成为各项建设事业的骨干,是一项重大的政治任务"。①在第一个五年计划期间共扫除文盲 2402.1 万人,其中在 1956 和 1957 两年,每年均突破了 700 万大关。②

二是从单轨向双轨的制度运行探索。计划体制下的教育发展,显然具有单轨制的特征,这在新中国成立初期的扫盲教育开展中是比较明显的,也就是直接纳入初等教育体系里开展扫盲教育。但是单轨制的弊端也比较明显,那就是整个教育领域的内在动力不够,而且地方的需求可能也不一定照顾的到。所以在 1958 年中共中央、国务院发布了《关于教育工作的指示》,提出"多快好省地发展教育事业","采取统一性与多样性相结合,普及与提高相结合,全民规划与地方分权相结合的原则"。③在此基础上提出"办学的形式应该是多样性的,即国家办学与厂矿、企业、农业合作社办学并举,普通教育与职业(技术)教育并举,成人教育与儿童教育并举,全日制学校与半工半读、业余学校并举,学校教育与自学并举,免费的教育与不免费的教育相并

---

① 何东昌. 中华人民共和国重要教育文献[C]. 海口:海南出版社,1998:294.
② 董明传. 毕诚. 张世平. 成人教育史[M]. 海口:海南出版社,2002:70.
③ 何东昌. 中华人民共和国重要教育文献[C]. 海口:海南出版社,1998:859.

举"。由此，扫盲教育一方面在原有初等教育体系里存在，另外在一些民办和工厂所办的半工半读的学校里也存在。这种双轨制的运行是对当时照搬苏联教育经验的一次重大改变，老解放区的那些因地制宜的教育方法得到了重新地肯定，教育与生产劳动更加紧密地结合在了一起。

最后，从物质层面上看，这里区分了教学场所——学校、教学组织——师资以及教学手段和工具三个大的方面来进行讨论。

第一，就教学场所上来看，由于解放区的扫盲教育开展主要以冬学形式开展，所以新中国刚成立时如在《共同纲领》中就提出继续在冬学组织中有计划地建立识字组、读报组，而有条件的冬学要转变成为经常的农民半日学校，农民夜校或小学。在1951年新的学制改革过后，使之能够承担扫盲教育的场所或者将学校扩展为工农速成初等学校、业余初等学校和识字学校（冬学、识字班）三种主要类型。到了1959年时，由于前期大规模的扫盲运动结束，业余学校就成为了扫盲教育和扫盲后继续教育的主要阵地，这时国家提出要对摆脱文盲状态的青壮年，逐步实行普及业余初等教育；同时要贯彻政治、文化、技术相结合的原则，使教育直接或间接地为生产服务。"普及"对成人初等教育的思想直到今天来看都还是比较先进的，也对扫盲教育的当代转型有启发意义。

第二，以教师为主要依托的教学组织上来看。解放区的冬学老师主要是由附近小学教员、学生或当地政府工作人员和知识分子担任，到了解放后，冬学师资的问题交给了各级政府安排，主要由识字的干部、中小学教师和农村中文化水平较高并热心教学的人员担任。在1955年，国务院在《关于加强农民业余文化教育的指示》中，把生产和教育的责任又交给了合作社和互助组，让青年农民组织起来，以民教民，这在某种程度上具有成人自主学习和组织学习的特征。同年，作为团中央书记的胡耀邦也号召各级团组织行动起来，积极参加农村扫盲工作。多种来源的师资构成，体现了当时动员和组织一切力量扫除青壮年文盲的观念深入人心。直到1963年，教育部才提出"要抓好业余教育专职干部的训练，建立一支得力而稳定的专业化干部队伍，要选聘和训练一批业余教育的教师队伍，要积极培养一批办学、教学和学习的积极分子以作为开展工作的支柱"，对组织上提出了全面的要求。

第三，从教学手段上看。新中国成立初期扫盲教育主要还是依托扫盲课本进行教学，又由于当时把扫盲教育的很多具体做法都下放给了地方，所以从全国来看并没有强制性地统一教材，于是这一时期涌现出了多地方，多语种的扫盲教材，其数量之多和部分扫盲教材质量之高应该是中国历史上前所未有的。笔者对西南大学教育部扫盲教育研究中心的扫盲教材做了统计，从1950年到1959年间的扫盲教材和读本多达60部。这充分说明了当时国家对扫盲教育的重视和民众投身扫盲运动的热情。

（二）改革开放后的扫盲教育

由于"文化大革命"的影响，包括扫盲教育在内的整个教育事业都受到了很大的破坏，对于型的研究来说，这里并没有去对"文化大革命"期间的扫盲教育进行专题研究，而是选择了十一届三中全会之后，在中国迈入改革开放的新时期，对这个阶段扫盲教育进行研究，从时间跨度上包括了1978至今三十多年的时间，以两基验收工作的完成作为终点。以下对这个阶段扫盲教育的型进行概要的介绍，其中的主要分类标准参考建国初期的扫盲教育。

从背景上看。十一届三中全会后，中国扭转了以阶级斗争为纲的错误方针，将重心转移到了以经济建设为中心和四个现代化建设上。独立自主、改革开放成为基本的国策，中国开始走上了中国特色的社会主义道路，并做出了中国现在正处在社会主义初级阶段，并且将长期存在于这一阶段的判断，提出了建设社会主义法治国家建设，实现小康社会等重大的政治决策。而经济上，农村开始实行联产承包责任制、城市开始发展商品经济，原有的计划经济体制逐渐被打破，进入20世纪90年代后，中国明确提出建设社会主义市场经济的目标，极大地促进了经济的发展，到目前来看，经济总量已经名列世界第二。以上两点是改革开放后扫盲教育所处的政治和经济背景，从这些背景出发，可以更好地把握扫盲教育的内涵。

从精神层面上看。首先是价值追求的问题，扫盲教育在这个阶段是帮助低文化群体掌握基本的识字能力和读写算能力，促进他们成为具有更全面发展能力的劳动者。其次在知识目标上，在参照了以往扫盲教育知识标准的基础上，对文化知识和技术知识都提出了要求，由此也具有了功能性扫盲的色彩，当然本身还不是功能性扫盲；理论基础主要是邓小平理论。邓小平在1978年的全国教育工作会议上就提出："重要的是整个教育事业必须同国民经济发展的要求相适应。不然，学生学的和将来要从事的职业不相适应，学非所用，用非所学"。①他对教育提出的"面向现代化，面向世界，面向未来"的方针指明了改革开放后社会主义教育发展的方向。此外，教育研究在这一时期也恢复了生机，国内各种教育思想乃至西方的教育思想都被用来解释中国的教育问题，理论上呈现出比较丰富和多元的态势。

而笔者认为批判教育理论对分析扫盲教育问题有很大的意义。从制度层面来看，首先是制度内容上经历了几次主要的变革，这些变革主要以官方文件形式体现出来。1978年11月国务院颁布了《关于扫除文盲的指示》，要求"各地应根据本地区的情况，制定具体的扫盲规划，采取有效措施，分别于1980、1982年或者稍长一点时间内，基本扫除少年、青年、壮年文盲。"②要达到这一目标就需要坚持"一堵、二扫、三提高"的方针，其中"一堵"指的是抓好普及小学五年制教育，堵住文盲的漏洞；"二扫"就是要把12~15周岁的少年、青年和壮年文盲基本扫除；"三提高"就是已经脱盲的少年、青年和有条件的壮年，要求参加业余学习，逐步达到初中毕业程度。十年后的1988年，国务院又发布了《扫除文盲工作条例》，在继承了1978《指示》中的主要精神基础上，强调扫除文盲要与普及初等义务教育统筹规划，同步实施；也对原来的扫盲教育标准进行了修订，比如脱盲文字标准由1500个修订为农民1500个，而城镇居民和企事业员工为2000个。

五年之后的1993年，国务院再次发布《关于修改扫除文盲工作条例的决定》，其中取消了扫盲对象上限的限制，改为凡是15周岁以上的文盲、半文盲公民均属扫盲的对象。并要求扫盲教育"要把学习文化同学校科学技术知识结合起来，在农村把学习文化同学习农业科学技术知识结合起来"，功能性扫盲的特征非常突出。对已经完成基本扫盲文盲的地方，应当普及初等教

---

① 邓小平. 在全国教育工作会议上的讲话[M]//邓小平文选（第2卷）. 北京：人民出版社，1994：107.
② 国家教育委员会成人教育司. 扫除文盲文献汇编[C]. 重庆：西南师范大学出版社，1997：129.

育。①这体现了扫盲教育与基础教育统筹发展的思路。于是在 1994 年，国家教育委员会《关于在 90 年代基本普及九年义务教育和基本扫除青壮年文盲的实施意见》上明确提出"坚持普及初等教育、扫盲教育、扫盲后继续教育统筹规划"；"把扫除妇女文盲，少数民族地区文盲以及贫困、边远地区文盲工作作为重点"；采取"分类指导、分期达标"的原则，力争到 2000 年使青壮年文盲率降到 15% 以下。

  2002 年，教育部起草并联合中央宣传部、国家民族事务委员会、财政部、农业部、文化部、国家广播电影电视总局、国家林业局、军委原总政治部、共青团中央、全国妇联、中国科协 12 个部门颁布了《十五期间扫除文盲工作的意见》，其中提出"把普及九年制义务教育和扫除青壮年文盲作为工作的重中之重，坚决杜绝新生文盲、扫除现有文盲与使扫盲人员接受继续教育相结合的方针"。为扫盲教育在连续性的发展上提供了指导方针。为了配套落实这项《意见》教育部随后制定了《扫盲教育课程与教学改革指导意见（试行）》，这也表明对扫盲教育的认识在学科层次上又进了一层。

  以上这些制度性内容体现出了几点：一是随着时代的进步，国家和社会对扫盲教育有了不断提高的要求，无论是在扫盲标准上，还是与普及初等教育、扫盲后继续教育的关系上都可以体现出来。二是在扫盲教育的内容上，特别是脱盲标准上，以识字能力作为主要标准的考核模式没有发生根本性变化，尽管近三十年的扫盲教育中有了功能性扫盲的一些思想，但是这并没有真正成为主流，我国还在为完成原有标准，或者说较低水平的扫盲教育而努力。三是应该看到现在国家扫盲工作的重心还在"堵"，而这又回到了发展基础教育上，由此尽管有几部重要的制度文件作为保障，但是对于扫盲后的继续教育或者扫盲质量上的持续提升考虑得还不够。另外，国家还加强了有关扫盲教育的法律法规建设，涉及扫盲教育的法律有《宪法》《教育法》《义务教育法》《未成年人保护法》《残疾人保护法》《妇女权益保护法》《监狱法》，法规则包括《扫除文盲工作条例》《残疾人教育条例》，法制化建设推动着扫盲教育的健康发展。

---

① 同上，238.

其次在制度的运行上,这里有几个重要的特点:一是继续体现计划性。社会主义市场经济建设并不是要倡导教育的完全市场化,教育产品也不可能成为完全市场化的产品,特别是针对低文化群体和处境不利人群而言,扫盲教育是一种以公益性为突出特征的教育,这就需要有国家作为主体来引导发展,满足民众对扫盲教育的需求。所以扫盲教育的管理运行中存在"统一要求、分类指导、逐步实施"这些原则。二是从十二个部委的联合发文中可以看出,对扫盲教育关注的行政主体上有所增多,这一方面说明扫盲教育问题受到了重视,但同时也说明仅靠教育部门去解决扫盲教育问题会遇到更多的障碍,与建国初期地方政府在承担运动式扫盲过程中能够整合各项资源的能力相比较,就扫盲教育的推动力上,如果仅依靠教育部门是变得相对小了。三是在对扫盲教育的监测与评估上注重评估的实效性,这主要区别以前的评估就是运动式的一刀切,难免导致扫盲教育过程中出现的务虚和不实。特别是两基评估验收工作以及验收后的监管巩固,使得扫盲教育不仅在地方工作中的地位提升,而且也保障了其持续、顺利地开展。

在物质层面上,这一时期的扫盲教育主要有三个方面的关注点:一是学校、二是教师、三是教材。

从承担扫盲教学的组织,即学校的角度来看。改革开放后重新开启扫盲教育,一方面沿袭了原有的利用普通小学办业余学校和夜校等经验性做法,另一方面建设成人文化技术学校作为扫盲教育的教学场所。全国建乡镇级成人文化技术学校4.2万所,村成人文化技术学校或教学点38万多所(个),分别占到乡村总数的84%和47.5%;许多省区初步形成了县、乡、村的三级农村成人教育培训网络;这时的学校组织已经开始注意将文化学习与技术学习与脱贫致富结合起来,关注了知识的应用性,[①]不过,根据《扫除文盲工作条例》第三条规定"地方各级人民政府应当加强对扫除文盲工作的领导,制定本地区的规划和措施,组织有关方面分工协作,具体实施,并按规定的要求完成相关扫除文盲任务",[②]这里扫盲教育的管理主体是政府,当完成了基本

---

① 董明传,毕诚,张世平. 成人教育史[M]. 海口:海南出版社,2002:172.
② 董明传,毕诚,张世平. 成人教育史[M]. 海口:海南出版社,2002:177.

的扫盲任务后,地方上的成人文化技术学校应该怎样继续存在就是一个问题,除了福建等省以外,进入21世纪后很多省的成人文化技术学校已经消失。所以说,在这一时期,尽管这些学校组织发挥了重要的作用,但是也面临着生存的危机。

从教师队伍来看,扫盲教育中原有的"以民教民、能者为师"的原则依然适用,但是这一时期将专职扫盲教师、农村中小学的兼职扫盲教师和社会知识分子任群众教师两者结合起来,形成一支专兼职结合的教师队伍。1996年在原西南师范大学成立教育部扫盲教育研究与培训中心,对这些扫盲教师进行培训和提高。这些措施都说明在扫盲教育教师队伍建设和提高上较之前有了很大的突破。此外,很多地方政府还鼓励社会力量和个人自愿资助扫盲教育,民间扫盲教育机构如北京的"农家妹"、成都的"IEA"慈善助学组织都在国内坚持进行扫盲教育。

从依托的教学资源来看,扫盲教育中主要还是以教材为本,但是这一时期的教材编写有了很大的进步。如1992年,国家教委制定了《扫除文盲教育教学大纲》,要求学文化与学习农村实用技术相结合。全国各省、直辖市级都有统编教材,而民族地区采用双语甚至多种语言文字教材。这一方面从内容上体现了文化学习与实用技术、与日常生活的相关性;另一方面受《扫盲教育课程与教学改革指导意见(试行)》的影响,教材编写要考虑到课程的结构,着力去体现基础性、实用性、综合性、多样性等原则。

扫盲教育的发展,经历从单一的识字扫盲、扫盲后继续教育与提高,再到作为两基工作的重点,扫盲教育一方面在凸显它的意义,但是另一方面在发展中也遇到不小的阻碍,扫盲教育的前途在何方这个问题就被提了出来。结合新中国成立后两个大的历史阶段上的扫盲教育型态的比较,可以去预测未来扫盲教育的发展方向。

(三)比较与推论

对于这两种类型扫盲教育的比较和推论可以如表4-1所示较简洁地表达出来,后面再加以补充说明。

表 4-1　两种扫盲教育的比较

		新中国成立初期的扫盲教育	改革开放后的扫盲教育
类别的划分		（被动型）工具性扫盲教育	（适应型）工具性扫盲教育
背景	政治	新民主主义迈向社会主义	处于社会主义初级阶段
	经济	国有化改造、计划经济	社会主义商品经济、市场经济
精神层面	价值追求	不同社会性质下人的改造：如从佃农到社员	同一社会性质下人的适应：合格的劳动者
	知识目标	识字为主，迅速完成	识字为主，强调应用
	理论基础	毛泽东教育思想、苏联教育思想	邓小平理论、多种教育思想
制度层面	制度内容	1.改革学制 2.确定识字标准与任务 3.开始法制化建设	1.调整与初等教育、继续教育的关系 2.确定识字标准，结合应用 3.深化法制化水平
	制度运行	1.自上而下、计划性 2.单轨转向双轨	1.自上而下、计划性 2.注重监测与评估
物质层面	学校	1.冬学转型 2.业余学校	1.成人技术学校 2.教育组织逐渐萎缩
	师资	干部、教师和群众	专职、兼职和群众
	教材	1.地方开发 2.数量多	1.教学大纲指导 2.省级统编 3.实用性突出

1. 关于背景的比较

政治与经济背景的变迁说明，中国国家的实力在不断地增强，能为扫盲教育事业的发展提供更大的动力；特别是改革开放以后，通过与西方学习和交流，中国扫盲教育发展也具有国际性视野。随着 21 世纪中国改革开放的继续深入，建设法治社会、小康社会等社会理想，带给人们对美好未来的向往，也激发起人们更大的教育需求，也就是说原有扫盲教育的型态有了客观上转型的要求，关于这一点已在社会转型的理论基础部分做了分析，在此就不再赘述。

2. 精神层面上的比较

这里的价值追求是从人的改变作为切入点来看的。新中国成立时，文盲还是主要的社会群体，不管是从巩固中国共产党的执政地位还是为"三大改造"提供足够的劳动力来看，都需要将人从文盲的状态中脱离出来，而这个过程具有极强的身份转变的意义。以农民为例，主要是摆脱了封建土地私有制的束缚，从佃农变成了公社社员，而这种变化导致了人的学习需求的变化，因此，那时的扫盲是一种大规模的，含有极强政治意义的运动，当然从客观上来说，对扫除中国的文盲来讲也做出了很大的贡献。而改革开放后，中国又实行联产承包责任制，积极调动了农民的劳动积极性，在社会主义初级阶段，农民的扫盲教育就被强调成为合格社会主义劳动者，适应社会变化发展的一种需要。一种是被改造，一种是适应，后者显得政治性并不那么强，但是如果从人与教育、人与社会、教育与社会这几个关系来分析，文盲群体的主动性始终不强，他们总是被动地适应社会要求，主体意识的觉醒还相当不够。因此从这点来看，未来的扫盲教育应该是瞄准的，不是被改造者或者被动的适应者和跟随者，而是社会主义建设的推动者和自主学习的行动者。

在知识目标上，通过图表中的比较可以看出，识字为主导的知识目标正在不断地随着时代的潮流拓展，无论是强调文字的识别、记忆还是文字的应用，这些都主要是与文字相关的内容。而实际上除了文字以外，文盲在现代生活中所需要掌握的技能还非常多，更为关键的是单纯的识字不能够培养文盲的批判性思维，帮助其意识觉醒，实现从"要我学"到"我要学"的转变。笔者认为批判性知识应该成为未来扫盲教育的知识目标。批判性知识不是外在于学习者的知识，它是指一种知识经过学习者初识与接受，再经过理性批判之后获得的结果。所以说，批判性知识不仅仅是一种知识，也包含方法论的意义。

在理论基础上，不同的时代有不同的理论，很难去比较它们的优劣。但是笔者相信马克思主义中国化的成果会随着改革开放的深入而涌现出来，将成为未来扫盲教育转型后的指导思想，尽管无法妄断什么是称谓的思想，但是这种理论一定是指向民主、富强和文明的社会建设目标。同时关于社会和个人发展的其他理论也会为扫盲教育提供很多的支持，在本研究中，笔者就试图以社会转型理论、终身教育理论、批判教育理论和成人学习的理论为扫盲教育的转型做支撑。

3. 关于制度层面的比较

从制度的内容上可以看出，新中国成立初期和改革开放后都有对扫盲教育学制改革的举动，都试图以比较完整的形态成为基础教育或者成人教育中的一环，但是到目前为止，扫盲教育依然还是相对独立地运行在主体学制之外。其主要以项目化的方式存在，被认为是一次性的工作，不是长期的教育活动。即使改革开放后要求普及初等教育与扫盲后继续教育结合，现在已经难以找寻成人小学和成人初中的建制了，成人教育领域内普遍去关注成人高等教育。所以在成人教育的整个体系上，成人基础教育是缺失和不完整的。这就导致了文盲群体的学力提升，至少传统的学制这个渠道被切断了，这不得不说是我国教育发展中一个重大的缺陷。由此，笔者提出扫盲教育要拓展为成人基础教育，为成人教育由低到高的进取奠定必要的基础。

关于扫盲标准问题，新中国成立到现在的六十多年时间里，并没有实质性的改变。以识字为例，新中国成立初期有干部 2000 个字、工人 1500 个字、农民 1000 个字的脱盲标准；1988 年有工人和城镇居民 2000 个字，农民 1500 个字的脱盲标准。两者比较，后一阶段的脱盲中工人和农民分别被多要求了 500 个字，这个标准到目前为止还没有变过。从这个角度出发谈论扫盲教育的成就就显得颇为尴尬，所以笔者认为既然已经提出要衔接初级教育，是否可以考虑将扫盲的标准参照基础教育阶段的学习要求，比如汉字要求上达到 3500 个字，并且能熟练使用字典自学。扫盲教育成为基础教育的成人类型，抛弃掉"文盲"这一针对低文化群体的蔑称，甚至抛弃掉扫盲教育的称谓，这样扫盲教育才能有所突破，而不被"盲"所限定。

在有关法制化建设的问题上，很显然改革开放后国家的法制化进程加快了，成文的法律中有关保护公民受教育权的也不少。但是这些法律规范很多都是一种抽象的价值导向，并没有相关的法律操作手段。以维护成人的受教育权为核心的成人教育法也没有得以出台，而在保障文盲的教育权益上还没有可具操作的立法。于是，扫盲教育很大程度上成为了一种行政支持下的"给予"或者"施舍"，而不是文盲可以确定享有的一项权利，这极不利于真正提高全民科学文化素质。笔者认为，应该扭转这种不利于社会和人的发展的关系，通过立法来真正实现公民的学习权。

在制度运行上，扫盲教育从建国初期和改革开放后来看都是自上而下、计划性地开展，区别在后一个阶段由于文盲毕竟开始成为整个人群中的小众，而且有时分布广泛，所以开始引入民间力量能够比较直接有效地实现扫盲教育，也能够缓解扫盲教育资金上的吃紧。对于未来的扫盲教育，应该还是以政府为主导，民间力量来参与。政府主导能够整合多种资源，便于教学的开展，同时也能针对全国范围的扫盲教育去进行规划设计和统筹安排。

制度运行中的监测与评估，在现有的两个阶段都做得很不够。除了人口普查或者两基验收这些大型的国家层面对扫盲教育进行监测以外，几乎没有手段监测一个文盲脱盲之后是否又返盲。所以，未来的扫盲教育要更加注重实效，要把扫盲教育的开展和监测评估统一起来。

4. 在物质层面上的比较

扫盲教育办学的组织形态由于时代的不同而呈现不同的状态，但总的来说，现有的扫盲教育的组织形态主要以学校为单位，极少有专门的成人学校来承担这项工作。笔者在前面也提到过，解决这个问题还需要从学制上理清关系。不管是通过现有基础教育中小学，还是社区学校，又或是民间的家庭教室，总之需要有相应的组织依托来实现。如果中小学打开大门，面向成人兴办基础教育，这自然很好，因为借助现有的学校资源也方便成人进行学习。而如果条件不允许，也可以根据实际情况，由其他成人教育的相关机构来承担相关工作。

在扫盲教师问题上，建国初期的扫盲教育与改革开放后的扫盲教育并没有多大的差异，只是后者增加了理论研究者对扫盲教师的培训。但是这还是不够的，扫盲教育不仅仅是一种文字的教育，还是一种启蒙教育，这就对教师提出了素质上的要求,同时教学与研究都相辅相成,扫盲教师可能还需要不断拓宽知识面,创新教学方法,才能够取得更好的教学效果。

在教材的使用上,改革开放后对扫盲教育制定了统一的大纲,相对于建国初期来说是一种进步,而且对当前和以后的扫盲教育来说,只要需要国家规划发展,统一的大纲还是有必要的。不过,教材可以因地制宜地进行地方化开发,[①]尽管之前的扫盲教育都体现了这种特点,需要指出的是,在未来的扫盲教育中,这种教材开发应该是既有研究者,又有教学者,还有受教育者共同参与的一种系统化开发,而不是简单地由上课老师确定,而且还不限于传统识字教学中的文本教材,可以采用图片教材、视频教材等等方式来传达思想和理念。

以上通过分析不同阶段的扫盲教育,但是既然谈到教育的转型,也就需要解决对型的判定问题。通过学习者在学习中的状态并结合历史阶段,笔者划分出现这样三种扫盲教育型态:第一种型态是新中国成立初期的"被动型"扫盲教育,因为彼时的扫盲教育受社会历史的巨变影响,国家又急需大量的具有一定知识文化的劳动者,所以大量的文盲被动地参与扫盲教育。

第二种型态就是"适应型"扫盲教育,主要是指在改革开放后,人要跟上时代的步伐,成为合格的社会主义市场经济中的劳动者,参与扫盲教育主要就是适应社会的发展。前面"被动型"与"适应型"都可以看作是工具性扫盲教育的具体形式。

第三种型态就是"发展性"扫盲教育,这里的文盲尽管没有接受过很好的基础教育,但是他不是被动接受,也不仅仅是为了适应社会,而是为了自身的发展,进而还可以推动社会的发展的扫盲教育,是一种主动学习型的扫盲教育。

值得注意的是,发展性扫盲教育不是与前面两种类型教育完全割裂的,发展性扫盲教育中依然要重视识字教育,尽管价值追求上有所不同,但是内

---

① 2011 年"教育部关于印发《扫盲教育课程设置及教学材料编写指导纲要》的通知"中对扫盲教育课程设置分为基本课程和地方课程两部分,地方课程在编写教学材料及编写标准上由省级教育行政部门确定.

容上存在着后者包含前者的关系。而且，之所以能够去试图实现发展性扫盲，也是由于前面的扫盲教育奠定了坚实的基础，发展性扫盲不是横空出世的概念，它只是在巨人肩膀上有更上层楼的目标，在已有让世人惊叹的扫盲成就的基础上，通过继续提高质量标准，更加关注人的发展来实现国民素质的整体提升。

第五章　发展性扫盲教育的转型分析

第一节　发展性扫盲教育的内涵与特征

一、发展性扫盲教育的内涵

表 5.1　文化结构视野下发展性扫盲教育的内涵

类别的划分		发展性扫盲教育
背景	政治	全面建设法治社会、小康社会
	经济	深化社会主义市场经济
精神层面	价值追求	1.推动社会进步；2.主动学习，实现个人发展
	知识目标	识字、应用、批判性知识
	理论基础	马克思主义中国化理论、更多社会和人的发展理论
制度层面	制度内容	1.以成人基础教育纳入学制；2.提升扫盲标准；3.提供法律保障
	制度运行	1.政府主导，民间参与；2.强调教育的实效
物质层面	学校	1.学制基础上的学校整合；2.开放成教体系
	师资	1.专职、兼职；2.研究者与培训者
	教材	1.大纲指导；2.系统开发；3.多种形式

1. 发展性扫盲教育的主要内涵

从表 5.1 可看出发展性扫盲教育的主要内涵：

从背景上，发展性扫盲教育是在新的历史时期开展的，这个时期所依赖的政治背景是在中国共产党的领导下，全国各族人民共同为实现全面建设小康社会而奋斗，确立了经济建设、政治建设、文化建设和社会建设四个基本目标。经济上的背景是国民生产总值不断提高，社会主义市场经济需要进一步完善，利益格局进一步调整。

从精神层面上看，发展性扫盲教育的价值追求体现在三个方面，一是要以人为本，促进低文化群体主动学习，实现个人发展；二是要推动社会的进步与发展；三是它还要推动扫盲教育本身不断地更新和发展。在知识目标上可以看出，发展性扫盲教育也要进行识字教育和技术应用的功能性扫盲，不过，它还有批判性知识的目标要求，这是文盲群体得以意识觉醒的重要知识性要素。从发展性扫盲教育所依靠的理论基础来看，一方面中国共产党在新的历史时期的理论成果可以作为基础的一部分，同时关于社会和人的发展理论，人的现代化理论等等，都可以为发展性扫盲教育提供支撑。

从制度层面上看，发展性扫盲教育要求确立将扫盲教育纳入成人基础教育学制的制度，打通阻隔文盲群体实现知识扩展深化的壁垒，真正从教育体制的创新带来人的发展；通过提升扫盲教育的标准，扩大教育对象和提高扫盲教育的质量；同时也要求建立完善的法律制度来保障扫盲教育的顺利实施。如果从制度的运行上看，这里发展性扫盲教育要求教育实现机制的多样化，在政府的主导下，民间组织积极地参与，在教学运行和评价等制度的建立上要关注给扫盲教育带来实效性。

从物质层面来看，学校要实现学制基础上的整合，建成开放的成教体系，特别是在终身教育体系建设过程中，将扫盲教育中教学点的建设问题考虑进去。对于师资建设上来看，专兼职教师都是重要的资源，而且从教师变动的趋势来看，将来专任教师的数量可能会多于兼职教师，这也说明，原有大规模、运动式扫盲的做法从师资层面已经难以得到支持。从教材开发来看，将来在大纲的指导下，既有一定程度的统一教材，也有独具特色的地方教材，以满足学习者的需求为目的的教材开发具有多种形式。

从文化转型去分层次研究扫盲教育，其实是借用了文化的外壳，即层次结构来进行认识，得出了发展性扫盲教育作为未来的发展方向。但是，文化的视角比较宏观，如果要进一步认清其内在的话，可以从其他维度来加强认识和理解。

2. 借用教育结构的分类来认识发展性扫盲教育的内涵

宏观的教育活动结构包括了学校教育与非学校教育，开办在中小学、成人夜校和成人文化技术学校等的扫盲班，属于学校教育，而没有正规学校组织作为依托的家庭扫盲和民间组织开展的扫盲等则为非学校教育。尽管将教育宏观结构上划分为学校与非学校教育活动存在一定的争议，但无论如何，这说明发展性扫盲教育也应该包含校内的正规教育和校外非正规乃至丰富的实践性的教育活动。更重要的是在微观层面上，构成教育活动的基本要素包括了教育者、受教育者、教育内容和教育手段。①教育者就是指专兼职的成人扫盲教师；受教育者就是低文化群体；而教育内容在发展性扫盲教育中，则不再局限于读写算的教育，是知识、情感和价值内容的整合，其中强调一种批判思维的训练；在教育手段上，讲授、自学、观摩和实验等等都应该在扫盲教育中有所体现，改变单一的讲授制，并且要着力培养学员自我导向的学习习惯。

3. 从教育作为发展活动来认识发展性扫盲教育的内涵

这个发展活动有背景、目标、投入、过程和结果等多种元素。发展性扫盲教育的背景主要依托中国社会正迈进以工业化和信息化为主要特征的现代化社会，社会对人们受教育程度的要求越来越高；从目标上看，发展性扫盲教育是要促进人的发展和促进社会的发展，而终极的目标则是，只要存在低文化群体，扫盲教育就会设法提供他们受教育的机会和相应的教育资源；从投入上看，发展性扫盲教育的需要国家和社会增加投入，也需要对这种投入给予法制化的保障，同时在整合各方资源后，还要改变原有扫盲资金在各地区相对平均的投入方式，根据区域内的文盲人口数量、教育条件和地方配套程度等多种因素来综合考虑资金投入；从过程上来看，发展性扫盲教育也是一个长期实现的过程，可能需要有阶段性的步骤，并且伴随着阶段性的目标，比如现在文盲人口比例已经下降到5%，能否在几年内再下降到2%或者1%，需要在过程性中去考虑；从结果来说，发展性扫盲教育显然是要让低文化群体摆脱文盲状态，但是这种摆脱不是一次性的，它应该是能够支持人们持续地摆脱文盲这一相对的状态。同时发展性扫盲教育即要关注在多长的时间内

---

① 陈桂生等国内学者主要都坚持三要素论，即教育者、受教育者与两者之间的中介，这里区别了中介里的教育内容和教育手段.

让多少人满足了教育的需求的效率问题,同时也要关注扫盲教育的投入和高质量产出的效益问题。所以,发展性扫盲教育是一个系统化的革新,需要多个环节的共同改变来实现。

由此,对扫盲教育的观测至少有了三个不同的视角,如图 5-1 所示,在不同的视角下,发展性扫盲教育展现出不同的图景。

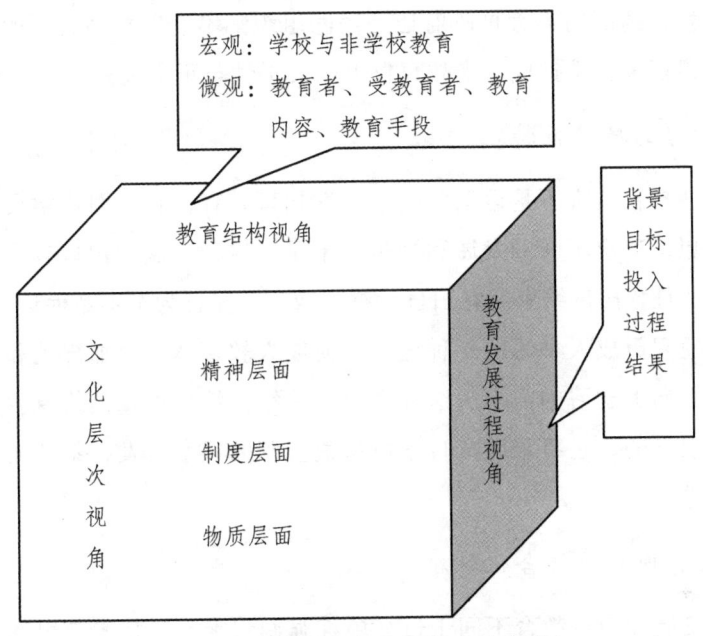

图 5.1　多视角下的发展性扫盲教育

二、发展性扫盲教育的特征

这里的特征不是一种现状的描述,而是一种"应然"的设定,也就是笔者希望未来扫盲教育转型后,在实际的开展过程中应该具备这些特征,才能算真正实现了转型目的。

1. 事业公益性特征

扫盲教育是一个国家对其处境不利人群和低文化群体所开展的教育,公益性特征明显。所谓教育的公益性,是指"教育所提供的产品或服务只能由人们共同地占有和享用。从利益上看,这种利益具有公共性、社会性、整体性；利益主体是公众、社会、国家，而不限于某一社会成员个体"。[①] 作为扫盲教育的公益性主要是指低文化群体在教育过程中获得文化知识，以及由此带来的各种好处。我国1995年颁布的《教育法》规定"任何组织和个人不得以营利为目的举办学校和其他教育机构"，对于扫盲教育也同样适用。扫盲教育事业不是处在一个竞争性的市场环境中，公共性也是扫盲教育产品的属性。开展扫盲教育的部门不管是政府还是民间组织都不能以营利为目的。公益性也体现出扫盲教育维护成人受教育权上的公平性与正义性。

2. 学习的持续性特征

发展性扫盲教育不是运动式的一次性扫盲教育，它试图让学员树立终身学习的思想，追求不断的发展和进步。于是，这种发展性扫盲教育具有学习的持续性特征，扫盲结束后有扫盲后继续教育，并且为了不断促进人的发展，它还要打通阻碍成人学习的各种壁垒，使成人教育体系更加规范和科学，满足成人不断向上学习的需求。这种学习的持续性特征也正是终身教育和学习化社会所倡导的，它将帮助文盲学员从最基础的识字出发，不断向更高层次的学习迈进。

3. 教育内容的综合化特征

由于发展性扫盲教育不同于过去单纯强调识字或者技术应用的工具性扫盲，它在内容上既包含了识字与技术的应用，还包含了对人意识觉醒上的教育内容。而且发展性扫盲教育本身就是一个兼收并蓄的系统，它的内部也存在知识的发展和更新，只要符合时代要求，低文化群体也需要掌握的知识，都应该在这个系统中有所储备。由此，发展性扫盲教育在内容上呈现出一种综合化的特征，这样也就把扫法律盲、扫金融盲、扫医学盲等，各种可能出现的人们知识上缺失的状态都进行统整。所以，这个特征也体现了扫盲教育的基础性本质。

4. 学习过程的自主化特征

成人学习特别注重自我导向型学习，发展性扫盲教育也突出这个特征，

---

① 邢永富. 教育公益性原则略论[J]. 北京师范大学学报，2001（2）：50-54.

在学习过程中要求文盲学员逐渐培养出独立学习的能力,因为这种自主学习能力的获得才能保证文盲学员在脱离扫盲班之后,在实际的生产生活中继续开展自我学习。发展性扫盲教育,强调学员内在发展的动机,所以要力求将学习化为一种内在的主动的要求,而不是一种外在的不得已的选择。

5. 教育目标个性化特征

每个成人都有自己丰富的个性化经验,而且也有不同的学习目标。发展性扫盲教育不是要去将他们的个性抹去,然后传授一种客观的知识,恰好相反,它要力求满足每个人个性化的教育需求,提供低文化群体在个性化发展上的动力。这种教育目标个性化的特征既是学习效果上因材施教的要求,也体现了扫盲教育中尊重教育对象,重视个人经验的特点。

6. 教育实现形式多样化特征

教育实现形式的多样化是指扫盲教育可以采取多种教育方法和手段来实现,传统的课堂讲授式固然重要,但是在成人教育中,需要构建一种民主平等的师生关系,所以参与式教学、讨论式教学、实践性教学等都可以综合运用,而且教学效果也可以采用多种方法进行评价。同时,扫盲教育的办学模式也可以多样化,民间组织扫盲,工厂对职工的扫盲,等等。为了低文化群体的发展,能够达到目的的各种形式都值得去尝试。

第二节 发展性扫盲教育的转型范畴

一、两个维度上的解读

转型范畴就是讨论转什么的问题。工具性扫盲教育到发展性扫盲教育的转型实现,这里主要通过对两个图表的解析,以便直观地进行说明:一是通过对表4.1和表5.1整合,讨论当前与未来两种类型扫盲教育的比较,从中提出了转型的条件,如表5.2所示:

表 5.2　工具性扫盲教育与发展性扫盲教育的比较

		工具性扫盲教育	转型路径 →	发展性扫盲教育（目标）
精神层面	价值追求	同一社会性质下人的适应：合格的劳动者	提升教育目标与价值，从适应社会到推动社会	1.推动社会进步 2.主动学习，实现个人发展
	知识目标	识字为主，强调应用	提高识字量和文字应用要求；引导学员批判和反思	识字、应用、批判性知识
	理论基础	邓小平理论、多种教育思想	吸收能够为促进社会进步和人的全面发展的各种理论成果	更多马克思主义中国化理论、更多当代社会、人发展的成熟理论
制度层面	制度内容	1.调整与初等教育、继续教育的关系；2.确定识字标准，结合应用；3.深化法制化水平	对成人教育体制进行改革，完善终身教育体系的建设；提高扫盲标准；进一步推进法制化进程	1.以成人基础教育纳入学制 2.提升扫盲标准 3.提供法律保障
	制度运行	1.自上而下、计划性；2.注重监测与评估	完善扫盲教育的管理运行机制；拟定全面的扫盲教育规划；完善扫盲中和扫盲后教育成果的监测评估制度	1.政府主导，民间参与 2.强调教育的实效
物质层面	学校	1.成人技术学校；2.教育组织逐渐萎缩	整合现有的成人学校，科学合理地管理扫盲学校和教学点进行更加；鼓励民间单独或者合作开展扫盲教育	1.学制基础上的学校整合 2.开放成教体系
	师资	专职、兼职和群众	建立师资库，合理配置和开发教师资源	1.专职、兼职 2.研究者与培训者
	教材	1.教学大纲指导；2.省级统编；3.实用性突出	持续完善教学大纲，鼓励多种力量进行本土化开发，对教材开展评价工作	1.大纲指导 2.系统开发 3.多种形式

这里沿袭前面的分类方式，从精神层面、制度层面和物质层面上对实现转型的目标和途径进行了概括性的说明，由于已对转型目标内容有了解读，在此不再多做说明。

不过，根据孙其华对教育转型判断指标的研究成果，笔者也对工具性扫盲教育向发展性扫盲教育的转型进行了核心理念、培养方式、评价方式、体制机制、影响效果等方面的分析，具体如表5.3所示：

表5.3 工具性扫盲教育向发展性扫盲教育转型

	工具性扫盲教育	转型路径	发展性扫盲教育
核心理念	教育工具论：培养会使用工具的人；阶级社会里培养人成为工具；适应社会	转变核心理念	教育实现人的全面发展；培养人批判和反思；推动社会
培养方式	灌输式教学、预设	转变培养方式	理性交往、开放
评价方式	短期评价、数量评价、局部评价	转变评价方式	长期评价、综合评价与整体评价
体制机制	不完整、运行不畅	完善体制机制建设	完整、顺畅
影响效果	政治、经济、文化、社会、个体上的局限	扩大影响的深度和广度	政治、经济、文化、社会、个体上的深刻

这里需要对这几项指标进行解读：

一是从核心理念上看，工具性扫盲教育这里需要区分两种情况，一种情况是阶级社会里，把人看成工具作为教育的目的，一种是将教育看成是掌握工具的教育。根据具体国情，笔者采用后一种作为工具性扫盲教育的理念，会认字、简单识数就可以，所以只讲学习者学到了什么，不讲学习者如何获得；只看到扫盲教育的工具价值，没看到扫盲教育的内在价值；只强调学习目的是为了适应社会，不强调学习是为实现人的发展来推动和引领社会发展。所以，从这个核心理念出发，就导致了之后种种的分歧。发展性扫盲教育不仅自身要不断革新和发展，也要促进人的发展和社会的发展，因此扫盲教育不是一种单纯的工具，已经包含了整体意义上的实践观，这个整体意义是从人的发展、教育的发展和社会发展的统一上讲的。

所以，要实现从工具性扫盲教育向发展性扫盲教育的转型，必须要更新理念，建立发展性的扫盲理念，形成新的扫盲价值观。而观念的变化需要有主流思想和价值的支持，也需要大量发展性扫盲教育的实践才能真正实现。

二是从培养方式上看，工具性扫盲教育采用灌输式的教学方式。"以民教民"，只要会识字，都可以成为扫盲教师，这经常被当作我国扫盲教育实践中的有益经验，其实反映了一种简单的教育观，以为人的学习是他人直接灌输就可以完成；而对于要培养什么样的人缺少思考，教出来的都是会认字的人。这种培养方式需要改变，所以发展性扫盲教育要求师生之间要有一种理性的交往，互相尊重、平等充分地交流，教师与学生共同实现学习上的进步，于是在培养目标上也不是简单预设为识字多少，而是掌握一定知识，具有学习的内在动机、意识觉醒的个体，他不是预设的结果，而是处于开放的教育环境之中。

三是评价方式上，工具性扫盲教育主要采用的是短期评价、数量评价和局部评价的方法，这主要是由于重点考察学习者的识字目标而导致的。而在发展性扫盲教育中，不仅要进行长期评价，还要进行长短期的综合评价，以及数量和质量上、局部和整体上的综合评价，因为这里评价的目的不再是某一个时期掌握多少汉字，还可能涉及人的长期行为变化和心理变化测评，涉及一个局部地区和全局上的测评等不同的目的。基础教育、高等教育等都在教育评价上有深刻的研究，而在扫盲教育领域，还需要科研人员和扫盲工作者共同努力来实现这种评价方式的转型。

四是体制机制上，工具性扫盲教育的开展往往具有运动式、短期性的特点，所以就没有重点开展长效机制的制度建设，扫盲教育只是一项行政安排上的工作或者项目，当有任务下达时再进行人力、物力等资源的整合，也可以完成任务，当然，从根本上看，这也是由落后的扫盲教育理念所导致的。一段扫盲工作的结束，体制机制的衰落也是不可避免的，所以，只有转型发展性扫盲教育，让体制完善和机制顺畅，在不断持续开展的扫盲教育中长期有效的运作，体制和机制才能真正发挥出它应有的作用。

五是影响效果上，工具性扫盲教育由于其固有的保守和对教育理解上的肤浅，在政治、经济、文化和社会各个领域中的影响非常局限，人们形成的，如"扫盲教育等于识字教育"、"扫盲教育快终结了"这些错误的观念都与扫盲教育并未在社会各个领域中彰显其应有的价值有关系。所以,从这个意义上讲,通过发展性扫盲教育在实践和在社会各个领域中的宣传,能够让全社会以更科学、更理性也更深刻地认识扫盲教育,支持扫盲教育,而扫盲教育也会因此在发展和社会进步方面发挥更大的作用。

二、从观念、制度、结构和质量上的进一步突破

从不同的视角看待转型,需要转变内在的要素也就有所不同,综合考虑几种转型中出现的要素,转型的范畴主要从观念、制度、结构和质量四个方面去展开。范畴,从哲学上讲就是指最一般的概念,这些概念反映着客观现实现象的基本性质和规律性,如哲学上的意识、运动都是范畴。从工具性扫盲教育向发展性扫盲教育的转型,其中的转型范畴主要有观念、制度、结构和质量等概念。分析转型范畴问题,就是要回答扫盲教育转型到底要转什么的问题,以下从观念更新、制度创新、结构优化和质量提高四个方面来就这一问题进行阐述。

(一)观念的更新

观念是一个大的系统,与扫盲教育有关的观念也是很多的,这里讲扫盲教育观念的更新主要是与扫盲教育相关的核心观念的更新。这些核心观念是通过考察文盲群体在扫盲教育中处理人与知识、人与人以及人与自己的关系中得出来的。

1. 从关注知识学习转向关注人的发展

关注知识和知识运用,是工具性扫盲教育的重要特征,它们转向的目标是发展性扫盲教育。这句话蕴含着对扫盲教育本质的基本判断,即扫盲教育将人看作是目的而不是将人看作是工具。

在中国,启蒙运动没有真正完成对人的主体性教育,所以,一直以来教育对绝大多数人而言都是一种外在的、工具的需要。为什么要读书?古人早就回答了,书中自有黄金屋,书中自有颜如玉,学而优则仕。读书可以有钱、

有美人还有权力,当然愿意读。对于扫盲教育也会面临这个问题,为什么要识字?识字可能会挣更多的钱。而如果不用识字都能够挣更多的钱,扫盲教育就失去了存在的意义,人们就不用参与学习了。

关注知识和知识运用的扫盲教育正是注意到了这一点,所以不断强调扫盲教育与生产劳动相结合,扫盲教育与技术教育相结合,在这种社会文化心理的影响下扫盲教育凸显其工具价值是可以理解的。但随之而来的问题就是,教育包括扫盲教育都是人谋生的手段,教育被技术所绑架,换句话说,只有当一种技术需要普及或者推广的时候,教育才真正获得重视,没有技术就无所谓教育了。

这种理解对扫盲教育来讲是非常致命的,原因在于扫盲教育按照专业技术的观点来讲的话,其内容并不能称之为专业,它只是帮助人掌握最基础的识字和读、写、算的能力,离人们期望的直接获得技术而带来利益的那种教育距离还很远。所以,扫盲教育对人的发展价值就很难被人们所认同。笔者在这里的观点就是,扫盲教育的工具价值是不可否定和抛弃的,对低文化群体来说,如果在扫盲教育的基础上,能够掌握一定的技能这本来就是功能性扫盲教育的目标之一,不过教育对人的发展才是更为重要的目标,因此要反对单纯追求工具价值扫盲教育,从转型的角度来看,将人的主体性凸显出来转向发展性扫盲教育也就是一种必然了。

从 20 世纪末期,主体教育思想在中国得到了广泛的传播。主体性,一般认为是指"人在主体与客体关系中表现出的地位、能力、作用和性质。核心是人的能动性问题"[①]。在扫盲教育中,不是知识而是受教育者才会迸发出极大的能动性,知识就是力量的判断也不是指知识本身是力量,而是指知识通过被人掌握后,人能够发挥巨大的能动作用。

由此,可以看出识字固然重要,但是识字并不是目的,目的在于人掌握文字后,可以阅读、书写,可以与人有更多的交流方式,可以理解更为深刻的生命意义。如果一个人接受了扫盲教育,掌握了扫盲教材上的文字,但是他的生产生活方式并没有任何的改变,这样的扫盲教育注定就是失败的。发

---

① 冯契. 哲学辞典[M]. 上海:上海辞书出版社,1992:141.

展性扫盲教育就是要更多地关注人的改变，人的发展，从这个角度去设定扫盲教育的价值目标和评判标准。一旦去重视人的发展，就会去真实地关注低文化群体的学习需求，激发他们主体意识的觉醒，而掌握知识和运用知识也只是顺理成章的事了。

2. 以教师为中心转向以学生为中心

这个观念的更新是从人与人之间关系的角度来考察的。工具性扫盲教育中的授课方式都是借用传统的课堂讲授模式，在这样的课堂上，老师是中心，教材作为依托的文本也很重要，而学生的学习需求、学习能力、学习方法等并不受重视。教师在课堂上可以起主导作用，但是整个教育活动应该围绕学生的学习来开展。特别是在成人教育的课堂生态中，成人的学习要挖掘出丰富的经验作为学习资源，而教师如果只强调自我经验的话，这样的成人教育并不会很成功。所以当很多小学教师被指派去给扫盲班上课时，信心满满的他们很快就遇到了学习效果不好的问题，而往往这个时候，又没有人责怪教师水平不够，只会认为那些学员实在太笨。

这里就提出一个问题，一个扫盲教师怎么样才算优秀呢？答案不在于一个教师自身能够掌握多么复杂的知识，而是这个教师能够发现学生身上存在的问题，并能够引导学生加以克服，然后使学生的学习和生活发生良性的改变。在发展性扫盲教育中，教师和学员之间就需要构建起民主平等的师生关系，师生之间坦诚地对学习中存在的问题进行交流和分析，学生向老师请教，老师也向学生学习并努力去把握低文化群体学习的规律性。

3. 从重视学会到重视会学

学会，是指一个人将外在的知识内化为自己所有的一个结果状态，而会学则是指一个人掌握了将知识内化的方法和技巧。前者重经验和结果的获得，后者重学习的过程和能力的提高。扫盲教育转型中注重从学会到会学，实际上是反映了从注重外在关系向内在关系的转变。

这里的外在关系就是指处理学什么的问题，而内在关系则是指处理自己知道什么的问题。工具性扫盲教育将重心放到了学会什么上，所以特别在乎一种确定的识字量，并且以这种量化的标准来衡量教育的成败。这种做法的问题出在哪里呢？识字本身也是扫盲教育的重要内容，但是如果以其作为一种标准来判定一种教育成败的话，就会使学员缺少批判性思考的训练。学习的内容都是确定无误，都有标准答案，而其实我们面对的世界从来就充满了不确定性，这样的学习无疑会让学员的思维训练受限。

会学，在建构主义者看来从自我建构出发是达成学习目标的途径，而其中学习者就需要用批判性思维来看待自己和学习。批判自己就是要客观剖析自己的优点和不足，反思自己在学习上的长处和短处，不断地进行自我激励。所以只有会学习才能使扫盲教育真正变成成人的基础教育，实现成人从这个基石出发不断向上攀登。否则今天扫盲学会的，过段时间知识要求变化了又或者遗忘了，依然摆脱不了成为文盲的境地。而要会学习，在扫盲教育中就要不断引导学员培养批判性思维。

（二）制度的创新

制度创新是转型的重要保证，也是转型的主要内容。发展性扫盲教育要实现低文化群体的发展，需要设计制度并实践运行来保证转型的成功。在有关扫盲教育中，并不是所有转型前的制度都统统抛弃掉才算是制度的创新，因为涉及扫盲教育的制度是多方面的，比如法律法规此类规范性制度，都具有一定有效的适用期，某个时间段内的扫盲工作条例，其中确立的制度不是个人随便能改变的，它是一种公意的体现。所以，在制度创新时就要把应该做和可以做两方面结合起来考虑。为了实现发展性扫盲教育真正促进人发展的目的，笔者认为，当前的制度创新可以从两个方面着手去实现：一是实行学力认证制度；二是实行认证的衔接制度。

1. 实行学历认证制度

学历认证制度是对文盲群体脱盲的一种确定性评价的制度。由于原有的扫盲教育从知识性上看是非常基础的识字和读、写、算的技能，有关脱盲的认证就显得不那么重要了，脱盲证在实际生产生活中的用处几乎没有，而且往往还反过来成为低文化的一种标识。当扫盲教育转向发展性时，它应该成为成人的基础教育，而对基础教育的学历认证对后续继续进行成人教育是必不可少的,以下是关于认证的一些初步设想。

对于成人基础教育的学历认证可以分成初级、中级和高级三个级别来开展。初级认证确认小学学历,中级认证确认初中的学历,高级认证确认高中学历。提出学历标准是基于三点考虑,一是在工具性扫盲教育时期就已经提出过扫盲教育与普及业余初级教育相结合,但直到现在都还没有很好地完成这种结合。这反映出我国扫盲教育的层次还是比较低的,还远达不到初级教育水平,这种情况需要改变,由此,扫盲教育转型实施认证制度,从初级开始是对原来 2000 的识字水平提出了更高层次的要求。二是中、高级认证在现行教育体系中空缺。没有成人初高中,无法确定一个成人具有的中学学历水平,而像高中学历水平对参军、就业、上大学等都非常的重要,如果能够建立起中高级认证体系的话,必定会激发起群众的学习热情。三是认证往往体现学习的主动性。发展性扫盲教育的转型中,依然要关注识字教育等原有型态中的教学内容。但是与之有所区别的是,低文化群体理解到自己的学习是可以通过不同认证等级,可以为自己的生产生活打开更大的通路,认证的主动性也就会反映到学习的主动性上,成人的自我导向型学习也就容易实现了。

从认证的组织形式上,可以参考职业资格考试的模式,由县级教育主管部门来管理,每个省统一出题,同一考试时间,每年可以进行 2-4 次的认证考试。

认证采用模块化的考试方法,以初级认证为例,可以设计的模块包括:识字(含阅读)、听写、算术和生活。可以确定一次性四个模块全部合格为具备认证资格,而一个模块合格只能够保留一年内有效,第二年认证时需要重新考试。

可以直接认证中、高级学历水平无须先经过初级认证。初、中、高级认证有效期暂定为终生。其实学历的确认应该是有有效期的,但是考虑到终身学习的理论和制度在中国还不是很成熟,所以暂时定为终生。有效期说明了一个人的学历是确定的,但是学力则是变化的,对学力的有效期进行限定,可以促使学习者继续提升。

需要注意的是,学历认证制度并不是要取代所有那些在边远山区所进行的扫盲教育的实践,把在生产和生活中进行的扫盲教育转型成为一种应试教育。原有的教育型态也是值得重视和推广的,这里主要是从新的制度创生来说的,把成人的学习与未来的学习和成人更紧密地联系在一起,它主要针对的是学习成果的一种评价,其实有时候在参与学习的过程中体验的意义并不比学习成果的意义要小。

2. 实行认证后的衔接制度

认证后的衔接制度是指应该由何种制度性安排来使现有的学历认证起到在学习和工作上促进人发展的作用。

初级认证确认一个人具有小学文化学历,这个主要是针对原有的扫盲教育在知识上做一个引导。因为初级相当于小学文化水平,在今天社会里,实现制度性衔接是比较难的,比如当兵的基本条件在农村是以初中毕业、城镇是以高中毕业为起点的。所以认证上的衔接更重要的发生在中级和高级成人基础学历的认证上。

第一个方面的衔接制度是指学校教育领域内的衔接,要解决一个成人被证明具有初中或者高中学力后,能不能再继续进行学校教育的问题。中级认证(初中学力)后续可以衔接中级职业技术学校和职业高中;高级认证(高中学力)后续可以衔接普通高校和成人高校。当然,这里说明的是具备考试资格进入这些学校,而不是没有条件的直接晋级。

第二个方面的衔接是指与职业资格相关的衔接。如会计资格、银行从业资格考试对员工学习背景的要求均是高中学历,只有通过考试才有入职资格,所以成人高中学力能否享有高中学历在求职上的同等的权利就至关重要了。

如果通过认证的衔接打通以上学习和就业的通道,必定会对扫盲教育和成人教育带来巨大的影响,当然这里也有一些前提需要注意,一是国家相关部门对入学和入职资格的限定要做调整;二是成人学历资格的认证必须具有权威性和真实性,如果造成大量的虚假学历认证,那么这项制度创新就失败了。

(三)结构的优化

结构是指事物各部分的配合、组织,或系统内各个组成要素之间的相互关系、相互作用的方式[1]。一种教育系统内部的结构其实是非常复杂的,从不

---

[1] 夏征农,等. 辞海[M]. 上海:上海辞书出版社,1989:1317.

同的角度考察会有不同的结论。在向发展性扫盲教育的转型中，结构优化主要可以从两个方面来理解。

1. 多元办学主体共同参与扫盲教育

扫盲教育的办学形式，一般认为由于是维护教育权利的公平，则政府办学是对教育公平理念的一种很好的诠释，当一个社会需要大规模地开展扫盲教育时，由政府推动开展相对正式的成人扫盲教育是合乎时宜的。然而当原有扫盲标准下的文盲群体不断减少，而且还分布分散时，这种运动式地办学效益比之前下降了。因此，在发展性扫盲教育转型中应在政府主导下，可以由多个办学主体来实现扫盲教育的高效运行，这里的效益也包含了质量和成本的意义。

主体的多元，也就是要促进各种社会力量参与扫盲教育。扫盲教育是面向基层具有高度的社会化的教育，所以需要发挥中介组织在扫盲教育中的作用。教育中介组织是介于政府、学校、个人之间，为开展扫盲教育提供咨询、监督、评价等专业化的组织。尽管从中国的社会管理上看，当前的社会中介组织，特别是专业的教育中介组织发展还很缓慢，与国外发达国家相比，我国在社会管理中中介组织发挥的作用还很不够，但是随着社会主义民主政治建设的推进，中介组织必定会成为全社会教育领域内的重要力量，这里的结构优化就是要创造条件，让更多的教育中介组织来满足低文化群体对教育的需求。所以，对于扫盲教育向发展性的转换来看，首先是要培育更多的教育中介组织，如：办学质量评估的组织、扫盲教材编写的组织等；其次让这些中介组织承担原来教育行政主管部门对扫盲教育的部分专业管理的职能。办学主体中民间公益慈善组织也很重要，尽管他们本身并不是专门的教育机构，但也可以在扫盲教育上给予组织、资金、师资、教材等方面的支持。

2. 常态化与项目化结合进行扫盲教育管理

管理的常态化本身是企业管理用语，它是针对企业在生产流程和服务流程中面临的职责不清、目标不明、质量不高等而实行的日常管理标准，常态化强调时时有管理、事事有管理和人人有管理，这样来保证生产和服务工作的顺利进行。在教育领域内一般不强调管理的常态化，这是由于正规的学校教育管理已经实现了常态化，学校教育承载着多种超越教学的功能，有固定的教育场所、比较完善的组织机构以及比较稳定的生源和师资队伍，所以，正规学校管理的常态化是一种全社会的共识。然而，扫盲教育却与正规的学校教育之间区别很大，没有专门用于扫盲教育的场所，开展教育的地点可能不固定；扫盲学员越来越趋于分散，受生活压力等影响，生源不可能如学校里的儿童一般稳定；在教育行政部门和成人学校里，扫盲教育管理的组织体制不完善；师资队伍建设也比较滞后。通过比较可以看出，扫盲教育在管理常态化上存在缺失，这种状况需要在扫盲教育转型中加以改变。

扫盲教育实现常态化管理是扫盲教育持续开展的重要保证，也是管理体系完善的重要体现。管理的常态化在这里主要有两方面的要求：一是整个扫盲教育管理工作要形成一个闭环。根据质量管理关注 P（计划）、D（执行）、C（检查）和 A（处理）的四个环节，对扫盲教育四个重要环节上的工作进行重点管理：在扫盲教育的计划或者规划环节，要整合教育部门、人力资源管理部门等方面的专家，拟定较为科学的规划；在执行环节，将扫盲教育计划中的任务在各个地区去落实；在检查环节，要对扫盲教育的效果进行监测与评估；在处理阶段，通过评估发现问题并加以处理，然后再从处理阶段进入到下一轮的计划环节。这样就保证了扫盲教育管理工作的完整性。二是完善管理的制度建设，处理好人、事、岗三方面的要素。常态化管理显然是要依赖制度进行管理而不是依赖某个领导的权威，这就需要理顺扫盲教育现有的制度，将扫盲教育中的管理者、教师的权责明确，在如何保证低文化群体的学习权利上，也要有制度化的建设。制度化上的完善与切实执行，才能够保证扫盲教育持续健康的发展。

扫盲教育管理不仅要关注管理的常态化，也要关注管理的项目化。项目化是从项目管理的角度提出来的，它符合了矩阵制组织设计的需要，一个单位为了特定的目标，通过一个单位内部整合资源，形成一个新的项目管理部门。于是项目管理就具有了目标明确性、项目整体性和任务一次性等特征，这就要求在扫盲教育管理中：

提出明确的扫盲目标。这种目标的明确首先要确定在某一阶段达到任务完成度的准确描述。然后将这种描述分解形成详细的任务指标，在任务完成阶段对照这些指标进行考核。

注意任务之间的关联。这是从项目整体性角度提出来的，在分解的扫盲教育要达成的任务目标之间，是存在关联的，所以，在实现总目标的过程中，各个层级和各环节之间应该互相配合。

不断地提出新目标和管理项目。由于项目管理具有一次性的特征，当前一项有关扫盲教育的目标达成后，还要对未来的目标进行设计，所以就需要不断地提出与社会和人的发展相匹配的扫盲教育项目，从这个意义上讲也是对常态化管理的有益的补充。

结合常态化与项目化的管理，对教育行政部门来说既完善了对扫盲教育的日常管理，又对具体管理事务更加有针对性，这有利于作为主导力量的政府来推动扫盲教育事业；同时，项目化的实施可以通过政府购买的方式来实现，也就是政府通过招标扫盲项目的方式，让学校组织和其他社会办学力量来参与竞争，择优遴选，将政府的管理职能和扫盲教育的具体实施分开，政府处于项目监控的状态，这样的分工，既是整合社会各种资源开展扫盲教育的办法，也有利于激活全社会对成人基础教育的重新理解。同时对政府来说，也可以减少一些日常的行政建制，避免扫盲教育管理和运行成本过高。

（四）质量的提高

扫盲教育向发展性转变，而发展的重要内容之一就是质量要提高。在被动型和适应型扫盲教育中，一是人们关注的重点是识字量、扫盲率，没有将人的更多能力的发展考虑进去，这样的质量标准很窄。二是人们在识字量上的要求并不高，这样的扫盲质量标准很低，已经很难继续适应未来的扫盲要求。三是在教育实施的过程中，教学质量的监控基本空缺。所以这一方面导致了很多人脱了盲又很快返盲，而另一方面导致了在扫盲教育成绩上存在着水分。发展性扫盲教育在质量提高上要做好两方面的工作：

1. 建立合理的质量标准

教育质量标准根据不同的教育类型是有所区别的，普通高等教育关注追求学术质量和理论教育质量，职业教育关注职业价值与技术运用，而在扫盲教育上既要关注基础知识的获得,也要考察学员实际的转变。如果将质量看成是一个从投入、生产到产出的过程的话,三个环节上都要去促进质量的提升。

从投入上看,要关注与教育相关的各种资源投入。时间是学员与教师投入的重要资源,所以需要建立学时标准来保证这项投入的完成。不过学时标准也受到教师水平和其他教育条件的限制,现有的200个学时的扫盲标准应该只是一种参考性质的标准,各地扫盲教育需要对这个标准再因地制宜地调整,学时只是一种投入而不是产出的结果,不能将二者的位置颠倒,认为只要满足了200学时,扫盲就完成了,学时投入不是扫盲完成的充分条件。成人学习可能受家庭和劳动等其他因素的影响而导致暂时性的中断,所以学员要根据自己的情况去合理安排学习时间,这样看来,学习时间就需要更加灵活的安排。教师要为扫盲课程进行准备,也要投入精力和时间,特别是中小学基础教育的教师兼职扫盲时,原有的工作与扫盲工作在时间上需要协调,避免仓促行课。另外作为扫盲师资来说,参与扫盲教育的教师职称、学历、生活经验以及对成人教学方法的理解等都对教育质量产生着直接的影响,可以说扫盲教育的质量主要就是受扫盲教师决定的,所以投入的教师资源应该也建立相应的准入标准。

从过程来看,笔者认为建立全国性统一的扫盲教育指导性教学大纲是有必要的,这里有几方面的考虑:一是尽管各地区各民族存在着语言、文字和习俗等方面的差异,但是处于同一社会性质和转型背景下,须要具备一些基础知识和共同观念,这些在扫盲教育中均应有所体现;二是发展性扫盲教育要实现与其他教育上的衔接,这就要求在知识性上要有一些确定的标准,否则也无法进行学力的认证,通过宏观的质量标准的确定,才能有效地实现衔接。当然,仅靠统一大纲的指导来保证质量也是不够的,成人教育强调以学员为中心的课程设计,所以,教师应根据学习者生产生活的特点与可接受的知识难度与广度等综合考虑建立课程标准,把大纲指导性的要求与具体的学习任务进行有机地整合,既体现大纲的统一性,也体现学员学习的特殊性。

而从教育的产出或者结果来看,现有以识字数量为核心的标准可以从两个方向上得到改进,一是数量要求上要分层次,也就是对不同的文字数量为基础的扫盲任务确定不同的等级标准,这样方便学员更准确掌握自己的水平,也方便向上衔接其他教育时有所依据。二是标准的内容上不限于识字,应该把计算、常识等都纳入考核学习成果的范畴,而且在地位上要居于平等,实际上考察其他科目的水平时也在考核文字理解的能力。三是对考核标准中要区分出不同的层次,对同一问题可能存在着识记、理解和运用等层次上不同的要求,这些在考核文盲学员时都应该有具体的说明。当然,上面所说还只是做了学员学习结果的狭义理解,从广义来看,学员的态度、行为和价值观的转变也是学习的结果,并且这种学习的结果可能对其生产生活造成的影响还更加深远,所以,对文盲学员的结果评定还需要一个长期地跟踪评估,这也从一方面说明为什么扫盲教育需要持续地开展。

2. 完善质量保障体系

对于教育质量保障体系的建设,可以从质量认证和评估的角度思考,也可以从外部保障与内部保障的角度思考,鉴于前面已经对学力认证和质量提高的内容有所阐述,这里主要从不同的主体保障扫盲教育质量进行分析,政府、扫盲教学单位和社会三个方面可以形成一个扫盲教育的质量保障体系。

从政府来说,由于成人教育可被扫盲教育的最高管理部门在教育部机构改革中分解,组织的缺失显然会导致管理功能上的缺陷,所以,从教育部到地方教育行政部门对扫盲教育的质量控制都非常弱,主要是通过完成"两基"任务验收和人口普查工作中人口受教育程度调查为出发点的,体现的是行政绩效导向的管理思维。扫盲教育向发展性转向时需要政府在教育质量上更加重视,引导转型方向。这里有几项工作非常重要:一是政府要牵头制定对全国扫盲教育具有指导意义的质量标准或者教学大纲。扫盲教育需要有全国性的统筹指挥和协调,通过发挥政府宏观调控的作用,使各地开展的扫盲教育在质量保障的基础上均衡发展;二是完善组织机构建设,从学习对象上看,似乎扫盲教育应该属于教育部职业与成人教育司管理,而实际上可能是考虑到学习内容和主要依靠力量,扫盲教育的组织管理工作主要由基础教育一司来执行,如《教育部基础教育一司2012年工作要点》第三条就写道:"与2011年通过国家'两基'验收的省、自治区协商,签署义务教育均衡发展备忘录;

编写一套适合新时期成人文盲学员需要的扫盲教材。"①不过，在基础教育一司下面并没有专为扫盲教育设置处室，笔者也并不认为，必须有扫盲教育的处室才能彰显其管理职能，而是说，在国家层面上应该有一个更为明确的组织机构来管理和协调扫盲事务，上行下效，如果教育部不存在相应的机构，落实到地方教育厅和教育局就更没有扫盲教育的管理机构了。如果确实在教育部难以设置这种机构，笔者认为应该联合人力资源和社会保障部、科技部或者由其他部门来设立一个组织来管理扫盲教育，毕竟这种职能上的整合在近年来的机构改革浪潮中也并不鲜见。三是组织开展扫盲教育的评估，这里的评估不仅要评估数量，也要考虑质量，表5.4显示的是两基检查的主要指标：

表5.4 国家"两基"评估验收指标——扫盲情况

青壮年人口总数(人)	青壮年人口中非文盲人数	青壮年人口非文盲率(%)	普及初等教育时间	基层单位扫盲情况				脱盲人员巩固情况		成人教育学校情况				扫盲经费情况		
				乡镇验收合格数	乡镇验收合格率(%)	行政村验收合格数	行政村验收合格率(%)	近三年脱盲人数	巩固率(%)	乡镇农民文化技术学校数	办学面(%)	村农民文化技术学校数	办学面(%)	地方财政补助数(万元)	乡村自筹数(万元)	脱盲人均开支经费数(元)
总计																

（资料来源：青海省西宁市城中区人民政府"两基迎国检"政策文件栏目②）

评估的指标由人数、占人口比、时间、合格率、巩固率、学校数量、办学面和经费等方面来构成，对于国家掌握扫盲教育整体开展的规模和结构很

---

① 教育部.教育部基础教育一司2012年工作要点[EB/OL].教育部网站，http://www.moe.gov.cn/publicfiles/business/htmlfiles/moe/A06_zcwj/201202/xxgk_130053.html，2013-03-05.

② 国家教育督导团办公室.关于修改印发《普及初等义务教育、扫除青壮年文盲评估验收情况登记表》及填报说明的通知[EB/OL]西宁市城中区人民政府网站，http://www.xnczq.gov.cn/info/1219/3875.htm?WebShieldDRSessionVerify=MGCTrSStM BYJMtdlgIMI，2013-03-7.

有必要，但是这里缺乏质量的标准，笔者认为，"两基"的复查工作中要"重点检查扫盲未验收地区的青壮年文盲情况，已验收地区的脱盲人员复盲情况"，①但是要促进扫盲教育的转型，质量指标也应该纳入今后的检查评估之中。

教学单位是扫盲质量保障体系的重心。这里的教学单位是一个大的概念，包括了承办扫盲教育的基础教育学校、成人夜校和民间扫盲组织者，从教学单位的质量保障作用上看，它既要提供师资、场地、教学设备等有形的保障，也要通过对学员进行日常管理、对教师进行考核、对教学进行监督等方面来实现对质量无形的保障。发展性扫盲教育对教学单位可能在以下几方面提出要求：一是教学单位需要有合格的从事成人扫盲教育的师资，师资建设是最为有效提高质量的方法。所以，教学单位要在扫盲教师的聘用上把关，在职业道德、教学水平上对扫盲教师都要认真考察。二是教学单位要监控文盲学员的学习动态，一方面对学习效率低的学员要加强教师的辅导，另一方面对学习效率高的学员鼓励继续向更高的学习目标迈进，当然也要关注那些脱盲后的返盲人群，实现只要有人想学，就能够提供学习资源的目标，这也是学习社会所追求的目标。三是在课程设计上，教学单位需要认真挖掘本土资源，对大纲或者教材要二次开发，以身边鲜活的事例和贴近群众的语言将知识和价值观等传递出去，这样来看，教学单位也离不开对扫盲教育的教研工作，而且这还是一项既具创造性又具有挑战性的工作。

社会对扫盲教育质量上的保障主要从两方面来实现：一是可以由专业的教育中介组织提供对扫盲教育的质量测评和质量提高的建议，这种专业性的保障在扫盲教育上应用较少，原因在于，人们还没有认识到扫盲教育的复杂性和专业性，而且在扫盲教育上投入资金并不多。但是在发展性扫盲教育下，随着扫盲教育体系更加开放，提高了脱盲标准，接受扫盲教育的人更多，所耗费的社会资源更大，这个问题就值得从专业性上去考虑如何实现保障了，而引入社会专业机构可能在评估的过程中更能够坚持客观性。二是文盲处于各种社会关系之中，一个人参与扫盲教育可能会影响到身边的很多人，群众的口碑也可以是扫盲教育质量的一种重要参考，只有提高了教育的质量，让

---

① 教育督导团办公室．教育部关于进一步加强和改进对省级实现"两基"进行全面督导检查的意见[J]．云南教育，2007（3）：28-29．

人们看到了文盲学员在生产生活中良好的改变,这样的教育才会让群众满意和支持,而这种满意和支持对扫盲教育来说既是一种褒奖也是一种鞭策。

第三节 发展性扫盲教育转型的动力场分析

根据现代系统理论和场效应理论可知,扫盲教育在转型的过程中存在着促动因素、推动因素和拉动因素等共同组成的综合性系统性动力场。在这个动力场中同时包含阻力系统,形成常见的互动模式,当动力系统的能量明显超过阻力系统的能量时,转型便开始了。[①]所以,在讨论扫盲教育的转型中,就是要分析两种相对作用的力量,转型的驱动力与转型的阻力。"在通常情况下,当驱动力强于阻力时,变革发生并能持续下去;反之则不能发生;当两种力量作用相当、相互抵消时,组织会维持现状"。[②]

一、发展性扫盲教育的转型动力

在促进扫盲教育转型的力量中,主要包括:社会转型的推力、学习需求的拉力、教育变革的压力、自身利益的驱动力。

1. 社会转型的推力

社会转型是一系统的整体变革,而面向现代化是中国社会转型的方向。由此,社会转型对扫盲教育的推力也体现在"六化"[③]上。经济转型工业化,使中国正从一个农业大国迈入工业大国,经济工业化带来一系列挑战的同时,却也给教育带来了推力。特别是在工业化自动化程度不高的时期,以劳动密

---

① 叶南客. 论现代人格的转型动力与转型机制[J]. 社会学研究,1995(2):91-97.
② 张国庆. 行政管理中的组织、人事与决策[M]. 北京:北京大学出版社,1997:280.
③ 在本研究的理论基础部分曾论述过这"六化"给扫盲教育带来的挑战,此处从正面去理解"六化"带个扫盲教育转型的动力.

集型产业为主，工业化生产需要大量掌握一定技能知识的工人。又由于我国是传统农业大国，工业化的进程必然会提高农业劳动生产率，农业中会分流出大量的剩余劳动力，这些劳动力要从农民转型成为工人或者服务人员，也需要进行大量的培训，而扫盲教育就是对其中低文化群体提供最基础的教育。

结构转型城市化，是指随着社会发达程度的提高，人们更多地选择城市化或者城镇化的居住方式，这种居住方式实际带来了生活方式的转变。城市化推动着居住在其中的人们接受大量的信息，过着高节奏的生活，要抓住城市中不断涌现的热点或者机会，对低文化群体来说就需要有能及时满足他们需要的扫盲教育，帮助他们跟上时代的步伐。发展性扫盲教育在内容上是综合和开放的，不限于识字领域，所以，在城市里进行发展性扫盲教育能够为低文化群体在城市中的发展提供有益的帮助。

政治转型民主法制化，能够作为发展性扫盲教育的推力是因为在民主法制健全的条件下，低文化群体受教育权会以更有力的方式在法律中得到保障；其实从有关教育法中已经对人民的受教育权进行了保障，但是如果能够通过更多成人和扫盲教育的相关法律规范，低文化群体的受教育权和他们发出的声音都可以得到更好的保护；同时，整个社会需要更多具有遵纪守法又具有独立自主意识的现代公民，而这些内容正是可以通过民主法制化的推力实现扫盲教育的转型来完成的。

文化转型之世俗化，说明了扫盲教育不是象牙塔里的教育，其内容是贴近生活的，是为实现文盲学员在世俗生活中变化的教育。同时，低文化群体一样可以在文化上发挥创造力，文化转型的世俗化，使得扫盲教育更加关注作为人的文盲及其日常生活，这也正是发展性扫盲教育的任务。

组织转型之科层化，更加有利于扫盲教育的组织管理工作。科层化给发展性扫盲教育带来新的学习内容和多样的实现形式，文盲群体需要理解这种管理方式，因为在社会中存在的组织绝大多数都以科层制存在。

观念转型之理性化，工具性的扫盲教育关注的是知识的达标，而发展性扫盲教育会去关注人的批判精神的培养，所以，观念转型之理性化，当中国人真正建立起自己的理性思维，必定能使全社会更加客观公正地看待扫盲教育问题。

2. 学习需求的拉力

成人学习过程中学习需求是重要的拉力，工具性扫盲教育下越来越低的注册率反映出它没有能够真正满足成人的学习需求。而学习需求与发展性扫盲教育之间存在着相互促进的关系，发展性扫盲教育通过自我革新的发展是不断满足低文化群体的学习需求，而成人永不满足的学习欲望和学习需求又促进发展性扫盲教育继续改革和发展。通过笔者与扫盲教师的访谈中，也可以看到这种学习需求能够促进扫盲教育的改变。

问：苏老师，你现在主要还是教扫盲课本上的内容吗？

答：也讲啊，不过很少了，现在我搞的那些扫盲班都在讲种茶树和施肥的内容。我们这里都是古茶树，树下面是一种原生的植被，里面有很多中草药那些，所以直接上树采茶就很好。但是他们很多人以前不懂啊，把下面的花草全部铲的一干二净，所以我就先在扫盲班上讲应该怎么采茶，怎么整理茶园。

问：恩，这还有点意思，也就是说你就专门普及种茶的知识了啊？

答：远不止这些啊，我们寨子里有十二家种茶的大户，大家要成立农业合作组织，一起把茶卖到外地去，我有时也要教写合同这类东西。

从这段对话中可以看出，苏老师并不拘泥于已有的文本教材，现实生活中的需求就是教育的生长点。扫盲教育始终是以文盲的学习需求为中心展开的，激发文盲群体的学习需求，就能给扫盲教育的发展变革注入活力。

3. 组织变革的压力

为什么它会成为促进扫盲教育转型的重要力量呢？是因为在现有的整个教育体系中，扫盲教育的相关组织已经萎缩得非常厉害，这种情况下，有关扫盲教育组织前途的问题必然会成为组织管理中不可回避的问题。当然，由于本身扫盲教育组织的萎缩，所以它带来的压力还不够大。而事实上，如果把这个组织扩大去理解的话，组织变革的压力就不一定很小了。比如在西藏自治区接近40%的文盲率，这种环境下，要全面建设小康社会，难度是可想而知的。而如果行政组织给予极大压力的话，发展性扫盲教育是完全能在特定的时空实现的。这种压力还有可能是由于组织内部各元素间的竞争关系导致，出现不得不转型的局面，如一个地区义务教育的师资紧缺，无法再派出教师进行扫盲时，扫盲教育可能就会转向民间进行。

4. 自身的利益驱动

尽管扫盲教育是一种公益的事业，但是它也存在一定的利益。正如很多地方扫完了盲，教师就没课上、扫盲专干就没事干，为了实现这部分群体的利益就要让工具性扫盲教育转型成为发展性扫盲教育；而民间扫盲组织，尽管提供给低文化群体的教育产品是免费的，但是捐赠方可能有对他们业绩的考核，并且这种考核会影响到下一年度的募款规模等等现实利益问题，就会追求对扫盲教育的转型升级。当前，扫盲教育在整个教育体系中还处在一个相对隔离的边缘位置，为了实现扫盲教育与其他教育的衔接等利益，也会带给扫盲教育一定的驱动力。

二、发展性扫盲教育的转型阻力

在转型阻力中，主要包括了落后观念的阻碍、路径依赖、组织智障和心理惰性等多种形式的阻力。

1. 落后观念的阻碍

很多人认为扫盲教育就是识字教育，而识字教育不会有大的变化和发展，所以扫盲教育也不需要发展；也有人认为，扫盲教育已经结束了，不用再讲转型或者发展了，落后观念使人们认识不到扫盲教育转型的必然性。同时，在日常生活中也有人对扫盲教育抱有一种鄙视的态度，甚至觉得文盲往往存在智力上的缺陷，人们羞于承认自己是文盲，这也就增强了扫盲教育转型的阻力。当然，传统文化中还存在一些安贫乐道、保守的思想影响着人们不思进取、追求发展。正如奥格本在《社会变迁》中所说，"现代的许多变迁都起源于物质文化，物质文化变迁又引起文化其他部分的变迁。人们认为，由于某些独特的力量和原因，非物质文化比物质文化变迁扩散的慢。因此在很多情况下都是物质文化变迁在先，所引起的其他变迁在后。有时，这种滞后引起的失调时间很长，成为重大的社会问题"①人们轻视扫盲教育转型的必然性

---

① W·F.奥格本.社会变迁——关于文化和先天的本质[M]杭州：浙江人民出版社，1989：144.

与必要性，终会有一天成为重大的社会问题。

2. 路径依赖

这个概念原是用于描述技术变迁过程的自我强化、自我积累性质的，即是指新技术的采用往往具有收益递增性质，由于某种原因首先发展起来的技术常常可以凭借占先的优势地位，利用巨大规模促成单位成本降低，利用普遍流行等导致的学习效应和许多行为者采取相同技术产生的协调效应，致使它在市场上越来越流行，人们也就越来越相信它会更加流行，从而实现自我增强的良性循环。[1]路径依赖在扫盲教育中体现的不是一种良性的循环，从20世纪50年代形成的大规模运动式扫盲的方式，不断地对工具性扫盲教育进行自我增强，通过几十年不断强调识字教育在扫盲教育达标中的重要性，扫盲教育的开展已然形成了一种无效率的状态。巨大的惯性力量抑制着发展性扫盲教育的转型。

3. 组织智障

这是指作为组织在学习及思维上存在着障碍，主要表现为缺乏系统思考的能力。在扫盲教育领域里就体现为，对扫盲教育的未来发展缺乏明确的发展规划，教师队伍的主动性受挫，师资队伍的建设方向性不明确；在扫盲班的教学与管理中没有做到以学员为中心，扫盲教育的日常管理工作成为一种机械式的习惯、缺乏创新性。组织智障带来的问题是涉及多个要素，多种多样的，这些问题已经成为制约扫盲教育转型发展的重要原因。通过向发展性扫盲教育的转型，扫盲教育才可能打破现有的组织智障。

4. 心理惰性

在向发展性扫盲教育的转型过程中，包括笔者在内的扫盲教育工作者都会面临自己心理上的惰性。扫盲教育是面对经验丰富的一个个鲜活的生命，必须要结合教育对象的经验来引导他们进行自我导向的学习，但是要实现这一切必须要不断求新求变，这就要克服教师的惰性心理，不断创新。另外，正如前文论述过为什么很多学者主要讲扫盲教育的开展而不讲发展或者转

---

[1] 吕爱权. 中国制度变迁的路径依赖[J]. 山东大学学报，2003（1）：124-127.

型，其原因在于获得一种安全感，这也是心理惰性的一种表现。另外，基于个人经验的知觉选择，也可能导致扫盲教育工作人员难以发现或者解决扫盲教育所面临的问题，这些都是发展性扫盲教育转型过程中的阻力。

通过对转型动力场的分析可知，转型的实现就是要改变动力场中转型动力和阻力的大小，以及动力和阻力中的构成，增加动力，减少阻力，才能使转型顺利实现。

第六章　发展性扫盲教育转型的实现条件

推进扫盲教育转型是多因素共同作用的结果，笔者坚持了抓事物的主要矛盾和矛盾的主要方面的原则，对发展性扫盲教育转型的实现条件进行分析。又由于教育发展本身离不开政府的支持，所以论述上更倾向于从政府角度去思考问题。不过，在最后一部分笔者也提出，教育的发展特别是为边缘人群和低文化人群提供扫盲教育，要实现转型的话，不仅要靠国家从制定规划、体系完善和师资建设上着力，也要靠全社会的共同努力才能进一步实现。所以，对社会力量，即民间组织参与扫盲教育也进行了论述，由此，从政府和社会两个方面进行实现条件上的思考构成了本研究的最后一部分。

第一节　制定扫盲教育规划来引领转型

中国教育发展的进程中，教育规划扮演了重要的角色，制定扫盲教育的转型规划，或者将扫盲教育的转型纳入某一重要规划之中，都能够对扫盲教育的转型发展起到"牵一发而动全身"的功效。所以，要对制定扫盲教育的规划进行分析研究。

一、教育规划概念与主要类型

规划是长远和宏观的计划。广义上讲，在人类发展的过程中早就进行过对教育的相关规划，比如中国从隋唐时期开始实行科举制；中世纪教会统管欧洲的教育；近代普鲁士普及义务教育等都可以看成是一种教育规划，然而，狭义上的规划主要是指现代意义上的教育规划。有学者认为，苏联成立后实行教育的全面管理制度被看作是现代教育规划之始，苏联实行的是计划体制，在进行扫除文盲和普及初等教育的过程中，需要对整个国家进行教育规划，并由此产生了相关的理论和方法。与之不同，奉行自由市场的资本主义国家一向对规划的理论和方法比较抵触，当然后来的1929年至1933年的经济大萧条改变了他们对计划和调控的固执看法，特别是战后苏联卫星的上天，深深地刺激了以美国为代表的西方国家，也极大地鼓舞了众多第三世界国家。从20世纪的50年代开始，美国、法国等国家开始在战后重建的过程中建立全国性的教育管理机构，并制定教育发展规划，由此，现代意义上的教育规划观念开始在全球广泛传播。

然而全球在五六十年代开始掀起教育规划的浪潮之后，对于教育规划是什么、怎么做的问题却有着多种多样的答案。从技术理性的角度来看，规划是要从确定的数据和统计分析出发，建立预测模型，对未来教育进行整体上的安排和部署；从政治博弈的角度来看，一项教育规划在民主体制内的出台，应该是党派和政治团体之间政治利益博弈的产物；当然也有人狭隘地认为，在教育规划部门上班的工作人员，其工作就是教育规划。

《教育大辞典》中对教育规划的解释，把宏观管理和决策过程说得更细了，主要针对有关教育事业发展目标、规模、速度及实现步骤、措施等所拟定的较全面、长远的计划；[①]国内学者王晓辉认为，教育规划应该是政府主导下的使教育更加有效地满足学生与社会需求而进行的宏观管理和决策的过程；[②]而戚业国认为在教育规划概念上存在七种理解，分别是："进行处理性或技术性选择的过程；进行渐进式变革的过程；相互依赖和互为因果的一系列系统决策矩阵；新环境中时间、空间和因果关系的图形建构；政治和权力运作下的决策战略；由对话达成的决定及相互影响和执行；教育或社会学习的过程"。[③]

在这些不同概念理解的基础上，进行教育规划呈现出三种主要模型：专家模型、政治模型以及协商模型。专家模型是技术理性在教育规划中实现的典型，将教育体系看作"黑箱"，通过控制变量的变化测量变动结果，由此来

---

① 顾明远. 教育大辞典（增订合编本）[M]. 上海：上海教育出版社，1998：750.
② 王晓辉. 论教育规划[J]. 教育研究，2002（10）：51.
③ 戚业国. 教育规划的本质、发展与基本模型[J]. 教育发展研究，2008（23）：20-24.

确定下一阶段的校舍、师资等资源的投入;政治模型则以教育和社会现状为背景,确定一个目标之后,不断地协调教育系统内外各种因素之间产生的矛盾,主要通过政治谈判来实现;协商模型重在理解和协商,协商是因为前途不确定,而只要大家都一致同意这种规划方案,就可以使之变成政策或立法,这种规划需要加强沟通来达成共识。

二、扫盲教育规划的历史演进

新中国成立以后,中国开始走上社会主义道路,计划成了国家经济、政治和社会生活中的主要特征,因此也特别重视教育规划,要求教育要服务于社会主义的现代化建设,所以,中国的教育规划呈现出的是一种政治模型为主导,主要围绕政治目标来确定。专家模型在改革开放后也曾出现过,但是由于数据收集、环境变化等多种因素的影响,这种方法效果不明显,而且随着计划经济体制不断被打破,对规划、教育规划的研究和实践在20世纪末进入了低潮。不过规划本身也是发展的,当经济社会环境中的市场调节和宏观调控相结合,指令性计划被指导性计划所取代后,教育规划的理解和运用也得到了发展。进入21世纪后,人们讨论的教育规划其实是教育发展规划,重在发展方式和发展质量上的提升而不是规划某个具体数值的目标。所以这种理解上的转向导致教育规划"从国家、中央规划转向重视分级分层的规划,规划的内容从数量规划转向质量规划,教育规划的对象从学校教育扩展到校外教育、从正式教育扩展到非正式教育"。[①]因此,"我国的教育规划应当将整个教育纳入其中,既要关注现行学校教育体系自身的规划,又要将社会教育、成人教育等非传统学校教育的内容纳入其中,这样才能更好体现和实现教育的社会价值。"[②]

新中国成立以来,在有关扫盲教育的问题上,我国也进行了若干的规划和计划,并且也取得了不错的成绩。在1949年的《共同纲领》中就已经提到了"要有计划和有步骤地实行普及教育,加强中等教育和高等教育,注重技

---

① 戚业国. 教育规划的方法与技术选择[J]. 华东师范大学学报, 2009 (3): 1-8.
② 同上.

术教育,加强劳动者的业余教育和在职干部教育",这里的业余教育就包含了扫盲教育;而到了 1950 年,当时的教育部长马叙伦在对工农教育做部署的时候就提出"有计划有步骤地开展识字运动,减少工农中的文盲";直到 1953 年,包含扫盲教育的成人教育才被纳入国民经济发展计划,习仲勋对此表示"从无计划到有计划,这是一个重大的转变"。由此可以看出,一项工作纳入国家发展计划能够获得巨大的支持,特别是在当时计划体制下,纳入计划就意味着成为整体工作中的一个重要部分。此后的扫盲教育在全国的开展就有了重大的突破。1956 年的《关于扫除文盲的决定》可以看成是我国制定的第一个扫盲教育的专项规划,它从价值上指出了使广大劳动人民摆脱文盲状态,具有现代文化,这是我国文化上的一个大革命,也是国家进行社会主义建设中的一项极为重大的任务;从具体任务上有时间的要求,如 5~7 年内扫除文盲;有数量上的要求,如基本扫除农村和城市居民中的文盲,扫除文盲达到 70%。尽管"大跃进"时期的这种规划实施,可能带有一些冒进和浮夸的成分,但是的确通过扫盲教育的规划实现了年均扫除文盲 700 万的巨大成就。

扫盲教育的规划大多是在社会变革剧烈的时候出台,这也说明社会变革要求了国家回应教育需要持续发展,人的素质需要持续提高的现实。"文化大革命"结束后,中央立即指示全国各地要恢复农业生产,还强调了对包括扫盲教育的农民教育要具体规划,加强领导,特别是到了 20 世纪 90 年代,以规划来促进教育发展又成为一个潮流。

1993 年,国家颁布的《中国教育改革和发展纲要》中也把"全国基本扫除青壮年文盲,使青壮年中的文盲率降到 5%以下"作为教育发展的规划目标。①

在 1996 年的《关于印发〈全国教育事业"九五"计划和 2010 年发展规划〉的通知》中,不仅把扫除文盲列为目标,还提出了具体实施规划的方案"青壮年文盲率降低到 1%左右,成人识字率提高到 90%以上,通过学文化和学技术相结合巩固扫盲成果"。②

---

① 中国教育改革和发展纲要(中共中央、国务院 1993 年 2 月 13 日印发)[EB/OL]. 中国教育在线, http://www.eol.cn/guojia_3489/20060323/t20060323_49571.shtml, 2013-01-07.
② 董明传,毕诚,张世平. 成人教育史[M]. 海口:海南出版社,2002:176.

1998年教育部在《面向21世纪教育振兴行动计划》提出要全面规划，突出重点，抓住关键，重在落实的方针，到2000年全国基本扫除青壮年文盲，到2010年，在全面实现"两基"目标的基础上，城市和经济发达地区有步骤地普及高中阶段教育，全国人口受教育年限达到发展中国家的先进水平。①

全国教育事业"九五"计划中提出，"九五"期间，重点扫除新中国成立后出生的年龄在15周岁以上的青壮年文盲。每年扫除文盲400万人以上，脱盲巩固率达到95%以上，青壮年文盲率降低到5%以下。②

全国教育事业第十个五年计划中指出，基本普及九年义务教育和基本扫除青壮年文盲（以下简称"两基"）的目标初步实现，在2005年的目标中坚持将普及九年义务教育和扫除青壮年文盲作为教育工作的"重中之重"，努力巩固并逐步提高"两基"的水平和质量。③

2003—2007年教育振兴计划中，提出实施西部地区"两基"攻坚计划。力争使西部地区普及九年义务教育人口覆盖率达到85%以上，青壮年文盲率下降到5%以下。④

2007年，《教育部等十二个部门关于进一步加强扫盲工作的指导意见》中明确提出规划的有：

"教育行政部门要认真做好扫盲的规划、扫盲教学和管理工作，加强扫盲管理队伍、教师队伍和科研队伍建设，努力提高扫盲质量和效益"；

"发展和改革部门要把扫盲纳入国民经济和社会发展规划，积极支持扫盲工作"；

"民族事务部门要协同有关部门把扫盲工作纳入到民族地区经济和社会

---

① 面向21世纪教育振兴行动计划[EB/OL]．中华人民共和国教育部，http：//www.moe.edu.cn/publicfiles/business/htmlfiles/moe/moe_177/200407/2487.html，2013-01-07．
② 全国教育事业"九五"计划和2010年发展规划[EB/OL].中华人民共和国教育部http：//www.moe.edu.cn/publicfiles/business/htmlfiles/moe/moe_177/200407/2485.html，2012-12-10．
③ 全国教育事业第十个五年计划[EB/OL]．中华人民共和国教育部，http://www.moe.edu.cn/publicfiles/business/htmlfiles/moe/moe_177/200407/2486.html，2013-01-08．
④ 2003-2007年教育振兴行动计划[EB/OL]．中华人民共和国教育部，http：//www.moe.edu.cn/publicfiles/business/htmlfiles/moe/moe_177/200407/2488.html，2013-01-08．

发展的总体规划中,参与人口较少的民族扫盲工作"。①

2010年国家中长期教育改革和发展规划纲要(2010-2020年)提出要基本实现现代化,基本形成学习社会,扫除青壮年文盲。②

从历史上的规划演进可以看出,每次有关扫盲教育的规划顺利出台,扫盲工作就得到了大力的支持,以规划来推动教育发展的这种政策实施方式,要真正实现扫盲教育的转型,就需要确定有关扫盲教育的科学规划。

三、当前扫盲教育规划中存在的问题

前面从学理上对教育规划是什么进行了分析,同时对各种教育规划中有关扫盲教育上的内容进行了整理,肯定了教育规划促进扫盲教育取得巨大成就。但与此同时,对有关扫盲教育规划上存在的问题笔者也要加以说明。

第一方面,中国的教育规划具有强烈的政治模型特征,而政治模型中的教育规划一般要求反映政治生活中各民族和各阶层的利益,但是作为低文化群体,很难做到自己发声,加上我国实行人民代表大会制,所以,这部分群体就需要有利益的代表来保障他们教育权利的实现,但是从这一点上来看,人民代表的工作背景和生活经验,还有利益诉求上的价值排序等都影响着他们是否会为扫盲教育提案,至少笔者了解到的近十年间的代表提案中,没有涉及扫盲教育问题的,这就预示着扫盲教育有逐渐淡出政治生活的趋势。

第二方面,在制定的规划中语句很精练,但是内涵却不易把握。如"基本扫除""扫除""5%""1%"分别指代什么不清楚,从这些规划中可能只能揣测出"5%"以下应该是基本扫除;至于1996年到2010年发展规划中的1%,既没有实现也没有进行完成水平的定义;而对于2020年"扫除文盲"这个目标,就更让笔者疑惑,这是否就意味着中国大地上不再有文盲存在了?或者

---

① 教育部等12个部门关于进一步加强扫盲工作的指导意见[EB/OL]. 中华人民共和国教育部,http://www.moe.edu.cn/publicfiles/business/htmlfiles/moe/s3323/201001/81834.html,2013-01-08.

② 国家中长期教育改革和发展规划纲要[EB/OL]. 中华人民共和国教育部,http://www.moe.edu.cn/publicfiles/business/htmlfiles/moe/moe_177/201008/93785.html,2013-01-08.

说是从官方和政治的角度，扫盲教育不再纳入国家教育管理的视野范围，任其自生自灭。

第三方面，有关扫盲教育的成就描述，只讲数量成就，不讲质量效果，这个是运动式扫盲留下的顽疾，没有根除。也就是说扫盲教育如果不从工具性扫盲教育向发展性扫盲教育转变的话，人们对扫盲教育所抱持的态度和评价标准一直都得不到发展，而整个社会中低文化群体一直就无法获得正义、正当的教育权利上的保障，至少也无法从教育上获得一定的解放。

第四方面，就目前来看，要求多个部门对扫盲教育提出规划或纳入规划，容易导致"九龙治水"的局面。大家都有责任提规划，于是就难以形成真正全面的规划，而且如果教育部门内部都没有一个比较完整的思路去设计规划的话，其他部门的相关规划就更不能出台，因为这就容易导致各自为政，难以形成有效的合力。

四、转型目标下制定扫盲教育规划的思路

从当前来看，制定扫盲教育规划还是中国整体教育或者某一类型教育实现转型最有效的推动力，如果为扫盲教育制定规划，低文化群体的教育权利实现问题能够在较长一段时间内受到持续的关注，而且有了规划目标，扫盲教育的转型也就有了方向。那么如何从规划上切实推动扫盲教育转型呢？这里笔者提供了几条思路：

1. 纳入整体规划来推动

国家的宏观整体规划和战略规划能够确定较长一段时期的包括教育在内的各项事业发展的纲领和路线。将扫盲教育纳入这样的规划能够从三个方面带来较大的益处：首先是整体规划具有权威性，这就会大大提升扫盲教育的地位和作用，督促人们对扫盲教育重新认识，并设定转型的目标，这并不是天方夜谭，前文所述的规划历史演进中，新中国成立以来的历次教育的整体规划，基本上都对扫盲教育有所涉及，只是对规划的目标有不同的表达而已，而不同的表达其实就表明了扫盲教育在规划中实现更新目标的可能，所以要争取在规划中体现出扫盲教育的转型意义和目标。其次是整体的规划具有整

合性，单纯依赖教育部门来完成扫盲教育的转型非常不易，通过整体规划可以整合多个部门的资源，有利于形成一种合力，共同推进这项工作，当然这个过程中也要注意协调，避免多头管理带来的弊端。再次是整体规划具有长期性，这种规划瞄准的是 5 年、10 年甚至更远时间，这种长期性能够给扫盲教育的发展带来稳定性和持续性，也就为发展性扫盲教育提供了空间与时间，不断追求人的发展、教育的发展和社会发展的统一。

在理解纳入整体规划必要性的基础上，就要去思考如何实现的问题，对国家中长期教育改革和发展规划纲要中提出的"实现现代化"、"形成学习社会"、"进入人力资源强国行列"的战略目标加以分析，找到这些目标与文盲存在的矛盾点，提出扫盲教育转型的必要性。现代化作为社会转型的背景，要求有整体上高素质的国民，学习社会要求打通成人通过学习实现发展的壁垒，而国际竞争更是要求扫盲教育在脱盲标准和教育质量上赶超发达国家，所以，战略目标的设定其实是为扫盲教育的转型提供了在规划上进一步明确扫盲教育转型的依据。而要实现这种目标设定，应在国家层面的整体规划中突出"提高扫盲教育质量"，"促进扫盲教育转型"或者"所有社会成员都应该完成义务教育，或与之相对应的成人初等教育或基础教育"[①]这样的语句，为扫盲教育未来的发展定下基调。

2. 制定专项规划

2007 年颁布的《教育部等十二个部门关于进一步加强扫盲工作的指导意见》是最近的国家层面的有关扫盲规划的文件，不过，这份文件中仅仅是要求教育行政部门、发展和改革部门、民族事务部门等把扫盲工作纳入到各部门的规划和工作中，具体如何实现这种规划并没有提及，而纳入过后具体在"两基"验收中怎么体现也还存在疑问。这份文件至少从表面文字上难以发现除开教育部门外其他部门的扫盲规划的具体内容。专项规划之所以重要，就在于它的针对性和目标任务的具体性，也就是说要明确扫盲教育的阶段性任

---

① 《国家中长期教育改革和发展纲要》中的战略目标要实现"普及高中阶段教育""主要劳动年龄人口平均受教育年限从 9.5 年提高到 11.2 年"对照这个标准，应该提高扫盲教育的脱盲标准，要争取达到义务教育水平．

务和具体任务指标的解析，它既是项目管理在扫盲教育管理上的应用，也是扫盲教育在执行过程中的指南。

鉴于专项规划的重要性，原有规划工作思路可以做这样的调整，之前是将任务分解给各个部门，各自做自己领域内的扫盲规划，转变为由扫盲教育相关的部门工作者共同拟定规划，各自领取自己的任务，接受一种跨越各部门组织的监督。这样，专项的扫盲教育规划才能够更加有效地得以实施。

3. 提出规划建议

"坐、等、靠、要"是无法推动扫盲教育规划的顺利出台，需要从事扫盲教育的工作者和热心扫盲教育事业的人不断地呼吁和宣传扫盲教育的重要性和转型扫盲教育的紧迫性。这既可以借助人大、政协等政治生活中的群众代表，向立法和行政部门提出规划建议，也可以由教育工作者、少数民族同胞等向国家教育和其他行政之间就扫盲教育的持续开展和转型进行沟通。由于规划可能涉及的各个地区和部门较多，可以考虑先在地方规划和少数民族发展规划中突破，先局部试点发展性扫盲教育，再确定推广到更大的范围。这点上，扫盲教育的研究者和支持者需要主动出击，去联系相关人员，让关心扫盲教育的各界人士都能为扫盲教育的发展和转型出谋划策，搭建一个共同关心中国低文化群体素质提升的平台。

4. 完善规划设计

进行规划设计的时候，要参考已有规划的内容，做出更加完善的修订。如 1994 年国家教委发布的《关于在 90 年代基本普及九年义务教育和基本扫除青壮年文盲的实施意见》其中关于扫盲的实施提出了如下的规划：

表 6.1 "两基"扫盲教育规划的主要内容

实施原则	1. 坚持普及初等教育、扫盲教育、扫盲后继续教育统筹规划； 2. 学文化和学技术相结合； 3. 广泛动员社会力量支持，参与扫盲； 4. 把扫除妇女文盲、少数民族地区文盲以及贫困、边远地区文盲工作作为重点； 5. 坚持标准，注重质量

续表

实施步骤	原则：分区规划、分类指导、分步实施。 1. 经济、教育条件好，占全国人口33%的10个省（直辖市），1996年前文盲率降到5%以下； 2. 经济、教育条件比较好，占全国人口52%的13个省（自治区），1998年前文盲率降到5%以下； 3. 经济、教育基础较差，占全国人口15%的6个省（自治区），2000年前文盲率降到5%以下

对照表6.1内容可以对发展性扫盲教育的相关内容做这样一个构想设计：

表6.2 发展性扫盲教育的规划构想

价值追求	普及成人基础教育，促进人的发展
实施原则	1. 扫盲教育并入成人基础教育，成人基础教育与成人中级和高级教育衔接； 2. 扫盲教育中学文化与学技术结合，是要培养批判性思维、引导自主学习； 3. 鼓励社会力量参与扫盲，国家对扫盲教育项目化管理； 4. 扫盲教育的对象不同，提供的内容与方式也不同； 5. 提高扫盲标准，国家建立成人基础教育的学力认证
实施步骤	1. 确定东部沿海发达地区先行试点，然后推广； 2. 逐步用成人基础教育的达标率来确定成人基础教育水平
保障措施	1. 整合社区学校和文化技术学校作为主要的教学场地； 2. 成立县级成人基础教育管理部门； 3. 扫盲教育项目的公开招投标与实施监控； 4. 注册学习便于学员流动和学习信息反馈
资金投入	1. 根据文盲人数和地区经济发展程度来测定投入，争取年人均10元以上； 2. 地方上获得项目资金的前提是配套

正如何光权在扫盲与成人教育的规划与发展问题上所言，规划既要坚持"综合性"也要坚持"对立性"，综合性是指扫盲教育的规划要考虑到与社会经济发展基本保持一致时，要适度超前，提前进行规划设计；而独立性则是将扫盲教育要有自己的规律，不能简单效仿普通教育的发展思路，要有成人教育的特点。专家型模型更倾向用实证方法来确定规划，政治型模型规划中

强调了实施规划中的主观部分,而笔者认为在构想这个规划目标时应对两种情况都要考虑。当然本研究只是抛砖引玉地对其中政治模型这点做了简单的分析,要通过一种能够推动转型的扫盲教育规划还需要根据实际情况和综合多种因素去设计和完善。

第二节 完善成人教育体系来确立扫盲教育的地位

扫盲是成人教育中的重要组成部分,扫盲教育转型离不开成人教育整个体系进行与之协调的变更和完善,也只有通过完善成人教育体系才能使扫盲教育在整个教育体系中有更清晰的定位,并确立起基础性地位。

一、扫盲教育与成人教育的关系

体系是指事物或者意识之间相互联系而构成的具有特定功能的有机整体,那么教育体系就可以看作是一个有机综合的教育系统。对于扫盲教育来说,国内鲜有提及建立扫盲教育体系的说法,与之接近的概念是成人教育体系和终身教育体系,当然这两个概念都可以看作是扫盲教育的上位概念。由于转型是一个整体的系统性的转换,所以必须要讨论扫盲教育在成人教育或者终身教育里面,作为体系的一部分如何与体系里的其他部分发生关系的问题。又由于在讨论成人教育与终身教育的关系时,一般认为,成人教育需要纳入终身教育体系,所以这里分析扫盲教育纳入成人教育的体系,也有了终身教育的视角。

从历史上看,扫盲教育与成人教育体系的整合是提高扫盲教育质量,完善成人教育的一个重要手段。在建国初期的学制改革中就提出工人、农民的干部学校,各级补习学校和训练班,在学校系统中没有应有的地位,必须改正过来,于是建立起成人教育在整个教育体系中地位。在成人教育体系内部也创造性地实行教育与劳动相结合的半工半读式的教育制度,将包含扫盲教育的文化教育与技术教育结合起来,到 20 世纪 60 年代初期这种从成人教育中创生出的制度还延伸到了高等学校。1978 年国务院在《关于扫除文盲的指示》中要求将扫盲与脱盲的巩固,与基础教育的普及和发展联系起来,而在 1993 年后要求扫盲教育把学习文化同学习科学技术知识结合起来,在农村把学习文化同学习农业技术知识结合起来。到了 20 世纪末时,这种结合又变成了"坚持普及初等教育、扫盲教育、扫盲后继续教育统筹规划"。这里存在的问题是,一方面扫盲教育不断被要求与成人教育领域内的其他教育类型整合,另一方面这些教育类型又没有一个确定的标准,只是一个笼统的提法,扫盲教育如何与这些教育类型之间建立关系没有一个定论,或者说是缺少在一定时间和空间状态下,体系内各种教育之间关系的一个较为科学的描述。

二、扫盲后继续教育的三种取向

以扫盲教育和扫盲后继续教育的统筹规划来看,两者的关系不仅仅是时间先后的一种描述,扫盲后继续教育是对扫盲教育的一种提高,而这种提高存在着三种取向:

一是知识取向的扫盲后继续教育。知识的取向,就是扫盲后继续教育要能够在知识的深度和广度上拓展。扫盲后继续教育是从改革开放以后提出来的,经济、政治格局的变化,对劳动者的素质也有了更高的要求,继续教育首先在识字量上要继续拓展,不断提高,由于有了前面扫盲初级阶段的准备,继续教育阶段应该在拓展阅读能力和书写能力上有更高的要求,这也是对扫盲后继续教育最狭义的一种理解。其次,继续教育还要在知识的深度上拓展,扫盲课本往往对汉字的识记比较多,此时需要对汉字的理解,即意义层次上提高标准,加强知识的运用性教学。再次,扫盲后继续教育还要在知识的广度上更加宽泛,在掌握基础识字的前提下,能够在法制教育、卫生教育、财经教育方面迈进,因为这些都是低文化群体特别需要学习,而以前没有能力掌握的。那么知识上的这种取向在实际的操作中落实没有呢?非常遗憾,由于扫盲教育在学历上无法得到一种继续向上的认同,所以知识取向的扫盲后继续教育就偏废了。技术取向的扫盲后继续教育成为扫盲后继续教育的主体部分。

二是技术取向的扫盲后继续教育。从前面的历史沿革中可以发现，这个取向一直以来就是扫盲后继续教育包括很多时候的扫盲教育的取向。正确看待这个问题，对理解扫盲教育的转型非常有意义。一方面是扫盲教育需要与技术教育相结合。单纯的识字不仅使教学内容和形式都比较受限，而且不能很好地和成人的经验相结合。所以在建国初期，扫盲教育与生产劳动相结合的提法的确在很大程度上达到了提高扫盲率的效果。对于这些低文化群体来说，满足当前的文化需求，掌握一门实用的技术，就是参加扫盲学习的目的。另一方面，扫盲教育如果仅仅被理解为技术教育的准备，那么扫盲后继续教育不就等同于技术教育了吗？扫盲后继续教育又有何特殊性呢？其实，扫盲后继续教育并不排斥技术教育，技术教育是扫盲后继续教育的一种重要的形式，技术取向的扫盲教育希望通过用实用主义的办法来使学习者有更大的兴趣，进而再继续扩大继续教育的范围，但是这不应该只是单一的取向，在接受技术教育的同时，成人基础知识储备需要扩大，而主体意识的觉醒也是必要的选择。

三是主体取向的扫盲后继续教育。主体取向，也就是在具备基本的读写算能力后，低文化群体开始逐渐摆脱目不识丁的状态，对自己的生产方式和生活方式开始有了反思，进而产生批判性的认识。这种取向的扫盲后继续教育不是追求一种特定的工具性教育，它追求主体的认识能力的提高，一方面要进行如同古希腊德尔菲神庙前镌刻的"认识你自己"的批判性思考，另一方面要对周边的生活也有个理性的认识，在这个基础上去追求自己的生命意义。这种取向的教育具有哲学意义上的启蒙，对于低文化群体来说，却是非常重要的。一个缺乏基础知识的成年人面对飞速变化、知识爆炸的世界，没有对自己和社会基本的认知是非常愚笨的，扫盲教育要去将他们从蒙昧的状态中搭救出来；同时一个缺乏基础知识的成年人面对世界和复杂的人际关系，又往往表现得怯弱和不安，没有足够的勇气和能力去承担一个现代社会公民的责任，充分利用和保护自己的权利。所以这种取向的扫盲后继续教育能够从意识上使低文化群体提升，而且帮助他们用理性的精神来分析和看待世界。

以上的三种取向国内几乎没有学者去加以区别，大多都简单地将技术教育看作是扫盲后继续教育的代名词，也就没有看到扫盲教育本身的价值和转型的可能。所以协调和统筹好扫盲教育与成人教育体系里与其他教育的关系是扫盲教育转型的重要方法。

三、促进扫盲教育转型中成人教育体系完善的思路

朗格朗在说明终身教育思想时指出，这是建立在自己进行成人教育工作过程中，越来越多地思考整个教育、考虑教育的各个阶段性和相互关系的基础上的。叶忠海教授也认为终身教育应该遵循系统性原理，强调其相关性。发展性扫盲教育要在成人教育体系中更加完善，可以从纵向衔接、横向整合、内外协调的角度去思考。

1. 纵向衔接

这是指扫盲教育在成人教育里的上下教育型态的衔接，前面提到了政策层面鼓励开展扫盲后继续教育，扫盲后继续教育应该是扫盲之后的教育，但是这个词是非常矛盾的，它既是扫盲教育，也就是并没有改变真正的扫盲基础性质，只是在时间安排上是在完成现有的脱盲标准后进行；它又是继续教育，继续教育往往是指已经完成了基础教育的成人所接受的教育。其实，其本质还是扫盲教育，并不是继续教育。按照1987年国家教育委员会颁布的《成人中等专业学校暂行条例》和《关于改革和发展成人教育的决定》中的精神，"成人初中等文化教育是我国基础教育的组成部分，是进行岗位培训的前提条件"。由此可以推论，扫盲教育的向上衔接是成人的初等教育，相关统计显示，1996年我国有成人初等学校5万所，学员266.38万人，2000年时5.3万所，2005年时缩减到1.79万所，主要受到全日制中等教育和职业教育发展的影响。从现在来看，成人初等学校在城乡都已经越来越少了，缺乏建制和足够的生源与师资，使得这种教育形式逐渐衰减。于是这个向上衔接的部分出现了问题。脱盲后的成人想继续学习，只能够选择职业学校，或者是社会有偿办学机构，而职业中学对招收学生往往又有学历的要求，所以想学习，只能学技术，而且要付出较大的成本。

解决这个纵向衔接的问题的思路有两个，一是向上衔接学校的整合，如

将成人初等学校和成人文化技术学校整合入终身教育倡导下的社区学校，赋予社区学校一个重要的功能就是承担扫盲教育和成人初等教育，学生在这里注册学习一定的学时，可以申请参与学力认证，并接受更高层次的教育。二是将扫盲教育同中等职业教育联系起来，在有条件的中等职业学校，开设成人的文化提高班，学习文化和技术，结业后拥有中专文凭。两种思路前一个是非正规的教育类型，后一个是正规的学校教育类型，学员可以根据自己的情况进行选择。

2. 横向沟通

这里存在着三个方面的沟通问题：一是要促进扫盲教育与基础教育的沟通，二是要实现扫盲教育和劳动之间的沟通。三是要实现扫盲教育和社会的沟通。

从促进扫盲教育与基础教育的沟通来看，一直以来基础教育为扫盲教育提供了师资和场所等支持，没有基础教育的帮助，扫盲教育在我国很难取得如此大的成就。通过笔者的实地调研，在两基验收和第六次人口普查的过程中，大量的扫盲教育都是在基础教育的学校中完成的。但是也要看到，人们日常理解扫盲教育是比基础教育还要低一个等级的教育，尽管两者之间无直接的上下关系，人们也往往认为，一个地方基础教育好，扫盲教育也搞得好，这就是所谓的"两基检查重一基"。所以找准与基础教育异同才能使两者有一个畅通的沟通。

从共同点上看，对低文化群体和少年儿童都有识字上的要求，教师教学的内容上，有一部分是相似的，所以基础教育的老师可以借鉴一些自己的教学经验。然而更多的是不同点，从内容上，仅识字而言其难易顺序和儿童学习的识字安排是不同的，因为成人教育要根据与自己生活相关的紧密性来确定相关的教学内容。从方法上，对儿童的教学方法在成人教育领域就不一定实用，比如问题讨论式的授课和参与式的评估。在教学目标上，儿童可能更多的是以知识积累为目标，而成人则侧重以生活中的改变为目标。

成人教育学正是区别于儿童的学习而产生出来的，所以当基础教育的教师来进行授课的时候，就非常有必要对他们进行成人教育教学方法的培训，这是与基础教育沟通中的师资层面。具体关于扫盲教育师资如何优化，将在后续的行文中继续说明。扫盲教育与基础教育沟通还有一个重要的问题就是，中小学教育能不能办成开放学校？开放的时代需要开放的教育，今天开放大学的理念比较流行，其实中小学也是可以开放的，这点从日本、英国、意大利等国对于学校职能的扩张并取得良好的效果中已经得到了论证①，中小学对包括扫盲教育的成人教育的支持，从硬件和软件两方面都可以展开。在我国，公办学校的设施本质上是社会的公共资源，全社会均有分享这种资源的权利。开放的中小学不仅可以为扫盲教育中的识字教育提供先进教学手段，而且还为成人进行体育教育、安全教育等提供了很好的平台，从这个角度来看，在不影响基础教育正常工作的前提下，扫盲教育和基础教育不断结合是整体上提高一个地区文化素质的重要途径。

促进教育和劳动之间的沟通。这里的教育和劳动是两种不同的行为方式，是不同的两个系统，所以要讨论二者的沟通问题。教育和劳动的沟通这里有三个问题需要注意：一是教育过程要反映和结合劳动经验。这个问题已经从扫盲教育的政策发展要求中显示得比较充分了，比如对扫盲与生产劳动相结合，学习文化与学习技术相结合的强调。二是劳动过程中要体现出教育成果，这个问题的重要性在于它关系到扫盲教育目标-生产和生活的改变的实现。三是教育和劳动之间要注意协调，避免冲突。成人学习的一大障碍就是工作和学习的难以协调，因此教育和劳动之间要通过沟通来排除这种障碍。在扫盲教育和劳动的关系上，很多指导性文件都强调了学以致用的问题，学文化也学技术，关注教育促进生产劳动的方面；其实劳动也可以对教育有很大的促进效果，甚至有的劳动本身就含有教育意义，比如：一个渔民不识字，但是出海捕鱼必须要学看指南针，确定自己的方位，理解到海风级别到底会带来多大的风险，以便自己能够安全地完成劳动。

劳动具有教育意义，扫盲教育与劳动的沟通对促进其转型有益，因为这抓住了劳动的实践性本质。劳动是一种实践，是主观见之于客观的过程，中间存在着劳动工具的使用，劳动对象的改造，劳动者思维能力的发展等问题，

---

① 吴遵民. 现代中国终身教育论[M]. 上海：上海教育出版社，2003：60.

所以通过劳动实践，一方面可以将所学的知识在劳动中运用或者验证，另一方面，也会激发劳动者对实践中问题的思考，激发其求知的愿望。当然劳动和人教育的关系是比较复杂的，如监狱教育里的劳动改造等等都可以是劳动和教育关系可以研究的内容，但在此处，主要是基于扫盲教育来讨论劳动需要与教育进行沟通。

促进教育和社会之间的沟通。这里讨论的是教育和社会之间相互的理解问题，即教育要理解社会，同时社会也要理解教育。

教育理解社会这说明扫盲教育绝对不是象牙塔式的研究学习，而是与社会生活紧密结合的教育，学习者通过接受扫盲教育能够更好地理解各种社会关系、社会现象，能够被启发去思考社会的本质，从这个角度来说在扫盲教育中，以识字为基础开展道德教育、法制教育就显得很有意义，在现实中也的确有地方凸显了这样的扫盲教育的特色。在2011年夏天，笔者前往福建宁德地区进行扫盲教育现状调研时，当地的文盲学员，主要是农村妇女，通过背诵"弟子规"来认识文字，理解道德规范，暂不论"弟子规"是否一定对她们是最好的道德教育的素材，这种扫盲教育理解社会的做法显然得到了社会环境下更多的认同。反过来，社会也要理解教育，需要革除对文盲、扫盲教育的歧视和轻蔑的态度；需要在同一屋檐下建立互相学习共同学习的学习型组织；需要全社会宣传和关注除了主流教育之外的，针对边缘人群的教育，共同构建一个和谐的社会。

所以，一方面需要政府积极地进行舆论引导，宣传扫盲教育对于低文化群体改变生存状态的意义，另一方面鼓励社会上的各种力量积极参与、支持扫盲教育，将扫盲教育不视作一个地方的伤疤，而是看成一种可以实现善举的机会。这里主要从理解的角度来谈横向上扫盲教育与社会的关系，具体如何整合社会力量来发展扫盲教育，笔者将在本章的第四部分提出。

3. 内外协调

内外协调是指通过成人教育体系内与其他体系之间关系的整合来推动扫盲教育的转型。内外协调是从体系上讲的，它包括对内要凸显扫盲教育在成人教育中的地位和作用，对外要推进终身教育体系建设两大方面。

凸显扫盲教育在成人教育中的地位，这是新中国成立以来取得扫盲教育重大成就的一个最重要的原因。扫盲教育为什么需要有突出的地位，根本上讲，是由于我国还是一个发展中的国家，全社会的国民受教育水平和素质还不高所决定的，再加上人口基数很大，低文化人群和脱盲后返盲的人群总数也很多，所以扫盲教育还有很大的存在必要。当然，扫盲教育也是整个社会制度中公平、正义的重要体现，教育不仅要关心主流的青少年群体，也要关心成人中的边缘群体，因为单纯依靠主流的正规化教育无法满足那些边缘群体的教育需求。成人教育体系中突出扫盲教育，就是要在体系内不断给予扫盲教育支持，比如从行政管理上看，职业与成人教育司是最高的国家管理部门，可以从扫盲教育转型的角度，确立成人基础教育和职业基础教育的管理部门，使扫盲教育从管理实践中发生变化。从内部与成人教育的其他教育形式来看，社区教育、老年教育、闲暇教育等在发展过程中也能够对扫盲教育有所促进。

外部协调主要是指成人教育要把握世界成人教育发展的趋势，推进终身教育体系的建设。吴遵民认为，"终身教育的实现有赖于终身教育体系的建立，而终身教育体系的立足点又在于对现今业已存在的各种教育活动、教育形态、教育资源及教育领域进行重新整合和再构建，其目的是使上述各类教育能形成一个既相互独立，又相互融合且衔接有序的体系。"[①]所以在 1993 年的《中国教育改革和发展纲要》中明确提出"成人教育是传统教育向终身教育发展的一种新型制度。"

促进这种外部协调，首先是以成人教育的功能定位。从改革开放以来，成人教育在价值上的认同经历了一个不断变化的过程，在 20 世纪 80 年代初期，成人教育从阶级斗争的工具转向生产斗争的工具；80 年代后期，明确提出成人教育能够促进生产发展和劳动者素质提高；90 年代强调成人教育和市场经济之间可以互动，而且也强调成人教育不仅具有经济功能，政治功能，还有文化和道德等功能。成人教育要从社会发展和人的发展两个方面来认识，特别是从人的发展上，要认识到成人教育要实现个体面向自由和全面的发展，

---

① 吴遵民. 关于对我国社区教育本质特征的若干研究和思考[J]. 华东师范大学学报（教科版），2003（3）.

是实现人类社会最高发展目标的途径，其他职业教育和技术教育都只是从生计角度，或者谋生手段上来保证人与职业活动环境的动态平衡。从这点出发，扫盲教育也就不可能被简单地看成是一种迈向技术教育的知识准备，而是面向未来全面发展人的奠基工作。

其次，终身教育体系是一个复杂的系统，它要满足人在不同生命阶段和处境条件下的教育需求。成人教育是针对成年人需要的所有教育形式而言的，而扫盲教育又是成人教育中最基础的部分，所以，在成人教育促进终身教育体系的构建中，扫盲教育不仅需要从横向上与普通基础教育相沟通，也有必要与高等教育建立必要的联系，特别是从教师培养和理论研究上，持续建设和壮大扫盲培训与研究中心。高等教育可以为扫盲教育提供的帮助，既有利于扫盲教育问题讨论范围扩大和层次提高，也可以为扫盲教育的政策制定，实践操作等提供智力支持。

第三节 建设扫盲师资队伍来促进扫盲教育的转型

扫盲教师是教学一线的人员，他们不仅直接影响着扫盲教育质量的高低，还是扫盲教育整体推进的重要动力，由此，建设一支符合新时期发展要求的扫盲教师队伍，是实现扫盲教育转型的重要条件。

一、扫盲师资建设的历史演进

从扫盲教育在新中国成立后的发展过程来看，扫盲教师的队伍建设一直都受到重视。在解放初期颁布的冬学工作指示中就提出，冬学教师主要有识字干部、中小学教师和农村中文化水平较高并热心教学的人员担任，这也成为后来新中国扫盲教育中师资队伍的主要构成。1955年《人民日报》在《关于农村扫除文盲工作》一文中号召青年团组织行动起来，作为扫盲的生力军，于是青年团员也大量加入扫盲教师队伍。这个时期教师队伍体现出的突出特征就是组成的多样化。这里并没有教师出身行业限制的问题,只要是在基础知识,特别是识字能力上达到基础水平的,都可以成为教师。

马云认为当时主要存在四类教师:一类是专职教师,来自爱国的旧知识分子和乡村干部,他们在新的社会条件下,通过参加训练班提高了思想政治认识后,也可以传授文化知识;二类是"民师",特指先前脱盲的群众,这类人了解扫盲对象的生产和生活,比较受欢迎,但是教学能力上显然是不足的;三类是兼职教师,来自农村小学,由于他们是专业教师,因此往往也承担在扫盲教学上对其他几类人的指导;四类是"小先生",来自掌握基础知识青年和少年,主要让他们向家庭成员和邻居传授知识,规模较小,但是教学组织相当灵活。当时教师组成的多样是由于文盲占人口中比重过大,急于完成大规模的扫盲教育运动,所以尽量调动一切可以为扫盲教育服务的人员。

但是很显然这种师资结构并不是长久之计,为了持续地提高质量,国家对扫盲教师队伍的建设提出了新的要求,在1963年教育部提出"要抓好农村业余教育专职干部训练,建立一支得力而稳定的专业化干部队伍,要选聘和训练一批业余教育的教师队伍,要积极培养一批办学、教学和学习的积极分子以作为开展工作的支柱"①。从这个调整开始,扫盲教育的办学规模和师资有所缩减,这也体现了1962年全国教育会议对调整成人教育工作所提出的"压缩规模,精简人员,提高质量,合理布局"八字原则。

改革开放后开展的扫盲教育,在师资结构上的多样性并没有实质性的改变,1978年《国务院关于扫除文盲的指示》中提出"要建立一支由知识青年、中小学师生等参加的群众性的扫盲大军"。并规定:"扫除文盲教师由乡(镇)、街道、村和企业、事业单位聘用,并给予相应报酬。当地普通学校、文化馆(站)等有关方面均应积极承担扫除文盲的教学工作。鼓励社会上一切有扫除文盲教育能力的人员参与扫除文盲教学活动。"②关于这样一条对扫盲教育来源的规定,到20世纪初也没有发生变化。

以多样性为特征构成的扫盲教师群体不仅数量大,而且能够灵活方便地

---

① 董明传.毕诚.张世平.成人教育史[M].海口:海南出版社,2002:85.
② 陕西政报编辑部.国务院关于修改扫盲教育工作的决定[J].陕西政报.1993(19):20.

与学员接触，为扫除文盲取得巨大的成就做出过很大的贡献，不过，这种构成在面向未来的扫盲教育中并不会是一成不变，这里既有基础教育水平的持续提高、现行标准下文盲群体数量减少的外部必然性，也有通过教师专业化程度提高扫盲教育来实现质量提升的内在必要性。

从外部必然性上看，随着我国经济的快速发展，教育事业的发展也取得了很大的成就，2000年中国实现了"基本普及九年义务教育，基本扫除青壮年文盲"的目标。2007年就已经实现了"两基"人口覆盖率99%，小学学龄儿童净入学率99.5%，初中阶段毛入学率98%，从堵住文盲的口子来看，成绩斐然。从青壮年文盲占人口比例来看，根据2010年第六次全国人口普查中受教育程度来看，文盲率由2000年的6.72%下降到4.08%，文盲人口比例显著下降。这种背景下，对扫盲教师的需求也大大减少了。建国初期，大规模地投入人力进行扫盲教育的状况已经不复存在，于是扫盲教师的组成部分就主要以扫盲专职干部和兼职教师为主体，当然民间"以民教民"也存在，不过比例很小了。

从内在必要性上看，在取得成绩的同时，师资的建设还是存在问题的。"扫盲专职干部分配限于乡以上的单位，扫盲教师也大都为兼职，而各地聘用的扫盲专职教师基本上都是民师。一方面其素质有待提高；另一方面待遇低，积极性不高，队伍很不稳定"。①这样就导致了整个扫盲教师队伍在专业性上的不足，而"正是因为专业性的缺乏，我国的扫盲教育被看作一项群众运动，难以得到质量上的保障"。于是这里就存在着两个问题需要回答：一是为什么要继续进行扫盲教师队伍建设？二是扫盲教师队伍建设应该从哪些方面着手？

二、继续建设扫盲师资队伍的原因

进行扫盲教师队伍建设的理由主要有以下几点：

一是扫盲教育规模的缩减带来教师需求总量的减少。但是这种减少是一种相对地减少，而我国扫盲教育对象的绝对数目依然很大，根据"六普"的

---

① 谢国东．中国的扫盲教育[J]．教育研究．1997（6）：6-16．

数据达到了 5400 多万，面对这个庞大的数据，如果以 1：20 的师生比来看的话，也需要 270 万的扫盲教师来承担这项艰巨的任务。而早在 1994 年时，我国的扫盲教师队伍构成中，专职的干部、教师就已经不断减少，仅为 10.98 万人，其中专职教师 3.19 万人。[①]所以，在扫盲对象数目依然较大的情况下，不能对扫盲教育的教师队伍建设加以漠视。

二是文盲数量的减少不等于教师素质和教学质量就一定更高。教师素质，这里主要从专业素质来看，根据笔者对福建和云南地区的调查显示，原来的扫盲专干在 20 世纪 90 年代大规模地扫盲教育活动开展过后，很多都已经转岗，现在参与扫盲教育的教师越来越多是从基础教育中过来的兼职教师，有一部分是乡镇文化技术学校的教师，少有专职的扫盲教师。优秀的基础教育教师由于教学任务重等多种原因很少有可能参与扫盲教育，而参与扫盲教育又没有专业的扫盲教师，教师们大量都是用基础教育的方法移植到扫盲班教学。这不仅使得扫盲教育变得枯燥乏味，远离了这些文盲学员的生产生活，而且还使得扫盲教育变成了应试教育的间接受害者。老师们的教学目标主要在识字上的达标，于是采用大量的应试型训练；对教材的二次开发，或者是自编教材非常欠缺；教师很少从成人学习的角度，充分发掘成人学员的经验和鼓励他们进行自我导向地学习；而从社会批判的角度来看待自己的生活，使低文化群体成为现代公民而进行精神上的启蒙和引导，这样的扫盲教师更是少之又少。所以，并不能简单地说扫盲教育的任务已经大功告成，扫盲教师队伍过剩，没有必要再进行教师队伍的建设了。

三是由于文盲与扫盲教师总量都在减少，也为培养优秀的扫盲教师提供了契机。在大规模的扫盲运动面前，追求任务的完成率是第一位的评判标准，而具体什么样的老师上课有效果，什么样的教法值得推广，什么样的教法存在问题，这些方面考虑得较少，只要能够扫盲达标，怎么样教并不是大问题。这种行政绩效导向下的扫盲教育，很少会从教育学的角度来深刻地看待扫盲教育可能出现的问题，并加以解决。当大规模的扫盲运动结束以后，在扫盲教育上追求速度和效率的标准就会向追求质量和效益的标准转变，单纯地快，

[①] 余博，谢国东. 中国的扫盲教育[M]. 东北林业大学出版社，1998：9.

即使宣布中国大地上一个文盲都没有,也不能真正实现全体国民素质的提升。这是因为教育是一个长期的过程,扫盲教育也是如此,一个人从不会识字到具备基本的识字能力,再到获得基础的科学文化知识,这个过程并不容易,不仅需要较长的一段时间,而且还要长期地坚持,绝不是一个识字的短训班就能轻松实现的。当把扫盲教育的目光投向质量的时候,必定就会聚焦在如何培养优秀的扫盲教师身上,所以在扫盲教育转型的过程中,扫盲教师是关键。

四是扫盲教师工作面对的挑战更多。这里的挑战固然有扫盲教育大多在农村或者边远山区,在这些地方,教师待遇不高的问题,因为在那样的环境中即使基础教育教师的工资水平都很低,更不用说很多还没有编制,也较难认定职称扫盲教师了,当然这还是一种内部的挑战。而外部的挑战是,某一区域内的文盲数量减少了,一个扫盲教师的教学对象覆盖面积会更大;文盲是否愿意参加学习更加自主,加上覆盖区域更大,所以教师要组织一个教学班也更加困难,很多时候是有文盲,但是却也面临无人可教的局面。这点可对照 1993 年《扫盲工作条例》中十四条的规定:"对在规定期限内具备学习条件而不参加扫除文盲学习的适龄文盲、半文盲公民,当地人民政府应当进行批评教育,并采取切实有效的措施组织入学,使其达到脱盲标准"[①]。当时为了完成大规模的扫盲,政府出台的措施,在文盲率大幅下降后,这种"采取切实有效的措施"可能性大大降低了,所以扫盲教育就要从"要我学"向"我要学"转型。而怎么才能实现"我要学"呢?这就需要扫盲教师具备深刻了解学员需求、设计合理的课程、掌握成人教育教学的方法等能力。

三、扫盲教育转型目标下师资队伍建设的思路

扫盲教育的教师是成人教师队伍中的一部分。从成人教育的角度,高志敏提出了师资队伍两个方面的建设思路:一是要加强学科建设,培养高素质的成人教育教师,提出要加大硕士点、博士点的招生规模。推动成人教师在职前培养有较高学历,职后继续教育在学历上也具有通道。二是加大对成人

---

① 陕西政报编辑部.国务院关于修改扫盲教育工作的决定[J].陕西政报.1993(19):20.

教育教师职后的培训力度。每个成人教育的教师应该"既是终身学习的倡导者，又是终身教育和学习的实践者；各级各类成人教育机构也应创造条件，积极提升成人教育工作者的培训活动"①。而陈龙根则通过研究美国的成人教育教师的专业化实践，剖析了《成人教育教师资格及绩效指示》，提出了在成人教育专业化背景下，可以通过教师资格的确认和绩效考核来加强对教师队伍的管理、选拔高质量的成人教育教师并帮助教师选择专业发展行动。②聂琴则通过分析成人教师职业的复杂性、职业的创造性、职业的互动性以及职业的发展性，在师资建设上提出了要转变几个重要的观念，一是要有终身学习和持续成长的观念；二是要有互动交往和创造再生的观念；三是要有自我更新和理论提升的观念；四是要有言传身教和全面育人的观念。③当然上述建设思路主要从大的成人教育的领域来讲的，具体在扫盲教育上还有一些特殊性，不过提供了从学科、管理、观念多角度来进行扫盲师资队伍建设的思路。

笔者认为，为了促进扫盲教育的转型，在扫盲教师队伍建设上的路径主要有：

1. 要确保教师的收入，这是保证教师在岗的必要条件

据国际行动援助组织对世界上67个扫盲计划的调查显示：扫盲教师地位低下，大多数扫盲教师的工资是初等学校教师基本工资的25%-50%，25%的扫盲教师工资为全国最低，大约20%的扫盲教师没有任何报酬。④而在我国，基础教育的师资是扫盲教师的主体部分，根据笔者的调查显示，这部分教师从事扫盲教育主要是学校管理上的一种工作安排，要么没有额外的课时收入，即使有，这样的收入也微不足道。对于基础教育的老师来说，从教育青少年到教育成人是有一定的跨度的，它需要付出更多的教学成本，如果这个成本的付出与收入之间差距过大，必定会损害扫盲教师的教学积极性。确保教师

---

① 高志敏. 河北师范大学学报教育科学版[J]. 2008（3）：101.
② 陈龙根. 基于教师资格的美国成人教育教师专业化实践探析[J]. 比较教育研究，2010（1）：85.
③ 聂琴. 论成人教育教师的特点及其成长[J]. 中国成人教育，2006（3）：12-13.
④ 杨捷. 挑战与对策：发展中国家农村教育的若干问题[J]. 教育发展研究，2006（3）：20.

收入，保证教师的待遇，既是尊重教师和教育的重要体现，也是教师能够持续在岗，不断提高教学质量的重要条件。

要确保教师的收入，一是要规范教育财政中的转移支付，对于扫盲教育的教师采取中央和地方相结合的方式。中央和地方可以分别承担专职扫盲教师待遇的一部分，如可采取中央三分之二，地方三分之一的比例。在此基础上，中央和地方还应该对专兼职教师进行专项的转移支付，对承担的理论和实践教学按有关规定进行补贴。二是在经费的管理上，可以实行省级统筹、县级为主的管理模式。笔者在扫盲资金使用的调研中发现，当前扫盲专项经费还是省级统筹和管理，如果一个乡镇搞一个扫盲项目要获取资金的支持，资金到位的周期较长，而且还存在着中间环节过多而被截留的风险。在项目资金里面教师的费用占了很大的一部分。以县级为主来管理，可以改善这种情况。三是确保教师收入还得建立一个教师与管理部门之间合理顺畅的沟通机制，出现教师权益被侵害时能够及时地救助，减少因为无法保证教师收入而影响扫盲教育正常进行的可能。

2. 要开展教师培训，这是提高教育质量的保证

对扫盲教师的培训重点不在于知识的培训，而是对被动型和适应型扫盲教育观念的更新，以及由观念更新带来的对教学上的一系列要求，培训重点关注以下内容：

一是教师要转变教学目标。扫盲教学的目标从知识上来讲不仅仅是识字和简单的读写算，它是可以发展的一个大的目标，与教育对象生产生活相关的那些基础知识都应该包括。更重要的是教学目标要定位在人的发展上，将教育对象看成一个平等的、具有无限潜能但尚待开发的个体，要通过教学促进他们主体意识的觉醒，促进他们自觉地学习。

二是教师要转变角色。扫盲课堂不是教师一个人主宰的，扫盲教育要求师生之间、学员之间都要对话和互动，在知识的生产和个人的发展中建立一种民主的协商机制。教师可能只是在识字和基础知识上强于低文化学员，而在其他方面可能远比他们要弱，所以师生之间是完全可以也应该相互学习的。教师角色要从课堂的主宰者，变成学生学习的帮助者和辅导者，应该以这些

学员为中心进行课堂生态的构建。

三是教师要转变职业理想。扫盲教师从事最基础的成人教育工作，他们收入不高，而且条件也比较艰苦，要让教师安心教学，提高教学质量，理想信念的教育必不可少。处于基层的这些扫盲教育工作者，一方面要对他们从事这份工作进行鼓励，另一方面要让他们看到从事这份工作的职业前景，树立崇高的职业理想。扫盲教育是实现人摆脱知识蒙昧状态的教育，需要教师有很强的责任心和很高的境界才能做好。扫盲教育作为一项创造性极强的工作，教师在职业上的追求绝不停留在教书匠上，而要力争成为专家型和研究型教师。

四是教师要成为终身学习的榜样。在终身教育不断被接受的今天，作为扫盲教师不仅要教育学员树立这样的观念，而且要身体力行，成为终身学习的榜样。作为教师来说，随着教学对象的变化，学员背景的变化，要不断地学习和开发出合适的课程，同时也要在成为专家型和研究型教师的道路上前进。教师的终身学习的思想与实践，作为榜样教育让学员直接地模仿，也能够激发学员自主学习的意识，帮助树立终身学习的观念。

五是教师要转变课堂教学方式。国内基础教育还是课堂讲授的教学方式占主导，而成人的课堂是开放的和沟通的，需要挖掘和开发成人的经验作为课程的资源，需要面向实际的生产生活，所以，掌握参与式课堂教学和评估方法是重点。下面以"时间管理"活动课程的教学实施环节为例来进一步理解，如何用参与式的方法来评估学员识字和计算能力：

"时间管理"课程实施主要环节

1. 在活动方案材料中找到进行时间管理的"时间"和"活动"两列表格材料，所有组员每人一张。

2. 以在家进行"生日宴请"为主题，参考例表将空白表格中的时间和各项活动填写完整。

3. 分组后，每个组员展示自己的安排，其他成员对展示的表格进行提问。

4. 鼓励组员谈谈自己有过的时间管理经验。

5. 思考评估问题：文盲学员能否合理地分配时间？哪种类型的活动文盲学员可以将时间管理做得很好？

表格（例）

我的安排		配偶的安排	
时间	活动	时间	活动
6:00	起床	6:00	起床
6:45	早餐	6:45	早餐
7:00	买水果	7:00	打电话通知来帮忙的厨师
9:30	取生日蛋糕	8:30	接父母过来
10:00	收拾客厅	9:30	电话确认客人到达时间
10:30	准备茶水	10:00	午餐场地布置
11:00	迎接客人	11:00	迎接客人
……	……	……	……

3. 开展对扫盲教师的资格认证

教师资格认证是个人有能力进入教育行业任职的证明性文件，也是学校录用教师的重要依据。当代社会中，为了提升教师专业化水平，全球都普遍开展对教师资格的认证，这种资格认证是教师专业化和职业化的重要标志，这意味着不是任何人想当教师都可以，要成为教师不仅要具备特定的专业能力而且要经过严谨的职业训练。

随着我国教育事业的不断发展，对教师管理也愈加规范。1995年12月，国务院颁布实施《教师资格条例》，在第三条中就明确规定，中国公民在各级各类学校和其他教育机构中专门从事教育教学工作，应当具备教师资格。此后，全国范围就开始实行教师资格认证制度。从意义上讲，有学者认为全面推行教师资格制度，可以"加速教师专业化进程、推进教师教育管理的规范化、拓宽教师培训研究的新领域"[1]；也有人认为它能"促进教师来源多元化和高质量教师队伍储备"[2]，切实提高教师质量。从教育管理角度来看这种认证制度的推行的确是教育领域里的制度创新，而且在实践上也对教师教育质量提高具有一定的指导作用。

---

[1] 渠素彬.实施教师资格认证制度的意义探讨[J].北京教育学院学报，2008（3）：26-28.

[2] 李子江，张斌贤.我国教师资格制度建设：问题与对策[J].教育研究，2008（10）：43-46.

朱旭东认为，教师资格认证主要由"认证教师资格；建立教师资格证书；建立教师资格认证标准；实行教师资格考试"①四个部分来组成，从这个角度来看，教师资格的认证要从体系上去建设。另一些学者则从教师个人素质和能力的角度对教师认证进行方案设计，如吴志功在《世界教师教育发展趋势分析与未来教师资格证书方案设计》一文中提出，为教师资格的认证应该针对：一个核心，即政治思想道德素质为核心；两个重点，包括创新能力和实践能力；三方面知识，包括专业知识、程序知识和现代教育信息技术知识；四种能力，包括教学监控能力、德育能力、心理辅导能力、教育教学科研能力。②而胡青更加全面地认为，在知识考查上，资格认证既要在教育知识上进行认证，也要在学科知识上进行认证，所以教育学的理论知识，教师必备的表达、写作、阅读等技能都要结合起来进行考查；在认证形式上，不应该仅仅是书面的考试形式，还要有资格申请人实际教学情况的考查；在申请资格上，教师资格不仅要有学历和专业上的要求，也必须在教学实践方面做出规定，没有一定时间教学经验的人不能够获得教师资格证书；在认证资格的分类上，要对各个学段各学科分别认证，而且里面还要反映出等级差别；在认证主体上，要逐渐引导专业学术团体和教育中介组织来实施认证，也体现更强的专业性。③

众多学者为这项制度献计献策，但是教师资格认证在制度的设计和实际运行之间不可能完全吻合，还存在一些问题需要进一步完善，这些问题主要集中在以下几点上：一是认证的内容上有欠缺。只对学历和普通话提出硬性的要求，其他条件限制上并不严格，特别是对教育教学能力上的要求很不够，没有学科专业的分类，也没有对教学方案的设计，更没有去进行实际的实践教学的检验。④

---

① 朱旭东．教师教育专业化与质量保障体系[J]．中国高等教育，2001（18）：41-42．
② 吴志功，陈英霞，王显芳．世界教师教育发展趋势分析与未来教师资格证书方案设计[J]．比较教育研究，2001（11）：32-35．
③ 胡青，蒋喜锋．当前我国教师教育改革的几个问题[J]．高等教育研究，2006（5）：62．
④ 常正霞，许邦兴，史海山．教师资格认证中的问题及对策[J]．中小学教师培训，2011（2）：58-60．

二是在认证上缺乏标准化建设，《教师资格条例》①主要确定了教师资格上县级、省级和中央的管理职权，但是就这些职权中有关考查和测试的标准没有做具体的说明。另外根据《条例》13条的规定，教师资格认证的机构分别为县级教育行政部门（负责对幼儿园、小学和初中教师认证）；市级（地级市）教育行政部门（负责对高中、中等职业学校教师认证），这种认证机构下移的做法其实在某种程度上，使认证有了更大灵活性，但是有损认证资格的信度。三是认证的终身制，导致了认证缺乏持续的激励作用。这些问题都还需要教师教育和教育管理等领域不断深化改革来解决。

以上就普通教师资格认证的具体情况进行了分析，那么普通教育中教师资格认证的管理是否对扫盲教师也适用呢，这里需要进行进一步说明，扫盲教师作为成人教育教师受教师法和教师资格条例的保护和约束。

《中华人民共和国教师法》的第二条规定，"本法适用于各级各类学校和其他教育机构中专门从事教育教学工作的教师。"第三条又规定，"教师是履行教育教学职责的专业人员，承担教书育人，培养社会主义事业建设者和接班人、提高民族素质的使命。"②从对教师的定义来看，扫盲教师是教师法的适用对象。

教师法中关于成人教师的条款主要存在于：《教师法》第三章"资格与任用"部分，第十一条第六款规定，"取得成人教育教师资格，应当按照成人教育的层次、类别，分别具备高等、中等学校毕业及其以上学历"。

在《教师法》第九章附则中对该法中用语的解释指出，"各级各类学校，是指实施学前教育、普通初等教育、普通中等教育、职业教育、普通高等教育以及特殊教育、成人教育的学校"；"中小学教师，是指幼儿园、特殊教育机构、普通中小学、成人初等中等教育机构、职业中学以及其他教育机构的教师。"

在"教师法"基础上，颁布的教师资格条例中也对成人教育的教师资格

---

① 中华人民共和国国务院令（第188号）《教师资格条例》[EB/OL]. 广州市教育局信息公开目录，http://www.gzedu.gov.cn/gov/GZ04/200902/t20090225_4520.html，2013-02-01.

② 中华人民共和国教师法[EB/OL].中国政府门户网站，http：//www.gov.cn/banshi/2005-05/25/content_937.htm，2013-02-01.

做了"依照上款规定确定类别"的说明，这里的"上款"就是普通教育序列中教师资格的七大类，分别是：幼儿园教师资格；小学教师资格；初级中学教师和初级职业学校文化课、专业课教师资格；高级中学教师资格；中等专业学校、技工学校、职业高级中学指导教师资格；高等学校教师资格。

通过以上法律法规的条文可以确定，扫盲教育是成人初等教育或者初级教育的重要内容，成人教育机构中的教师受教师法保护，也受"资格和任用"条件的限制，那么上述法律法规中关于资格问题的要求也适用于扫盲教师。对扫盲教师通过以成人初等教育或者推行资格认证的特殊意义在于，通过对扫盲教师地位的正名，来实现对扫盲教育的正名，即扫盲教育也是具有专业性的，不是谁想教都可以教，而且都可以教得好的，这种认证还是扫盲教育转型得到社会认同的一个重要途径。

不过，对扫盲教师进行资格认证，除了会遭遇普通教育教师资格认证面临的那些问题，还要注意有两方面问题需要突破。首先是"一人一证"的限制。在现有的管理体制下，教师的资格认证中一个人只能够有一种认证专业和学科背景，然而扫盲教育并不是按学科来分类的，所以这里需要突破学科化的限制；扫盲教育中有很大一部分是兼职的中小学教师，当他们已经拿到了小学语文的任教资格后，就不能再申请成人初等学校的教师资格了。这种教师资格的唯一性选择不是从教师本人的胜任能力出发的，而是从教育主管部门的管理便利出发，同时也导致了教师们在选择的时候倾向于一个对自己将来利益最大的选项，所以除了现存的真正少数扫盲专职教师以外，没有教师会选择这个任职资格进行申报。而拥有任职资格，持证上岗，是未来教育发展的趋势，突破这种"一人一证"的身份限制，而转向能力认证，才能使更多的人进行扫盲教育名正言顺。

其次是在资格认证的过程中，要从成人教育学的角度来进行知识和能力的考查，现有的教师资格考试的最大群体是欲从事中小学教育的申请者，考查的内容中以普通教育学和心理学为主。扫盲教育或者成人初等教育有它的特殊性，所以还要考查成人教育学和成人学习心理的内容，另外在教育教学能力上，也应该有不同的标准。

在资格认证上，无论从理念到制度到执行，对中国的扫盲教师都还存在很多挑战，相比美国在上个世纪末就推出"成人教育专业发展合作计划"（Building Professional Development Partnerships in Adult Education）来配合实现《成人教育和家庭读写法》的目标，并且出台了《成人教育教师资格及绩效指标》、"确定了6大种类""31项二级指标"[①]。这种差距说明，中国在包括扫盲在内的成人教师资格认证的道路上还要继续探索和发展。

第四节 鼓励民间组织参与来加大扫盲教育转型推力

前面从规划、体系、师资等角度讨论了扫盲教育转型中可以采用多种方法，很显然这些方法主要是从政府教育主管部门的立场去思考扫盲教育的转型问题，然而在当今社会，不断面临着一个大政府和小政府的争论，不是每样事情都交给政府就可以高枕无忧，民间社会再无责任去担当。对于教育和学习来说，最终要使人实现改变和发展，自上而下的外部规范性地建设对扫盲教育进行转型的推动固然是必要的，而且是主要的推动力，但同时，民间力量参与扫盲教育也很值得鼓励，而且也很有前景。特别的是，民间扫盲可以更加彰显扫盲教育的价值，那就是扫盲教育不再把眼光总是瞄准政府，坐等"哺乳"，通过民间的扫盲，它可以为社会创造价值，引领学习型社会的建设。所以这一章中要论述的中心问题就是，推动扫盲教育转型的过程中，需要鼓励民间力量参与，而民间力量在本章的论述中主要以民间组织为代表来论述。

一、为什么要发展民间组织

民间组织的概念出自社会三个部门的划分。社会三大部门是指人们把现代社会划分为三个相互联系又互相独立的领域，在这些领域内又存在不同的

---

① 陈龙根. 基于教师资格的美国成人教育教师专业化实践探析[J]. 比较教育研究，2010（1）：82-86.

组织形态。第一个是公共权力领域，属于政治领域，称为第一部门，以国家和政府组织（GO-government organization）为主要的形态；第二个是私人领域，属于经济领域，被称为第二部门，以市场和营利组织为主要形态；第三个是公共领域，属于社会领域，又被称为第三部门，既不属于政治领域也不属于经济领域，如果区别于政府，可以称作非政府组织（NGO）；如果区别于市场，可以称为非营利组织（NPO）。尽管第三部门有很多其他表述和成分，如志愿者组织、市民社会等，从官方文件来看，都称其为民间组织。鉴于我国人口中的文盲比例从统计学意义上的快速下降，大规模地、运动式地由政府强推扫盲教育的可能性逐渐变小，民间组织也逐渐有了扫盲教育中发挥作用的空间。但是要实现从民间组织来推动扫盲教育的转型必须要澄清一些问题，才能够更准确地寻找到相关的保障条件。

郑杭生认为第三部门的兴起有其必然性，因为"它既能弥补市场失灵，又能弥补政府失灵，还能极大地减轻社会管理成本"，而且它的活动性质主要是由道德力量所驱使的一种奉献社会的行为，第三部门的发达与否还成为评价一个国家或地区社会发育程度的主要依据。[①]随着在第二部门，即经济领域市场化程度的提高，作为第一部门的政府组织也开始在由"全能型"向"有限型"转变，也必然要求政治领域与社会领域的相对独立。一种席卷全球的"小政府、大社会"的社会管理格局正在深刻地影响着中国。特别是市场经济带来对中国社会的冲击，不仅从经济上造成了所有制成份、就业方式和利益格局多元化，而且导致了社会组织的多样化，民间组织的发展非常迅速，据统计，"到2003年上半年，全国共有社团15万家，其中全国性社团1712个。"[②]政府正在从一种包办社会转入"发育社会"的管理，这里的"发育社会"，按照郝铁川的解释，就是"培育独立的市场主体（现代企业），依法支持村民自治、行业协会自治以及其他群众组织的自治活动"，"其实质就是让社会逐步具有

[①] 郑杭生.社会三大部门协调与和谐社会建设——种社会学分析[J].中国特色社会主义，2006（1）：27-29.

[②] 郝铁川.从统治到治理：论强政党、小政府与大社会[J].马克思主义与现实，2003（6）：56-69.

一定能力的自治性、自主性，就是承认社会有其独特的运行规律"。①其实在我国社会主义民主政治建设过程中，政务公开、基层自治的这些实践，已经体现出了这种转变，而从学理的角度来看，这反映了从"统治"到治理的管理方式的转变，这里的"统治"一词不是从阶级的意义讲，而是从管理的角度来讲的，具有控制意义。

统治理论与治理理论的观点中有两方面的冲突：

一是关于权力中心。统治理论认为政府是唯一合法的权力中心，所有的社会事务都应该交由政府来处理；治理理论则相反，认为社会不是一个而是多个权力中心的存在，在进行社会管理的过程中，政府和其他部门的组织都有发言权，而且他们还可以构成合作的关系。

二是社会事务管理的上下关系。统治理论显然倡导自上而下的垂直管理，管理社会主要通过政府发布条例和规章，然后由社会通过理解和遵守来实现。当然这种理论在中国的影响相当的大，从目前来看，政治、经济和其他社会事务的主要变革，都由政府主导进行。而治理理论则把合作看作是社会管理的主要实现方式，要求政府和民间组织和公民之间要相互合作来协商合作，他们是一种平等而不是垂直的关系。那么从治理理论出发，政府对那些能不用过多插手的事务就应该尽可能地放手，而对于那些必须要管的事务，就要尽量采用政府购买等方式，转交给市场来做。这种社会治理的好处在于管理权不断下移给公民有利于培养公民的责任意识和独立意识，实现民间基础组织的"自我管理、自我教育、自我服务"，这个组织的特征在《中华人民共和国的居民委员会组织法》和《中华人民共和国村民委员会组织法》中都有明确的提及。王建军在此理论的基础上，总结出在中国传统的社会管理模式是政府和社会高度合一的模式，这个模式正在向政社分工合作的治理模式转变。

国外学者也对民间组织与政府之间的关系进行了深入的研究，而且很多研究成果也往往被中国学者所接纳。国外研究中主要产生出两种理论：一是政府失灵和市场失灵理论；二是第三方政府理论。威斯鲍德是政府失灵和市场失灵理论的代表，他认为，社会成员对公共产品的需求不断提高，而政府

---

① 同上。

不能够很好地满足所以才有了民间组织的发展空间①，它倡导的是一种民间组织被动发展的理论；而萨拉蒙则持第三方政府的理论，对威斯鲍德提出批评，他认为民间组织先于政府组织在人类社会中出现，不能把民间组织被动地看成是政府职能的补充，而应该相反地看，政府的出现才是民间组织"志愿失灵的结果"②，当社会自身调节机制失效的时候，才需要政府出面管理。萨拉蒙不仅分析了民间组织存在的合理性，还对与政府应该结成什么样的关系进行了分析，进而提出政府与民间的合作关系，这种合作关系也可以再细分为合作卖主模式和合作伙伴关系模式两种，其中前者"仅仅以政府项目管理代理人的面目出现，拥有很少的处理权或讨价还价的权利"，后者"拥有大量自治和决策的权利"③；萨拉蒙进一步认为，政府的管理对民间组织来说不应该是一种替代，而应该只是对民间组织发挥作用的补充，他们各自都可以发挥优势，通过互相合作，可以实现"小政府和大社会"的高效率，也能够更好地为社会提供公共产品。

二、民间组织对扫盲教育的意义

民间组织对于扫盲教育的意义很大，这点从历史和现实两个方面来进行说明。首先从历史上来看，扫盲教育的大规模出现就是从民间推动开始的。一战时，英、法等国招募了20余万的中国民工前往欧洲，他们中绝大多数都是文盲，在国外饱受欺凌。在外留学的知识分子为了帮助他们改变生存境遇，开始自编扫盲课本开展教育，且效果不错。所以一战后，晏阳初等回到国内也面向全国开始发起平民教育运动，面向群众开展"识字教育（识字、习字、注音符号）、生计教育（写作、珠算、记账、科学表演等）、公民教育（文体、阅读等）"，而承担教育运动的民间组织就是"中华平民教育促进会"。在长沙，从1922年3月到7月，便成立平民学校和平民读书处1718所；而在杭州，

---

① Frunmkin, Peter. On Being Nonprofit.Cambridge Havard University Press, 2002: 65-67.
② Salamon L. Partners in Public Service: The Scope and Theory of Government Nonprofit Sector Relations[J]. The nonprofit sector: A research handbook, 1987: 99-117.
③ 王建军. 论政府与民间组织关系的重构[J]. 中国行政管理，2007（6）：54-57.

从 1923 年 9 月到 1924 年正月，设立平民学校达 84 所。该会出版的平民千字课本，先后发行 300 余万册，受教育者达 500 万以上。①而在当时中国共产党领导下对群众的扫盲教育中，也采用民间办学的方式，如 1922 年到 1923 年在广东海丰组织农民学校，"专教农民会计数，不为地主所骗，会写信，会珠算，会写饲料和农具的名字"②。在 20 世纪 30 年代，晏阳初的中华平民教育促进会、梁漱溟的乡村建设研究院、黄炎培的中华职业教育社、陶行知的中华教育改进社等民间组织的不断发展壮大，为包括扫盲教育在内的成人教育发展起了巨大的推动作用。在革命和战争的年代，大规模的开展识字运动，由民间来组织是很难的，直到新中国成立后，面对着庞大的文盲人群，而国家的教育资源又不够充分地情况下，民间组织参与包括扫盲的成人教育才受到大力的鼓励而进行开展，"以民教民，能者为师"就是典型的方式。在 1957 年发布的《1956 到 1967 年全国农业发展纲要（修正草案）》中提出，为了进一步提高农村基层干部和农民的文化水平，提倡多种形式办学，群众办学和私人办学要受到支持。"文化大革命"过后，社会力量办学再次受到国家政策的支持，国家鼓励社会力量和个人自愿资助扫盲。当然通过改革开放三十多年，国家持续对扫盲教育的关注，由政府主导的大规模、运动式地扫盲教育也将会改变，民间组织在扫盲教育中的作用也会有所凸显。

从现在来看，还是有部分民间组织在热心扫盲。这里民间组织扫盲是一个统称，也包括了个人扫盲。以下摘录笔者在扫盲调研中与民间扫盲教师和民间教育机构的访谈片段，第一位访谈对象是福建宁德地区的林老师，访谈时间是 2011 年 6 月 21 日。

问：林老师，你从什么时候开始在家开展扫盲的呢？

答：我原来是就是镇上的语文教师，以前就参加过扫盲，退了休过后，还有个别的文盲妇女来找我想学会认字，我就干脆在家教他们。

问：那你有时间和精力来做这些事吗？

答：有啊，他们都是晚上过来学，白天他们忙，我也忙，晚上还可以。教了那么多年的书，给他们上课还是不觉得多累的，自己家里几张凳子凑起

---

① 董明传．毕诚．张世平．成人教育史[M]．海口：海南出版社，2002：16．
② 同上，31．

来就开始上课了，还是很方便。

问：你上课的对象是？

答：主要是妇女，因为我们这边有个特殊情况，靠着海边，不管是搞养殖还是种植，收入都不错，那些妇女小时候没有好好念书还是能生活得好，来上课的穿金戴银的不少，但就是没文化；另外，现在外地嫁过来的妇女中，有些又说不来本地话，也不识字，班上也有几个这种人。

问：你是一直都免费的吗？

答：当然是嘛，都是乡亲和邻居，而且我本身有退休工资，所以一直都是免费的。镇政府还不错，有次给我送了几张桌椅过来，这里就搞得更像个小教室了。

问：那你一共有多少学生呢？

答：总的我记不清楚了，2008年前就有200多人了，现在还在跟我学习的有四十几个人。

问：你要做多久呢？

答：可以一直做啊，但是过几年可能要出去带孙子了，做不了。不过，镇上还有其他的退休老师和快退休的老师，如果到时候还有需要的话，他们也可以接着做，我和他们说过。

第二位访谈对象是云南普洱市的苏老师，时间是2011年8月31日。

问：听说苏老师是县教育局退休的？

答：是的，我从城里退休就回寨里了，主要是整理布朗族的历史文化，还要修建一座布朗族的寺庙。

问：那你现在还在搞扫盲？

答：是啊，你到前面公路边几户人家去问问，谁是苏老师的学生，保证有人答应你。我现在不仅要教他们不识汉字的学会写字，还要教出几个会写傣文的来。我们的祖先用傣文记录了很多东西，现在必须要赶紧整理，哦，那种经文写在植物的叶子上，我们叫贝叶经。

问：那现在还有学生来学吗？

答：现在只有几个学生来识字，都是有时间我到村里逛的时候教教，他们自己也有事找我的时候，也在教，反正不固定。

问：公路边那家商店的生意不错，是你的学生开的吗？

答：是啊，那个女的老板就是我教她认字的嘛，现在不错了，以前账都不会借，自己想些乱七八糟的符号，用粉笔在墙上到处乱画。

问：那你会一直扫盲下去吗？

答：有就做嘛，我就在山上寨子里，大家找我很方便的。

第三位访谈对象是成都爱达讯助学机构的李女士，时间是2011年11月4日。

问：你们是专做扫盲的教育机构？

答：对的，我们关注扫盲教育在中国、特别是西南地区的开展，当然我们以后可能纯粹识字的扫盲项目会相对减少，逐步向功能性扫盲和农村低文化群体的职业培训方面发展。

问：你们发起的"女性文盲应对全球化风险的网络与发展策略"项目研讨会是出于什么考虑的呢？

答：主要是全球化带来了一系列的挑战，社会更加开放，经济上各地区之间的依存度更高，原有的生产方式和生存方式可能会面临改变，而作为那些文盲的妇女乃至她们的家庭都没有做好应对这种变化的准备，所以希望通过研讨，对如何建设一种网络或者架构有更深的认识。

问：你们的经费很充裕吗？

答：我们的经费并不充裕，主要在香港地区向银行界募集助学资金，我们项目的负责人每年都要去向他们进行宣讲、筹款，而他们的捐助完全出于自愿。

问：你们原来有自己的教材吗？

答：我们用过政府发的教材，但是我们觉得达标并不是我们想要的，所以后来就不用了，用的是北京另外一家助学机构自编的教材。

问：你们会一直做下去吗？

答：会的，我们相信环境会越来越好，更多的人会参与到这种有意义的事情中来。

应该说，民间组织的扫盲，不是出于行政命令和绩效考核，而是对低文化群体抱有同情和一种道义上的责任感来进行，很值得人钦佩。他们不强制学习，靠项目本身吸引学员，时间上也很灵活，对文盲学员来说没有压力，只要愿意学就有这样的资源在身边出现。这就充分说明了民间扫盲旨在满足人们教育需求时的及时性灵活性特征。那么民间扫盲的开展对于扫盲教育的转型又有什么意义呢？这里主要有三个方面的意义：

一是从形式上讲，民间组织的扫盲是转型后的重要扫盲形式。随着社会人员流动性的增强，低文化群体的分布越来越趋于分散，政府采用向民间组织购买服务的方式来进行扫盲教育是比较节约成本的一种方式；另外，民间组织本来就具有自己的社会责任，民间组织进行扫盲也是一个社会发育程度提高的表现，并使得扫盲教育领域出现竞争，于是低文化群体接受扫盲教育就不是在一个垄断的条件下无法选择。

二是从内容上讲，民间组织的扫盲更关注生活中的改变。它不设强制性的达标要求，非常贴近生活。前面提到过爱达讯助学机构，资助过贵州凯里地区一个村上的扫盲教育项目，教学的主要内容就是通过认识网球、了解网球运动，熟悉与网球和网球制作相关的汉字，学会缝制网球。后来，一个扫盲班上的20多位妇女，全都在当地的网球生产厂找到了岗位。这充分体现了民间扫盲改变生活的价值，尽管没有拿过脱盲证，但是这些妇女已经深刻体会到了学习带来的成就。这种贴近生活，获得生活中的改变就是扫盲教育转型的目标。

三是从师生关系上讲，民间组织的扫盲教师与学员之间更容易实现民主和平等的交流。这里的扫盲教师往往是邻居、亲戚和朋友，师生之间的信任度高，可交流的经验很多，在这种条件下的学习，学员的主动性会很充分，也不太拘谨。而这种师生之间的氛围也是扫盲教育转型想要去实现的。由此，推进民间组织的扫盲教育有利于促进扫盲教育的转型。

三、民间组织开展扫盲教育在法律上的问题

民间组织开展扫盲教育尽管是对群众的文化素质提高很有利，但是这种活动的开展存在着一个主要的障碍，就是法律关系和法律地位上需要进一步澄清。在法治社会中，任何一项工作的开展都要以法律为指南，这里就民间

组织开展扫盲教育从法律文本上进行分析。

从《中华人民共和国教育法》来看：

根据第二条，"在中国境内开展的各级各类教育，均使用本法"，说明民间组织开展的扫盲教育要受教育法的管辖。

根据第十九条，"国家实行职业教育制度和成人教育制度。国家鼓励发展多种形式的成人教育，使公民接受适当形式的政治、经济、文化、科学、技术、业务教育和终身教育。"第二十五条，"国家鼓励企事业组织、社会团体、其他社会组织及公民个人依法举办学校及其他教育机构。"第四十一条，"国家鼓励学校及其他教育机构、社会组织采取措施，为公民接受终身教育创造条件。"第五十三条，"企业事业组织、社会团体及其他社会组织和个人依法举办的学校及其他教育机构，办学经费由举办者负责筹措，各级人民政府可以给予适当支持。"以上四条都说明国家对民间组织开展扫盲教育持鼓励的态度。

而根据第二十三条，"各级人民政府、基层群众性自治组织和企事业组织应当采取各种措施，开展扫除文盲的教育工作。按照国家规定具有接受扫除文盲教育需求的公民，应当接受扫除文盲的教育。"这里基层群众自治组织尽管在实际工作中可能承担了很多政府工作的角色，但是也应该视作是民间组织，说明了民间组织是扫盲教育的重要主体。

但是在第二十六条，"设立学校及其他教育机构，必须具备下列基本条件：（一）有组织机构和章程；（二）有合格的老师；（三）有符合规定标准的教学场所及设施、设备等；（四）有必备的办学资金和稳定的经费来源。"从这个条件来看，民间组织扫盲就可能存在不符合办学资格的情况。

再从国家颁布的《社会力量办学条例》来看：

第五条明确了"社会力量应当以举办实施职业教育、成人教育、高级中等教育和学前教育的教育机构为重点。"

并且办学权的规定上，《条例》第十五条规定，"举办实施学历教育和文化补习、学前教育、自学考试助学的教育机构，由县级以上人民政府教育行政部门按照国家规定的审批权限审批；"

第十八条规定，"审批机关对批准设立的教育机构发给办学许可证。办学许可证由国务院教育行政部门制定式样，由国务院教育行政部门和劳动行政部门按照职责分工分别组织印制。教育机构取得办学许可证后,应当依照有关社会力量举办非企业单位登记的行政法规登记,方可开展教育、教学活动。"

第二十八条,"教育机构的教学内容应当符合宪法、法律和法规的规定。"

第五十七条,"社会力量举办不设立独立机构的培训活动,参照本条例执行。"

这说明当前的民间组织开展扫盲教育从法律上讲,其条件还是很高的,因为这里没有对各种类型的教育进行仔细的区别,而且在第五十七条中还专门强调了参照执行,这就是民间组织的扫盲教育开展在法律上受了很大的限制,结果就会导致所谓政治合法化和社会合法化的冲突,或者讲法律上程序正义和实体正义的冲突,而且也存在着价值取向上的"鼓励"与"限制"的矛盾。前面笔者所采访的林老师曾经被作为当地扫盲的先进,还得到过福建省的表彰和宣传,可是对照法律文本一看,她还不具备法律意义上的办学资格。

四、转型目标下民间组织参与扫盲教育的思路

首先,政府和相关部门要在制度上松绑。教育资格的审批制较大地限制了民间办学的积极性,这在短期内还不会改变,所以,要向有关部门呼吁给予成人教育大的自主空间,特别是对扫盲教育,要适当降低办学条件标准,采取登记备案制,而不是审批制。这里的做法不是要教育行政部门放弃掉对扫盲教育的监控和管理,对借扫盲之口行迷信宣传、商品推销之实当然需要监管,但是不能因为难以监管就从制度上堵住这条扫盲教育的民间发展之路。正如制度学派的先驱凡勃伦认为的那样,制度是环境作用的结果,制度必须随着环境刺激的变化而变化。没有一成不变的制度,在保护低文化群体受教育权的真正落实上,通过扫盲教育结构上调整和制度上创新才能有效地破解制度障碍。

其次,民间组织要充分利用扫盲教育的资源。从师资上看,民间退休的教师、公务员、工程师等具有较高文化的群体是重要的资源,他们不仅可以扫文字盲,还可以扫法盲、信息盲等,当政府还来不及大规模地做全民知识的普及工作时,民间组织可以挖掘内在的资源来完成对群众的教育。在笔者调研的过程中发现,这种师资上挖掘的可能性,在民间组织扫盲中具有普遍

的现实性,当人们渴望学习和愿意教学结合在一起的时候,扫盲教育就有了极强的生命力。从教学资源的挖掘上,除了教师来自于民间以外,民间组织还要借助多方资源来帮助其提高教材开发和教学实施的专业性,毕竟有些民间组织不是专业的教育机构,如果民间组织的扫盲教育质量不高的话,不仅组织的存在合理性会丧失,也更无可能会推动整个扫盲教育的转型了。

再次,民间组织的扫盲教育要有自己的特点。有自己的特点并不是说民间扫盲教育不要一种标准化的东西,没有方向地开展,而是说从这样两个方面来讲的。一是民间组织的扫盲教育一定要结合本地区和教育对象的特殊性,因地制宜地开展富有成效的教学。这里的本地区背后包含着经济、政治、文化等在这一区域空间的特殊意义,而教育对象的知识结构和个性特征等都不相同,所以作为一种成人教育的开展,还要结合他们的生产和生活经验来进行。二是要建立特殊的标准,这种标准当然可以参考国家扫盲教育中的知识标准,但也可以在没有达标要求的前提下,进行生活、生态、卫生等方面的扫盲教育,可能在标准上各不相同,但是需要去思考自己的标准是否合理可行,不能随意而为,这样的扫盲教育就显得不大规范。

最后,民间组织的扫盲教育要多方接轨。民间组织可以通过让政府购买服务的方式,或者代理的方式来开展扫盲教育,这时政府和民间组织之间可以形成一种友好的合作关系。民间组织还可以向企业职工进行扫盲教育,并获得企业的捐助,这可以是一种市场交换的行为,也可以是纯粹的慈善行为。民间组织还要向低文化群体以及其他的社会人群宣传和介绍扫盲教育的价值、教学方式、教学目的,面向社会大众进行对扫盲的"扫盲",获取社会上更大多数人的理解、支持和帮助。无论如何作为第三部门的民间组织不是孤立于整个社会之中,通过民间组织进行的扫盲教育,可以使扫盲教育的新观念得到传播,也有利于全社会支持扫盲教育,实现扫盲教育的转型。

参考文献

一、中文著作类（按中文姓氏、英文名首字母顺序排列）

[1] [美]埃弗里特·M.罗吉斯，拉伯尔·J.伯德格.乡村社会变迁[M].王晓毅，王地宁，译.杭州：浙江人民出版社，1988.

[2] [美]埃莉诺·奥斯特罗姆，罗格·帕克斯，戈登·惠克特.公共服务的制度建构——都市警察服务的制度结构[M].宋全喜，任睿，译.上海：上海三联书店，2000.

[3] [英]安东尼·吉登斯.社会的构成[M].李康，李猛，译.北京：生活·读书·新知三联书店，1998.

[4] [法]保罗·郎格朗.终身教育引论[M].周南照，陈述清，译.北京：中国对外翻译出版公司，1985.

[5] [美]彼得·D.赫肖克，马克·梅森，约翰·N.霍金斯.变革中的教育：全球化进程中亚太地区的领导力、创新和发展[M].任友群，杨光富，主译.上海：华东师范大学出版社，2009.

[6] 毕淑芝，王义高.当今世界教育思潮[M].北京：人民教育出版社，1999.

[7] [古希腊]柏拉图.柏拉图全集.会饮篇[M].王晓朝，译.北京：人民出版社，2002.

[8] [美]勃兰生.成人教育[M].陈尧昶，译.上海：世界书局，1938.

[9] [瑞士]查尔斯·赫梅尔.今日教育为了明日的世界[M].王静，赵穗生，译.北京：中国对外翻译出版公司，1983.

[10] 查有梁.控制论、信息论、系统论与教育科学[M].成都：四川省社会科学院出版社，1986.

[11] 查有梁.系统科学与教育[M].北京：人民教育出版社，1993.

[12] 陈璨，包中．贵州扫盲教育[M]．贵阳：贵州教育出版社，2007．

[13] 陈友松．当代西方教育哲学[M]．北京：教育科学出版社，1982．

[14] [美]达肯沃尔德，梅里安．成人教育——实践的基础[M]．刘宪之，等，译．北京：教育科学出版社，1986．

[15] [英]大卫·休谟．人性论（下册）[M]．关文运，译．北京：商务印书馆，1980．

[16] [美]道格拉斯·C．诺斯．经济史中的结构与变迁[M]．陈郁，罗华平，等译．上海：上海三联书店，1994．

[17] 邓小平．邓小平文选（第三卷）[C]．北京：人民出版社，1993．

[18] 董明传，毕诚，张世平．成人教育史[M]．海口：海南出版社，2002．

[19] 董明传．面向21世纪我的教育观：成人教育卷[M]．广州：广东教育出版社，2000．

[20] [德]恩格斯．反杜林论[M]．北京：人民出版社，1970．

[21] [德]恩斯特·卡西尔．人论[M]．甘阳，译．上海：上海译文出版社，2004．

[22] 范国睿．教育系统的变革与人的发展[M]．合肥：安徽教育出版社，2008．

[23] 费孝通．乡土中国[M]．上海：上海人民出版社，2006．

[24] [美]冯·贝塔朗菲．一般系统论 基础、发展和应用[M]．林康义，魏宏森，等，译．北京：清华大学出版社，1987．

[25] 冯友兰．中国哲学简史[M]．涂又光，译．北京：北京大学出版社，2010．

[26] 高志敏，等．终身教育、终身学习与学习化社会[M]．上海：华东师范大学出版社，2005．

[27] 勾承益，李亚东．论语——白话今译[M]．北京：中国书店出版社，1992．

[28] 顾明远，孟繁华．国际教育新理念[M]．海口：海南教育出版社，2001．

[29] 顾明远．教育大词典[M]．上海：上海教育出版社，1998．

[30] 国家统计局农村社会经济调查总队．中国农村统计年鉴（2008）[Z]．北京：中国统计出版社，2008．

[31] 国家统计局人口和就业统计司．中国人口和就业统计年鉴（2011）[Z]．北京：中国统计出版社，2012．

[32] 国家统计局人口和社会科技统计司. 中国人口统计年鉴（2001）[Z]. 北京：中国统计出版社，2001.

[33] 韩颂喜. 市场机制概论[M]. 济南：山东大学出版社，1997.

[34] 汉语大词典编辑委员会，汉语大词典编纂处. 汉语大词典（缩印本·下卷、上卷）[M]. 上海：汉语大词典出版社，1997.

[35] 郝克明. 跨进学习型社会——建设终身学习体系和学习型社会的研究[M]. 北京：高等教育出版社，2006.

[36] 郝克明. 终身教育国际论坛报告集萃[C]. 北京：高等教育出版社，2006.

[37] 郝克明，周满生. 终身教育经典文献[C]. 北京：高等教育出版社，2006.

[38] 郝振君. 试析国际社会对扫盲教育问题认识的研究过程[C]//纪念《教育史研究》创刊二十周年论文集，2009.

[39] 何东昌. 中华人民共和国重要教育文献[C]. 海口：海南出版社，1998.

[40] 华桦. 教育公平新解——社会转型期的教育公平理论和实践探究[M]. 上海：上海社会科学院出版社，2010.

[41] 胡守棻. 新教育概论[M]. 北京：商务印书馆，1950.

[42] 黄明东. 教育政策与法律[M]. 武汉：武汉大学出版社，2007.

[43] 黄志成. 西方教育思想的轨迹——国际教育思想纵览[M]. 上海：华东师范大学出版社，2008.

[44] 姬忠林. 河南成人教育史[M]. 开封：河南大学出版社，1999.

[45] 教育大辞典编纂委员会. 教育大辞典（第1卷）[Z]. 上海：上海教育出版社，1990.

[46] [英]杰夫·惠迪，[美]萨莉·鲍尔，[英]大卫·哈尔平. 教育中的放权与择校：学校、政府和市场[M]. 马忠虎，译. 北京：教育科学出版社，2003.

[47] [日]堺屋太一. 知识价值革命[M]. 北京：东方出版社，1986.

[48] 金岳霖，主编. 形式逻辑（重版）[M]. 北京：人民出版社，1979.

[49] 靳希斌. 教育经济学[M]. 北京：人民教育出版社，2005.

[50] [哥]卡尔·达尔曼，曾智华，王水林. 终身学习与中国竞争力[M]. 窦现

金，译．北京：高等教育出版社，2007．

[51] [德]克里斯托夫·武尔夫．教育人类学[M]．张志坤，译．北京：教育科学出版社，2009．

[52] [加]克里斯托弗·K．纳普尔，阿瑟·J．克罗普利．高等教育与终身学习[M]．徐辉，陈晓菲，译．上海：华东师范大学出版社，2003．

[53] 李秉千，徐学渠．比较成人教育理论[M]．哈尔滨：黑龙江出版社，1992．

[54] 李水山，黄长春．当代中国农民教育史[M]．北京：中国农业科学技术出版社，2010．

[55] 李颖．教育的人性追寻——西方社会转型期的教育转型及其启示[D]．长春：东北师范大学，2006．

[56] 联合国教科文组织国际教育发展委员会．学会生存——教育世界的今天和明天[M]．北京：教育科学出版社，1996．

[57] 联合国教科文组织总部中文科．教育——财富蕴含其中[M]．北京：教育科学出版社，1996．

[58] 廖其发．当代中国扫盲和农村成人教育的回眸与前瞻[M]．重庆：西南师范大学出版社，2002．

[59] 刘铁芳．乡土的逃离与回归：乡村教育的人文重建（增订本）[M]．福州：海峡出版发行集团，福建教育出版社，2011．

[60] 刘义兵．成人教育研究[M]．重庆：重庆出版集团，重庆出版社，2007．

[61] 刘祖云．从传统到现代-当代中国社会转型研究[M]．武汉：湖北人民出版社，2000．

[62] 吕达，周满生．当代外国教育改革著名文献（日本、澳大利亚卷）[C]．北京：人民教育出版社，2004．

[63] 陆学艺，景天魁．转型中的中国社会[M]．哈尔滨：黑龙江人民出版社，1994．

[64] [美]马尔科姆·诺尔斯．现代成人教育实践[M]．蔺延梓，译．北京：人民教育出版社，1980．

[65] [美]迈克尔·麦金尼斯．多中心体制与地方公共经济[M]．毛寿龙，李梅，

译．上海：上海三联书店，2000．

[66] [美]迈克尔·麦金尼斯．多中心治道与发展[M]．毛寿龙，译．上海：上海三联书店，2000．

[67] [美]曼瑟尔·奥尔森．集体行动的逻辑[M]．陈郁，等，译．上海：上海三联书店 上海人民出版社，1995．

[68] 毛泽东选集（第一卷）[C]．北京：人民教育出版社，1991．

[69] 毛泽东选集（第三卷）[C]．北京：人民教育出版社，1991．

[70] 莫曾萌，黄孟洲．形式逻辑[M]．成都：电子科技大学出版社，2005．

[71] [美]N．维纳．控制论[M]．郝季仁，译．北京：科学出版社，1962．

[72] [德]O·F．博尔诺夫．教育人类学[M]．李其龙，等，译．上海：华东师范大学出版社，1999．

[73] [法]蒲鲁东．贫困的哲学（第二卷）[M]．余叔通，王雪华，译．北京：商务印书馆，1998．

[74] 瞿振元，李小云，王秀清．中国社会主义新农村建设研究[M]．北京：社会科学文献出版社，2006．

[75] [美]桑代克．成人的学习[M]．北京：商务印书馆出版社，1928．

[76] 沙莲香．社会心理学[M]．北京：中国人民大学出版社，1992．

[77] [英]史蒂芬·缪哈尔，亚当·斯威夫特．自由主义者与社群主义者[M]．孙晓春，译．长春：吉林人民出版社，2007．

[78] 《世界经济年鉴》编辑部．世界经济年鉴（2010/2011年卷）[Z]．北京：世界经济年鉴编辑委员会，2011．

[79] 世界银行报告．国家教育发展研究中心．全球知识经济中的终身学习——发展中国家的挑战[M]．北京：高等教育出版社，2005．

[80] 孙开，等．公共产品供给与公共支出研究[M]．大连：东北财经大学出版社，2006．

[81] 孙立平．社会转型：发展社会性新议题[J]．社会学研究，2005（1）．

[82] 孙中山．建国方略[M]．沈阳：辽宁人民出版社，1994．

[83] [美]孙隆基．中国文化的深层结构[M]．桂林：广西师范大学出版社，2004．

[84] [瑞典]T．胡森．国际教育百科全书（第三卷）[Z]．贵阳：贵州教育出版社，1990．

[85] [瑞典]T．胡森．国际教育百科全书（第六卷）[Z]．贵阳：贵州教育出版社，1990．

[86] [美]塔尔科特·帕森斯．社会行动的结构[M]．张明德，夏翼南，彭刚，译．南京：译林出版社，2003．

[87] 王道俊，王汉澜．教育学（新编本）[M]．北京：人民教育出版社，1999．

[88] 王洪才．终身教育体系的建构：全面小康社会的呼唤与回应[M]．厦门：厦门大学出版社，2008．

[89] 王茂荣，朱仙顺．成人教育学基础理论研究[M]．北京：职工教育出版社，1986．

[90] 王炳照，阎国华．中国教育思想通史第八卷[C]．长沙：湖南教育出版社，1994．

[91] 王维．哲学视角中的科学技术、经济与社会发展[M]．上海：东方出版中心，2010．

[92] 王雅林．社会转型理论的再构与创新发展[J]．江苏社会科学，2000（2）．

[93] [德]沃尔夫纲·布列钦卡．教育知识的哲学[M]．杨明全，宋时春，译．上海：华东师范大学出版社，2006．

[94] [德]沃尔夫冈·查普夫．现代化与社会转型[M]．陈黎，陆宏成，译．北京：社会科学出版社，2012．

[95] 吴林富．教育生态管理[M]．天津：天津教育出版社，2006．

[96] 吴遵民，[日]末本　诚，小林文人．现代终身学习论[M]．上海：上海教育出版社，2008．

[97] 吴遵民．现代国际终身教育论[M]．北京：中国人民大学出版社，2007．

[98] 谢国东，赖立．和谐社会的构建与成人教育的使命[C]．北京：中国人民大学出版社，2008．

[99] 熊雷，卫金华．中国欠发达地区终身教育体系构建策略与途径[C]//2004年中国成人教育协会年会论文集．2004．

[100] 学习型社会建设研究课题组. 学习型社会建设的理论与实践（学习型社会建设研究课题总报告）[M]. 北京：高等教育出版社，2010.

[101] [法]雅基·西蒙，热拉尔·勒萨热. 法国国民教育的组织与管理[M]. 安延，译. 北京：教育科学出版社，2007.

[102] [英]亚当·斯密. 国民财富的性质和原因的研究（下册）[M]. 郭大力，王亚南，译. 北京：商务印书馆，1972.

[103] 亚里士多德. 形而上学[M]. 吴寿彭，译. 北京：商务印书馆，1981.

[104] 颜泽贤，张铁明. 教育系统论[M]. 郑州：河南教育出版社，1991.

[105] 杨志勇，张馨. 公共经济学[M]. 北京：清华大学出版社，2005.

[106] 叶立群. 成人教育学[M]. 福州：福建教育出版社，1995.

[107] 余博. 成人教育工作者岗位培训教程[M]. 北京：气象出版社，1990.

[108] 余永德. 农村教育论[M]. 北京：人民教育出版社，2000.

[109] 袁贵仁. 对人的哲学理解[M]. 上海：东方出版中心，2008.

[110] [英]约翰·穆勒. 政治经济学原理——及其在社会哲学上的若干运用[M]. 赵荣潜，桑炳彦，朱泱，胡企林，译. 北京：商务印书馆，1991.

[111] 张德琇. 教育心理研究[M]. 北京：教育科学出版社，1981.

[112] 张艳萍，李海. 成人学习心理与学习方法[M]. 哈尔滨：哈尔滨工程大学出版社，2007.

[113] 张新生. 英国成人教育史[M]. 济南：山东教育出版社，1993.

[114] 张忠华. 当代教育理论新探[M]. 北京：社会科学文献出版社，2008.

[115] 赵克平. 社会转型期教育伦理探索[M]. 北京：人民教育出版社，2010.

[116] 赵中建. 联合国教科文组织国际教育大会建议书集[C]. 北京：教育科学出版社，2005.

[117] 赵中建. 教育的使命——面向21世纪的教育宣言和行动纲领[M]. 北京：教育科学出版社，1996.

[118] 郑杭生，李强，等. 当代中国社会结构和社会关系研究[M]. 北京：首都师范大学出版社.

[119] 郑金洲. 中国教育学60年[M]. 上海：华东师范大学出版社，2009.

[120] 中共中央宣传部与信息局.胡锦涛强调深刻认识构建社会主义和谐社会的重大意义 扎扎实实做好工作 大力促进社会和谐团结[C]//论构建社会主义和谐社会.北京:学习出版社,2005.

[121] 中国社会科学院语言研究所词典编辑室.现代汉语词典[Z].北京:商务印书馆,2000.

[122] 中国经济年鉴编辑委员会.中国经济年鉴(2010)[Z].北京:中国经济年鉴社,2010.

[123] 中国西部地区开发年鉴(1979-1992)[Z].北京:改革出版社,1992.

[124] 《中国教育年鉴》编辑部.中国教育年鉴 地方教育(1949—1984)[Z].长沙:湖南教育出版社,1986.

[125] 《中国教育年鉴》编辑部.中国教育年鉴(1989)[Z].北京:人民教育出版社,1990.

[126] 《中国教育年鉴》编辑部.中国教育年鉴(1990)[Z].北京:人民教育出版社,1991.

[127] 《中国教育年鉴》编辑部.中国教育年鉴(2006)[Z].北京:人民教育出版社,2007.

[128] 《中国教育年鉴》编辑部.中国教育年鉴(2007)[Z].北京:人民教育出版社,2008.

[129] 《中国教育年鉴》编辑部.中国教育年鉴(2008)[Z].北京:人民教育出版社,2009.

[130] 《中国教育年鉴》编辑部.中国教育年鉴(2009)[Z].北京:人民教育出版社,2010.

[131] 《中国教育年鉴》编辑部.中国教育年鉴(2010)[Z].北京:人民教育出版社,2010.

[132] 《中国教育年鉴》编辑部.中国教育年鉴(2010)[Z].北京:人民教育出版社,2011.

[133] 中国社科院情报研究所.科学学译文集[C].北京:科学出版社,1980.

[134] 中华人民共和国教育部.中国教育统计年鉴(2009)[Z].北京:人民

教育出版社，2010．

[135] 朱汉国，羊群．中华民国史第五册·志四：文教社会卷[C]．承担：四川人民出版社，2006．

[136] 朱华山．传统与变革的抉择：细读法国教育[M]．沈阳：辽宁人民出版社，2011．

[137] [日]筑波大学教育学研究会．现代教育学基础（中文修订版）[M]．钟启泉，译．上海：上海教育出版社，2003．

二、中文论文、报纸类（按作者姓名首字母顺序排列）

[138] 常永才．美国成人教育的发展机制[J]．比较教育研究，1999（3）．

[139] 常永才，哈经雄．贫困乡村社区革新定位的扫盲教育：P．弗莱雷人类学模式[J]．西南师范大学学报，2004（6）．

[140] 陈福祥．公共性职业教育培训的有效供给——基于制度分析的视角[D]．重庆：西南大学，2011．

[141] 陈水平．面向农村社区教育的成人教育运行机制浅议——基于苏中次发达地区农村成人教育转型的视角[J]．成人教育，2012（3）．

[142] 陈霜叶．中国大学的学术逻辑与行政逻辑的互动类型[J]．高校教育管理，2013（2）．

[143] 陈志宏．知识不更新就成文盲[J]．乡镇企业科技，1998（11）．

[144] 狄成杰．中部地区农村人力资源开发与成人教育人才培养机制研究[J]．中国成人教育，2008（12）．

[145] 刁桂梅．动力与阻力并存：我国终身教育体系构建的博弈论[J]．职教通讯，2010（11）．

[146] 丁学良．现代化理论的渊源和概念架构[J]．中国社会科学，1988（1）．

[147] 董建红．2000年世界全民教育评估综述[J]．全球教育展望，2001（7）．

[148] 冯玲．自组织理论视域下成人教育质量评估保障机制构建[J]．职业技术教育，2009（31）．

[149] 冯增俊．论教育现代化的基本概念[J]．教育研究，1993（3）．

[150] 高学贵. 我国农民教育政策发展研究[D]. 重庆：西南大学，2011.

[151] 葛道凯. 加快建设国家终身教育体系——深入学习实践科学发展观的体会[N]. 中国教育报，2008-10-25，第003版.

[152] 国家教委. 国家教委要求农村中小学积极参加扫盲工作[J]. 人民教育，1990（Z）.

[153] 郭其友，李宝良. 机制设计理论：资源最优配置机制性质的解释与应用——2007年度诺贝尔奖得主的主要经济学理论贡献述评[J]. 外国经济与管理，2007（11）.

[154] 郭正旭，陶娥. 终身学习理念下成人教育发展机制的建构[J]. 广东技术师范学院学报（社会科学），2010（6）.

[155] 郝振君. 弗莱雷农村成人扫盲理论述评[J]. 成人教育，2006（4）.

[156] 何爱霞. 成人教育促进社会合理流动的功能及路径[J]. 教育学术月刊，2012（1）.

[157] 胡锦涛. 高举中国特色社会主义伟大旗帜 为夺取全面小康社会新胜利而奋斗——在中国共产党第十七次全国代表大会上的报告[N]. 人民日报，2007-10-25，第001版.

[158] 胡锦涛. 坚定不移沿着中国特色社会主义道路前进，为全面建成小康社会而奋斗——在中国共产党第十八次全国代表大会上的报告[J]. 求是，2010（22）.

[159] 黄林芳. 教育发展机制论[D]. 上海：复旦大学，2005.

[160] 黄秋香，唐意红，方伟红. 构建农民终身教育体系的思考[J]. 经济研究导刊，2009（1）.

[161] 黄日强. 美国成人扫盲教育[J]. 成人教育，1996（1）.

[162] 黄志成. 试论弗莱雷解放教育理论的现实意义[J]. 外国教育研究，2003（7）.

[163] [韩]奇永花. 韩国终身教育的发展与实务运作[J]. 成人教育，2009（3）.

[164] 邱艳萍. 英国成人扫盲教育运动及其启示[J]. 继续教育研究，2005（4）.

[165] 兰州学刊编辑部. 文盲新解[J]. 兰州学刊，1990（6）.

[166] 李环．文盲威胁着美国[J]．外国教育动态，1983（3）．

[167] 李愧敏，曹晓华，陈昌明，翁旭处．文盲文字加工的行为和脑机制[J]．心理科学进展，2009（5）．

[168] 李连广．美国青少年文盲问题研究[J]．当代青年研究，2008（7）．

[169] 李培林．"另一只看不见的手"：社会结构转型[J]．中国社会科学，1992（5）．

[170] 李庆霞．当代中国社会转型的特点[N]．人民日报，2005-07-18，第9版．

[171] 李润洲．教育本质研究的反思与重构[J]．教育研究，2010（5）．

[172] 李兴洲，卢海红．继续教育的国际经验[J]．北京师范大学学报（社会科学版），2010（1）．

[173] 李玉兰．把中国的经验传给世界[N]．光明日报，2007-08-02，第005版．

[174] 李允志．适应现代农业发展的创新型农村成人教育机制研究[J]．安徽农业科学，2008（13）．

[175] 李中亮．桑代克成人学习理论及其启示[J]．成人教育，2007（1）．

[176] 厉以贤．终身教育的理念及在我国实施的政策措施[J]．北京大学教育评论，2004（4）．

[177] 林光彬．社会等级制度与"三农"问题[J]．读书，2002（2）．

[178] 林小英．理解教育政策：现象、问题和价值[J]．北京大学教育评论，2007（10）．

[179] 刘芹茂，杨东．我国教育发展的动力机制[J]．教育与经济，1992（3）．

[180] 刘义兵．新时期扫盲教育观的转变及其实现策略[J]．中国成人教育，2007（2）．

[181] 刘英捷．世界全民教育中的成人扫盲教育[J]．成人教育，1999（10）．

[182] [韩]鲁在化．韩国"新农村运动"和社会教育运动[J]．外国中小学教育，2009（7）．

[183] 马胜涛．系统论与扫盲教育[J]．河北成人教育，1994（6）．

[184] 马云．共和国农村扫盲教育研究[D]．上海：华东师范大学，2006．

[185] 苗培周，赵冬云．城镇化背景下我国农村成人教育：问题与对策[J]．继

续教育研究，2010（3）．

[186] 毛永天．列维-斯特劳斯"社会结构"理论与方法之介评[J]．中山大学研究生学刊，1994（4）．

[187] 欧本谷．中国扫盲教育的改革与发展[J]．成人教育，2008（8）．

[188] 欧贤才，王凯．自愿性辍学——新时期农村初中教育的一个新问题[J]．中国青年研究，2007（5）．

[189] 齐幼菊，龚祥国．终身教育体系构架探析[J]．中国远程教育，2010（11）．

[190] 任舒泽．法国继续教育的特色及其借鉴意义[J]．法国研究，2009（2）．

[191] 任一明．国外扫盲教育政策研究[J]．比较教育研究，2000（2）．

[192] 单颖，霍玉文．国外扫盲教育之特征述略及其启悟[J]．继续教育研究，2005（4）．

[193] 石中英．本质主义、反本质主义与中国教育学研究[J]．教育研究，2004（1）．

[194] 史东根．可持续发展教育理论研究与实践探索[J]．教育研究，2003（12）．

[195] 田国强．经济机制理论：信息效率与激励机制设计[J]．经济学（季刊），2003（2）．

[196] 田娟．我国30年教育本质研究回顾与反思[J]．河北师范大学学报，2010（3）．

[197] 温家宝．在联合国教科文组织第五届全民教育高层会议上的致词[N]．人民日报，2005-11-29，第004版．

[198] 王策三．主体教育哲学刍议[J]．北京师范大学学报（社科版），1994（4）．

[199] 王海澜．现代化理论在比较教育中的运用[J]．比较教育研究，1997（4）．

[200] 王强．从宗滴恩到达喀尔：世界全民教育的目标、问题与走向[J]．全球教育展望，2005（11）．

[201] 王强．21世纪初期世界扫盲教育的走向——《联合国扫盲十年计划》述要[J]．世界教育信息，2005（12）．

[202] 王元京．建立城乡统筹教育发展长效机制的思考[J]．中国教育学刊，2006（3）．

[203] 吴任，文松．完善群众利益诉求表达机制的四点建议[N]．检察日报，2011-07-13，第3版．

[204] 吴遵民．中国成人教育会终结吗？——新时期我国成人教育面临的重大危机与挑战[J]．开放教育研究，2013（4）．

[205] 夏海鹰．我国脱盲标准的演变与反思[J]．成人教育，2008（8）．

[206] 夏海鹰．执着探索扫盲路，提高文盲新能力[J]．成人教育，2010（4）．

[207] 谢喆平．中国与联合国教科文组织的关系演进[J]．太平洋学报，2010（2）．

[208] 徐梦杰，董春林，应一也．21世纪联合国非洲扫盲政策及实践述评[J]．全球教育展望，2007（3）．

[209] 杨凤英．教育产品的属性与政府职能的调整[J]．教育学报，2006（2）．

[210] 杨红．我国少数民族扫盲教育现状与发展研究[J]．成人教育，2007（1）．

[211] 杨树新，编．联合国重新定义文盲标准，不会用电脑不会看地图成新文盲[J]．教育革新，2006（3）．

[212] 英国教育与技能部．英国：成人教育白皮书[J]．陈剑琦，编译．比较教育研究，2003（9）．

[213] 余小波．我国成人高等教育转型的研究[D]．厦门：厦门大学，2007．

[214] 袁桂林，洪俊．农村初中辍学现状调查及控制辍学对策的思考[J]．中国教育学刊，2004（2）．

[215] 云南省中长期教育改革和发展规划纲要（2010-2020年）[N]．中国教育报，2011-05-31，第009版．

[216] 曾青云．城乡教育一体化机构建设与构建终身教育体系实践展开[J]．成人教育，2011（3）．

[217] 张春晓，任一明．性别视角下改革开放后的扫盲教育发展[J]．成人教育，2008（12）．

[218] 张大也．加快发展继续教育 构建终身教育体系[N]．中国教育报，2011-02-23，第008版．

[219] 张德辉．浅析教育本质的二重性[J]．西南民族学院学报（哲学社会科

学版），1990（3）.

[220] 张东辉. 经济机制理论：回顾与发展[J]. 福建论坛·经济社会版，2003（8）.

[221] 张金英. 城乡教育一体化的动力机制及战略研究[D]. 天津：天津大学，2010.

[222] 张景才. 农村成人教育的运行机制与效益[J]. 成人教育，1995（3）.

[223] 张俊，朱建文. 农村成人教育机制创新：从动员到配置[J]. 高等农业教育，2008（7）.

[224] 张晓明. 农村教育综合改革的结构模式与运行机制[J]. 成人教育，1992（3）.

[225] 张学文. 教育综合改革应有"教育工具论"向"教育民生论"转型-"十八大"报告"努力办好人民满意的教育"之学理解读[J]. 清华大学教育研究，2013（1）.

[226] 张玉华，秦发盈. 澳大利亚成人职业教育的运作机制[J]. 继续教育研究，2004（2）.

[227] 赵旭东，李加林. 试论农村成人教育内容研究的必要性、方法及预期成果[J]. 农村成人教育，2000（2）.

[228] 钟启泉. 扫盲价值论与扫盲目的论——"新扫盲论"研究（之一）[J]. 外国教育资料，1999（1）.

[229] 钟启泉. 扫盲范畴论与扫盲程度论——"新扫盲论"研究（之二）[J]. 外国教育资料，1999（2）.

[230] 钟启泉. 国际通行的扫盲概念与扫盲现代课题——"新扫盲论"研究（之三）[J]. 外国教育资料，1999（3）.

[231] 朱德林. 成人教育发展机制的创新探析[J]. 职教论坛，2009（6）.

三、外文类（按作者姓名首字母顺序排列）

[232] Bhola, H. S. Adult and Lifelong Education for Poverty Reduction: A Critical Analysis of Contexts and Conditions. Review of Education, 2006,

(52).

[233] Diane p·Janes. Constructivism and instructional design:An exploration using an asynchronous online nominal group technique. The University of British Columbia, 2005.

[234] G.. Baker (ed). A Handbook on the Community College in America. Westport: Greawood Press, 1994.

[235] Hideki Maruyama. Lifelong Learning for Sustainable Community Development in a Japanese Case [EB/OL]. http://www.eric.ed.gov/PDFS/ED502814.pdf, 2011-6-12.

[236] Hurwicz, L.. The design of mechanisms for resource allocation. American Economic Review, 1973, (63).

[237] James E. Anderson. Public Policymaking: An Introduction. Boston: Houghton Mifflin, 1990.

[238] Jehiel, P., Moldovanu, B., Efficient Design with Interdependent Valuations, Econometrica, 2001, (69).

[239] John Wallis. Combating Poverty: The Third World Within the First World. Review of Education, 2006, (52).

[240] Mailath, G.., Postlewaite, A.. Asymmetric Bargaining Problems with Many Agents, Review of Economic Studies, 1990, (57).

[241] Maskin, E., Auctions and Privatization, in H. Siebert (ed.), Privatization: Symposium in Honor of Herbert Giersh, Mohr (Siebek), Tubingen. 1992.

[242] Miller, R. Caring for New Life: Essays on Holistic Education. Brandon: Foundations for Educational Renewal, 2000.

[243] Myerson, R. B.. Incentive compatibility and the bargaining problem. Econometric, 1979, (47).

[244] Patricia Kilgour Anderson. Rural Adult Education: Reflections of a Student Educator. The Canadian Journal for the Study of Adult Education. Toronto, 2004.

[245] Paul Hager. Lifelong Education: From Conflict to Consensus? Studies in

Philosophy and Education. Boston, 1998.

[246] Paul. A. Samuelson. The Theory of Public Expenditure. The Review of Economics and Statistics, (36)4.

[247] Regions co-operate on lifelong education and training. Journal of European Industrial Training. Bradford,2003.

[248] Rosa Maria Torres. Illiteracy and literacy education in Ecudor:Options for Policy and Practice[R].Case study prepared at the request of UNESCO for inclusion in the 2006 Education for All Global Monitoring Report,2006.

[249] Rosemary Preston. Critical Approaches to Lifelong Education. International Review of Education – International Zeitschrift für Erziehungswissenschaft – Revue Internationale de l'Education, 1999.

[250] Schultz, T. W. The Value of the Ability to Deal with Disequilibria. Journal of Economic Literature , 1975,(13 (3)).

[251] Thomas F. Green. Policy Questions: Conceptual Study. Education Policy Analysis Archives. 1994, (7).

[252] Torsten Husen. The Interanational encyclopedia of Education vol.1[C]. New York: Pergamon Press, 1985.

[253] World Bank. From Natural Resources to the Knowledge Economy: Trade and Job Quality. World Bank Latin America and Caribbean Studies. Washington, DC: World Bank, 2003.

[254] World Bank HDNED (Human Development Network Education Department). Lifelong Learning in the Global Knowledge Economy: Challenges for Developing Countries. HDNED. Washington, DC: World Bank, 2002.

四、主要网站

[255] 联合国教科文组织网站，http：//www.unesco.org/new/en/unesco/.

[256] 新华网，http：//news.xinhuanet.com/.

[257] 新浪网，http：//news.sina.com.cn/.

[258] 中华人民共和国财政部网站，http：//www.mof.gov.cn/.

[259] 中华人民共和国国家发展和改革委员会，http：//www.ndrc.gov.cn/.

[260] 中华人民共和国教育部网站，http：//www.moe.gov.cn/.

[261] 中华人民共和国民族事务委员会网站，http：//www.seac.gov.cn/.

[262] 中华人民共和国农业部网站，http：//www.moa.gov.cn/.

[263] 中华人民共和国统计局网站，http：//www.stats.gov.cn/.

[264] 中华人民共和国中央人民政府网站，http：//www.gov.cn/.

[265] 美国劳工部网站，http：//www.doleta.gov /.

附 录

附录1 扫盲教育管理人员及教育者访谈提纲

访谈对象：_____

访谈时间：_____

访谈地点：_____

一、当地扫盲教育工作取得了哪些成绩？存在什么不足？

二、在您看来，扫盲教育是否有继续发展的必要？为什么？

三、现在还在开展扫盲教育吗？如果还在的话，请介绍一下开展授课的频率、规模以及扫盲教育的内容、授课方式和教学效果等方面的情况。

四、扫盲教育中有哪些困难？你们是如何解决困难的？还有哪些困难没有解决？

五、你认为影响扫盲教育发展的关键因素有哪些？

六、要搞好扫盲教育，你认为哪些部门和哪些人可以参与？

七、现有的扫盲教育管理方面存在什么问题？

八、有没有人通过扫盲真正实现了生产和生活中的巨大变化？请举例说明。

九、当地扫盲教育的师资结构如何？

十、你对当地扫盲教育的未来发展有何建议？

附录 2　文盲学员访谈提纲

访谈对象：_____

访谈时间：_____

访谈地点：_____

一、你认为文盲是什么样的人？你会不会因此而自卑？

二、您参加过多少次扫盲教育活动呢？主要是白天还是晚上上课？

三、扫盲教育由谁组织或提供的？你自己内心愿意上扫盲班吗？

四、您参与过的扫盲教育的效果如何？它们能否实现你的目标？能否解决您生产生活中遇到的问题？

五、您是如何获取扫盲教育信息的？你自学能力怎么样？

六、您觉得给你上课的老师怎么样？是否需要改进授课方式呢？

七、您接受过民间组织的扫盲教育吗？感觉如何？

八、您学会的知识会遗忘吗？还想继续学习吗？

九、您参与扫盲教育有无困难有哪些？解决的情况怎么样？

十、您对当地扫盲教育的未来发展有何建议？

后 记

　　中国扫盲教育的转型研究是面对当前扫盲教育发展的多种危机而试图寻找方向所做的一种尝试，要说明扫盲教育可发展可转型，也要说明未来的这种转型呈现出什么样的状态，包含什么样的内容，还要为讨论这种转型的实现条件，这是全文的"思维导图"。然而要勾画出这幅图景却着实不易，扫盲教育的研究资料有限，其发展之路也没人能指出一条坦途。常常以为灵感出现我奋笔疾书，结果却被满篇的"为什么"不断追问和否定，将这种灵感的惊喜化作愚钝的感叹。不过，随着研究工作的不断深入，我的思路也慢慢清晰。回首来路，才发现自己并不孤独，在求学历程中有太多的人需要感谢。

　　我要特别感谢我博士生导师刘义兵教授。刘老师严谨治学的态度、宽于待人的胸怀和低调朴实的作风深深地影响着我，让我对学术和人生有了更清晰的追求。刘老师既通过课堂对我进行指导，也提供机会让我能够参与田野调查和学术讨论，使我的研究视野和方法都更加广阔。本研究从选题到行文，始终渗透着刘老师悉心指导的心血。然而学生愚钝，老师提出的很多问题可能还没有很好地解决，老师时常在对话式教学中不断地诘问，让我感到学术研究没有尽头。感谢刘老师让我这个粗枝大叶的人在学术问题上去追求小心求证。刘老师和夫人钟老师还对我的生活很关心，每每师生欢聚一堂，也让我感受到了本书成型时、离家独处中难得的家庭温暖。

　　感谢廖其发教授与李森教授在本研究过程中给予我的指导，你们的睿智与宽容伴随着精彩的点评激励我在学术的道路上一直向前。感谢王德清教授、夏海鹰教授、于泽元教授、艾兴副教授、欧本谷副教授在攻读博士期间为我打开了成人教育研究的思路，他（她）们或严谨、或风趣、或细腻、或宽广，我都从中获益不少。

　　感谢师兄陈福祥，师姐李丹、许楠、肖前玲，师妹张春梅为我研究成果提出修改意见；感谢师妹杨晓平、巫娜，师弟赵艳龙，在课余的讨论与争辩总是让我受益匪浅；还有同样关注成人教育研究的杨智博士等同学，与你们一起不管是专业讨论还是娱乐聊天，总能够让我感受到你们身上潜在的活力和智慧。

感谢帮助过我开展调查研究的，福建省教育厅基教处沈处长，云南省澜沧县苏老师，民间扫盲组织 IEA 办事处张老师等人，他们热心地支持扫盲教育，给了我很大研究的动力。

最后，感谢我的家人，从我攻读博士开始，一直与家人聚少离多，父母们均以年过花甲，但由于我的缺位，还不得不继续操劳；妻子一个人在家照顾四个老人，还要忙于工作，每念至此，我的心情就难以平复，没有你们的支持，我的研究之路不可能如此顺利。